涂罡 著

企业合规视域下
美国白领犯罪治理研究
原理、制度和实践

hite-Collar Crime and Corporate Compliance

the U.S.:

overnance, Law, and Practice

九 州 出 版 社 JIUZHOUPRESS｜全国百佳图书出版单位

图书在版编目（CIP）数据

企业合规视域下美国白领犯罪治理研究 ：原理、制度和实践 / 涂罡著. -- 北京 ：九州出版社，2025. 2.
ISBN 978-7-5225-3606-4

Ⅰ. D771.288

中国国家版本馆CIP数据核字第2025NY0364号

企业合规视域下美国白领犯罪治理研究：原理、制度和实践

作 者	涂罡 著
责任编辑	肖润楷
出版发行	九州出版社
地 址	北京市西城区阜外大街甲 35 号（100037）
发行电话	(010)68992190/3/5/6
网 址	www. jiuzhoupress.com
电子信箱	jiuzhou@jiuzhoupress.com
印 刷	鑫艺佳利（天津）印刷有限公司
开 本	720 毫米×1020 毫米 16 开
印 张	14
字 数	244 千字
版 次	2025 年 7 月第 1 版
印 次	2025 年 7 月第 1 次印刷
书 号	ISBN 978-7-5225-3606-4
定 价	56.00 元

前　言

　　习近平主席提出的"相互尊重、和平共处、合作共赢"的 12 字方针，为中美关系发展指明了方向。[①] 前美联储主席耶伦在其访华期间也明确表示，华盛顿不寻求全面分离两国经济，而是希望通过合作促进全球经济稳定。[②] 这些都显示出中美两国在经济合作中继续寻求共赢的意愿。民主党政府主张并重视重振美国制造业，前总统奥巴马投资拍摄的纪录片《美国工厂》讲述了福耀玻璃在美国建厂的故事，获得第 92 届奥斯卡最佳纪录片奖。二次当选总统的特朗普，上任后强势征收高额关税，推动制造业回归美国本土。我国的"一带一路"和企业出海，摆脱不了当下的美元霸权事实，各种商业活动都不可避免与美国消费者、美国公司或美国政府打交道。中国企业在海外投资面临的复杂法律环境和潜在风险，特别是涉及反垄断法、反贿赂法、金融犯罪等方面的法律问题。这种背景下，也要求法学界加强对美国白领犯罪相关法律制度的深入研究，以便为这些企业提供更好的法律服务和风险规避策略。

　　可能有人会认为，中国公司在美国有固定资产，是有必要研习美国白领犯罪相关理论的前提。其实不然，即便经营业务发生在海外，但只要和美国或美国人建立联系，美国就可能利用其国内法行使管辖权。2024 年 11 月 20 日，美国联邦检察官在纽约联邦法院起诉印度阿达尼集团董事长、前亚洲首富高阿达尼（Gautam Adani）等人，罪名是涉嫌大规模贿赂和欺诈。美国检察官在起诉书中指控称，在 2020—2024 年间，阿达尼和其他被告向印度政府官员行贿约

---

　　① 　参见中国政府网站，https://www.gov.cn/xinwen/2021-11/16/content_5651153.htm，2023 年 6 月 21 日访问。

　　② 　参见美国国务院网站，https://www.state.gov/translations/chinese/news-press-releases-jy1590-zh，2023 年 6 月 21 日访问。

2.6 亿美元，以获得印度政府太阳能供应合同，该合同预计在 20 年内能够产生 20 多亿美元的巨额利润。此外，在他们为能源合同融资逾 30 亿美元的过程中，做出了虚假和误导性陈诉，误导美国和国际投资者，让投资者以为公司遵守了反贿赂和反腐败规定。除了阿达尼本人外，其名下公司的两名高管——其侄子阿达尼（Sagar Adani）和贾因（Vneet Jaain）也遭到指控。阿达尼和贾因都被控证券欺诈共谋、电信欺诈共谋和证券欺诈。布鲁克林美国地方法院的五项指控还指控了印度可再生能源公司 Azure Power Global 的前高管，以及加拿大机构投资者魁北克储蓄投资集团的三名前雇员。这些被告被指控与阿达尼及该能源公司其他人员的贿赂计划有关，共谋违反《反海外腐败法》。

在美国法学界，白领犯罪这一概念向来是个复杂而充满争议的话题。虽然社会学界对其定义经历了多次波折，但法律学者们在界定这一术语，或解释特定课程中涵盖哪些犯罪的标准方面，投入的精力却相对有限。大多数教科书和法律评论文献仅仅是草草带过定义问题，有些甚至完全忽略。然而，随着白领犯罪在现代社会中的影响力日益增大，对这一领域的深入研究显得尤为迫切。白领犯罪这一概念自诞生起就带有模糊和不精确的特征，至今仍存在许多定义上的争议。有时，白领犯罪被用来指代那些非犯罪化的叛逆活动，有时则过度涵盖如 RICO、共谋和公司杀人罪等严重罪行，而在另一些时候，又排除了诸如伪证和妨碍司法公正等重要的监管犯罪。此外，这一术语有时还被用来指代人的特征而非犯罪的特征，这在平等保护规范的框架内显然是不合适的。尽管如此，鉴于白领犯罪一词在文化中的强大共鸣以及没有更好的替代术语，这一概念依然具有重要的学术价值。选择研究白领犯罪和公司犯罪，是基于其在当代社会中日益突出的重要性。这类犯罪不仅涉及大量资金流动，还可能对社会信任体系和经济稳定造成深远影响。通过揭示这些犯罪行为的本质和运作模式，可以为预防和打击此类犯罪提供宝贵的经验和指导。尤其是在当前全球化背景下，跨国公司和金融机构的运作日益复杂，这为白领犯罪和公司犯罪提供了更多机会和手段。因此，深入研究这些犯罪行为的特征、动机和后果，不仅在理论上具有重要意义，在实践中更是不可或缺。

在美国法学院，白领犯罪研究已成为备受关注的领域。随着社会和经济的发展，白领犯罪的复杂性和影响力日益增加，推动法学院必须深入探索这一领域。不同法学院对白领犯罪课程的设计和内容存在显著差异，反映了法学教育在应对复杂法律挑战方面的多样化方法。哈佛法学院的《白领犯罪法与诉讼程序》（White Collar Criminal Law and Procedure）课程聚焦于最新的司法进展，涵盖内幕交易、公共腐败和《反海外腐败法》等关键领域。[①]通过案例研究和道德法律困境讨论，引导学生理解企业合规和国际合作的重要性。康奈尔法学院提供的课程概述更侧重于广泛定义的白领犯罪，包括反垄断、破产欺诈和贿赂等常见罪行。[②]密歇根大学法学院[③]和斯坦福法学院[④]的课程则进一步探讨了白领犯罪的核心结构、历史发展以及具体法规如邮件和电信欺诈、证券欺诈等。美利坚大学[⑤]和 UCLA[⑥]法学院的课程则通过在线授课和深入的案例分析，培养学生在联邦调查、诉讼策略和法庭实践方面的实际能力。这些课程不仅帮助学生理解法律条文，还注重培养他们分析和解决实际问题的能力。通过多元化的教育方法，为学生提供了全面的法律知识和实际操作能力，使他们在面对日益复杂的白领犯罪挑战时做好充分准备。

　　本书旨在系统地探讨企业合规视域下美国公司与白领犯罪的的治理问题。通过对具体案例的深入分析，探讨白领犯罪的定义、特征和法律处理方式。从多个角度审视白领犯罪，包括法律、经济和社会学视角，力求为读者提供全面的理解。本书还将探讨中国企业在美投资或经营与美国相关业务可能遭遇到的刑事法律风险，并提出相应的法律对策和建议。本书采用多种研究方法，包括实证研究、案例分析和理论研究。通过对大量白领犯罪和公司犯罪案例的深入剖析，揭示其内在规律和外部影响因素。同时，借鉴国内外相关研究成果，从多学科视角对这些犯罪行为进行全面分析。在实证研究部分，利用统计数据和调查报告，分析白领犯罪和公司犯罪的现状及发展趋势。在案例分析部分，通过对典型案件的详细解读，展示这些犯罪行为的具体实施过程和法律处理结果。在理论研究部分，结合社会学、犯罪学和法学理论，探讨白领犯罪和公司犯罪的成因及其规制手段。希望通过本书的研究，能够为学术界和实务界提供有价值的参考。对学术界而言，本书丰富了白领犯罪和公司犯罪的理论研究，为进

---

①　参见哈佛法学院网站，https://hls.harvard.edu/courses/white-collar-criminal-law-and-procedure-2/，2023 年 6 月 21 日访问。

②　参见康奈尔法学院网站，https://www.lawschool.cornell.edu/academics/areas-of-study/6041-2/，2023 年 6 月 21 日访问。

③　参见密歇根大学法学院网站，https://michigan.law.umich.edu/courses/corporate-and-white-collar-crime，2023 年 6 月 21 日访问。

④　参见斯坦福法学院网站，https://law.stanford.edu/courses/white-collar-crime/，2023 年 6 月 21 日访问。

⑤　参见美利坚大学法学院网站，https://www.wcl.american.edu/registrar/coursesapp/inf_course.cfm?number=LAW-749-001&time=spring_2022，2023 年 6 月 21 日访问。

⑥　参见加州大学洛杉矶分校法学院网站，https://law.ucla.edu/academics/curriculum/federal-white-collar-crime，2023 年 6 月 21 日访问。

一步的学术探讨提供了基础。对实务界而言，本书提供了大量的实际案例和法律分析，有助于法律从业人员更好地理解和应对白领犯罪和公司犯罪。

全书共分十一章，涵盖了美国白领犯罪的各个主要领域。第一章概述了美国白领犯罪的基本概念和历史发展，介绍了这一类犯罪的定义、特点及其在美国法律体系中的地位。第二章详细探讨了共谋、虚假陈述和妨害司法等犯罪，解析了这些行为在企业经营中的表现形式及其法律后果。第三章聚焦于贿赂犯罪，分析了著名的贿赂案件及相关法律规范，探讨了企业在国际商业活动中如何规避贿赂风险。第四章和第五章分别讨论了洗钱犯罪和税收犯罪，通过具体案例，如律师洗钱案、汇丰银行洗钱案以及著名的税收欺诈案，展示了洗钱和税收犯罪的运作模式及其法律处理。第六章重点介绍了 RICO 犯罪，探讨了这一法律工具在打击有组织犯罪中的作用及其应用案例。第七章至第九章依次介绍了邮件欺诈、证券欺诈和网络犯罪，通过详细的案例研究，如庞氏骗局、安然公司丑闻、诺萨尔窃取商业机密案等。第十章则专注于环境犯罪，探讨了企业在环境保护和法律合规方面的挑战和责任。最后，第十一章深入剖析了反垄断犯罪，介绍了美国反垄断法的历史、主要案件和相关法律问题，并讨论了国际反垄断合作及其对全球企业的影响。每章的结构大致为：第一节描述该犯罪的历史；第二节讲述该犯罪的三个案例；第三节探讨该犯罪的法律渊源；第四节介绍司法部门追诉程序及企业的法律应对策略。

目　录

第一章　白领犯罪概述

　　真正的财产之友，真正的保守主义者，是坚持要求财产成为公共利益的仆
人而不是主人的人；是坚持要求人类创造的产物成为创造者的仆人而不是主人
的人。美国公民必须有效地控制他们自己召唤出来的强大商业力量。

——西奥多·罗斯福

　　白领犯罪的罪犯名单可追溯至白领罪犯这个术语诞生之前，如庞氏骗局的
始作俑者庞兹（Charles Ponzi），他早在 20 世纪 20 年代初便已涉足此类诈骗活
动。大众传媒普及之后，一些白领罪犯的名字在美国甚至全世界家喻户晓，如
安然公司前首席执行官斯基林（Jeffrey Skilling）、南方健康公司前首席执行官
理斯克鲁西（Richard Scrushy）、华尔街金融大骗子麦道夫（Bernie Madoff），以
及"家居女王"斯图尔特（Martha Stewart）。一些政界顶流也被认为是因白领
犯罪经历牢狱之灾，如路易斯安那州前州长爱德华兹（Edwin Edwards）、伊利
诺伊州两任前州长瑞安（George Ryan）和布拉戈耶维奇（Rod Blagojevich）。然
而，并非所有白领犯罪者皆为商政名流，许多低级别企业或政府从业人员也常
因涉嫌欺诈、洗钱等白领犯罪罪名而遭指控。

　　但作为法律专业概念，白领犯罪并非每个人都能准确定义。若严格以法律
定义为依据，连因未报小费而被控税务欺诈的服务员亦可能被视为白领罪犯。
违反反垄断法律的行为是犯罪，为什么在 2001 年"美国诉微软案"① 这一知名
的反垄断案件中，司法部只是提起了民事反垄断诉讼。白领犯罪的罪与非罪的
边界在哪里？本章试图厘清白领犯罪这一概念及其相关内容。

---

　　① United States v. Microsoft Corp., 253 F.3d 34 (2001).

第一节　白领犯罪的界定

一、社会学视野中白领犯罪

（一）概念起源

白领犯罪这一概念由萨瑟兰（Edwin Sutherland）在1939年美国社会学会年会上首次提出。他指出，将犯罪视为"与贫困或与贫困相关的精神变态和社会变态状况密切相关"是"误导和不正确的"。因此，他的演讲集中在一个"被忽视的"犯罪领域，即"商业和职业人的犯罪行为"。萨瑟兰在其第二年出版的书中将"白领犯罪"定义为："一个有声望和高社会地位的人在其职业过程中犯下的罪行。"尽管萨瑟兰的重点是社会地位和职业，但他指出，这个概念"只是为了提醒人们注意那些通常不包括在犯罪学范围内的罪行"。

（二）同行对萨瑟兰所作定义的质疑

萨瑟兰的白领犯罪定义引发了广泛的讨论，质疑主要集中在基于阶级和职业的人为区分上。例如，关注犯罪者而非犯罪行为可能会导致性别差异，因为通常在大公司中担任权力职位的女性比男性少。多年后，"白领犯罪"一词所涵盖的内容仍然模糊不清。学者夏皮罗指出，萨氏的文献中存在基本的不一致和不谐调。她认为："尚不明确这一术语是指行为还是行为人，是指犯罪类型还是犯罪人类型；不清楚它是指发生异常行为的社会场所、行为人的社会角色或社会地位，还是指行为的运作方式，抑或是受害人和犯罪人的社会关系。"为了解决这些问题，夏皮罗建议将"白领犯罪"一词替换为"公司犯罪"和"职业犯罪"。而公司犯罪包括公司及其官员为公司利益而犯下的罪行；职业犯罪则涵盖在合法职业活动过程中实施的犯罪，如挪用公款、违反工作场所安全规定、消费者欺诈、医疗保健欺诈、采购欺诈和环境污染等。[①]根据这种方法，白领犯罪应被理解为：（1）公司实体或该实体的高级职员以其身份行事；（2）在犯罪时从事特定工作或担任特定职务。这种方法在刑法理论中并不陌生。例如，除非某人以特定身份行事，否则不得根据联邦贿赂法定受贿罪。虽然这种方法可能避免了将具有较高社会地位和财富的人犯下的推定非白领犯罪（如谋杀、强奸或拥有受控物质）纳入白领犯罪的范畴，但它也引发了许多其他问题。大部分可能属于"职业"犯罪类别的行为，如盗窃办公设备、工作场所袭击、警察暴行

---

① Susan Shapiro, *White-Collar Crime, Financial Crime, and Corporate Crime: A Comprehensive Study* in Melissa Rorie eds. The Handbook of White-Collar Crime, Wiley Blackwell, 2019, pp.11-25.

以及医生和护士连续杀害患者，通常不被视为白领犯罪。此外，许多白领犯罪与公司或被告的职业完全无关，如伪证、妨碍司法公正、行贿、敲诈勒索、虚假陈述和逃税等。因此，在社会学看来，如何准确定义和界定白领犯罪仍然是一个复杂的问题。

二、政府和法律协会对白领犯罪的定义

从法律的角度来看，区分罪犯的财富、职业、种族、性别、民族或其他个人特征是违反平等保护原则的。虽然有些特殊的豁免规则适用于履行某些政府职能的特定行为者（如检察官），但在确定刑事责任时通常不会考虑被告的社会地位。法律理论也并不支持这样的区分，不同的政府机构或法律协会对白领犯罪也有着不同的界定。

（一）美国律师协会对白领犯罪的定义

美国律师协会（ABA）设有专门的"白领犯罪委员会"。白领犯罪委员会致力于提高从业人员、学者和法学界对白领犯罪问题的认识和知识。他们通过研究实践问题、制定政策、主办年度继续法律教育项目以及组织各类会议、研讨会和网络活动来推动这一目标的实现。根据其描述，可以将白领犯罪定义为在商业、金融或政府机构等工作环境中发生的非暴力犯罪行为。这类犯罪包括但不限于健康保健欺诈、职场犯罪、组织的判决指南、反垄断、银行和保险欺诈、公司刑事责任、环境犯罪、道德问题、政府采购、健康保健、洗钱、证券欺诈、刑事判决指南、税务执法以及公共腐败等领域。[①]

（二）司法部对白领犯罪的定义

司法部（DOJ）刑事司欺诈科前科长艾德尔赫兹（Herbert Edelhertz）将白领犯罪定义为"通过非物质手段和隐瞒或欺骗的方式实施的非法行为或一系列非法行为，以获得金钱或财产，避免金钱或财产的支付或损失，或获得商业或个人利益"。他的定义将重点转移到犯罪上，而不是萨瑟兰强调的犯罪者。艾德尔赫兹的定义强调：意图实施不法行为或达到非法目的；掩饰目的或意图；行为人依赖受害者的无知或粗心；被害人对其认为是交易的真实性质和内容的默许；以及通过掩盖罪行来实现目的。[②]然而，一些社会学家认为，这一法律定义

---

① 参见美国律协网站，https://www.americanbar.org/groups/criminal_justice/committees/wccc/，2023 年 6 月 21 日访问。

② 参见圣母大学法学院网站，https://scholarship.law.nd.edu/cgi/viewcontent.cgi?article=1733&context=ndjlepp，2023 年 6 月 21 日访问。

遗漏了"滥用权力"这一要素，并且某些暴力犯罪（如工作场所中的健康危害）也应被视为白领犯罪。

（三）司法统计局对白领犯罪的定义

根据司法统计局（BJS）公布的官方文件，白领犯罪是指通过欺骗手段获取经济利益的非暴力犯罪。这类犯罪通常由具有专业或半专业职业地位的人士利用其特殊职业技能和机会实施。此外，任何具备商业和政府专业技术和知识的人，无论其职业是什么，只要利用欺骗手段获取经济利益，都可以被归类为白领犯罪。具体而言，白领犯罪包括如下特征：犯罪行为不涉及使用暴力；犯罪的主要目的是获取经济利益；犯罪通过欺骗或误导手段来实现。主要的白领犯罪类型包括伪造／造假、欺诈和挪用公款。这些犯罪通常在州法院进行起诉，而类似邮件欺诈和违反国税局法规等符合白领犯罪定义的行为，则属于联邦犯罪，在联邦法院起诉。①

（四）联邦调查局对白领犯罪的定义

根据联邦调查局（FBI）官网提供的信息，白领犯罪是指那些"虽然不涉及暴力，但却不是无受害者的犯罪行为。这些犯罪可以导致公司破产、个人积蓄被清零、投资者损失数十亿美元，并削弱公众对机构的信任。白领犯罪包括各种形式的欺诈、腐败和违法行为，如企业欺诈、医保欺诈、税务欺诈、洗钱、证券欺诈、金融机构欺诈、知识产权盗窃等"。联邦调查局主要致力于情报分析和复杂案件的侦办，通常涉及有组织的犯罪活动。他们还与证券交易委员会（SEC）和美国国内税务局（IRS）等合作伙伴紧密配合，共同打击白领犯罪。②

三、白领犯罪的法律渊源

当前的美国法律体系中并没有一个明确的白领犯罪罪行清单，这使得白领犯罪的界定较为复杂。白领犯罪的相关法律条款在美国制定法中广泛分布，既包括联邦法律，也包括州法律。联邦和州的法律法规都可能将某些行为规定为刑事犯罪。例如，某些环境法规可能包含刑事处罚条款。另外，不同的政府部门对犯罪活动的分类可能有所差异，导致其对白领犯罪的具体定义和范围可能有所不同。一些白领犯罪行为可能会同时受到州和联邦的起诉，因为这些行为

---

① 参见美国司法部司法统计网站，https://bjs.ojp.gov/library/publications/white-collar-crime 和 https://bjs.ojp.gov/content/pub/pdf/to-wcc.pdf，2023 年 6 月 21 日访问。

② 参见联邦调查局网站，https://www.fbi.gov/investigate/white-collar-crime，2023 年 6 月 21 日访问。

往往涉及跨越多个司法辖区。随着白领犯罪成为执法重点，政府投入了更多资源用于调查和起诉这些犯罪行为。各类执法机构也参与其中，例如联邦调查局、证券交易委员会、国内税收局以及食品和药物管理局等。

白领犯罪的类型包括虚假陈述、银行欺诈与贪污、环境犯罪、医保欺诈、证券欺诈和税务犯罪等。银行欺诈和贪污犯罪涉及金融机构的欺诈和盗窃行为，这类犯罪由联邦调查局和国内税收局调查，依据的法律包括《联邦银行欺诈法》（Federal Bank Fraud Statute）和《联邦贪污法》（Federal Embezzlement Statute）。环境犯罪包括违反环境保护法规的行为，如非法排放有毒物质。联邦环保署（EPA）和司法部环境犯罪科负责这类案件，依据的法律包括《清洁水法》（Clean Water Act）和《清洁空气法》（Clean Air Act）。医保欺诈犯罪由健康与人类服务部（HHS）和司法部调查，依据的法律包括《医疗保险欺诈法》（Medicare Fraud Statute）和《医疗保险和医疗补助反欺诈法》（Medicare and Medicaid Anti-Fraud Statute）。证券欺诈包括内幕交易和虚假披露等行为。证券交易委员会是主要执法机构，依据的法律包括《证券法》（Securities Act of 1933）和《证券交易法》（Securities Exchange Act of 1934）。税务犯罪涉及逃税和虚假申报等行为，由国内税收局（IRS）负责调查和起诉，依据的法律包括《国内税收法典》（Internal Revenue Code）。共谋（conspiracy）指两人或多人计划并同意实施非法行为，这类犯罪可能涉及多种白领犯罪行为，如欺诈、反垄断犯罪、贿赂、内幕交易等。依据《美国法典》，共谋由联邦调查局和司法部负责调查和起诉。[1]

此外，《敲诈勒索和腐败组织法》（RICO）虽然初衷是打击有组织犯罪，但其广泛的适用性也涵盖了许多白领犯罪。RICO 法案允许检察官针对包括邮件和电讯欺诈在内的多种上游犯罪进行指控，使其成为打击复杂犯罪网络的有力工具。

第二节 白领犯罪的法律业务

一、联邦对白领犯罪的起诉

美国国会于 1789 年通过了《司法法案》，联邦政府据此设立了司法部。司法部的总部设在华盛顿特区，由总统任命的总检察长领导。司法部内部设有一

---

① 18 U.S.C. § 371.

些部门，包括反托拉斯部门、税务部门和国家安全部门。① 司法部没有专门的白领犯罪部门，由刑事部门负责调查和起诉一些联邦白领案件，作为执行联邦刑法的中央办公室。

大多数白领犯罪的起诉是通过分布在各联邦区的 93 个美国检察官办公室（USAO）处理的。② 这些办公室在司法部的领导下运作。③ 联邦法规和条例中的刑事条款为联邦系统的起诉提供了法律依据。联邦政府律师（即检察官）不仅要遵循法定任务和法律道德规则，还要遵循《美国检察官手册》（USAM）中的内部准则。该手册为美国检察官和助理检察官提供关于起诉做法的指导，并规定在进行起诉或其他活动（如国际引渡）前的必要批准程序。这些准则由总检察长、副总检察长和助理总检察长协商后修订，由于它们是内部政策，因此并不具备法律强制力。④

此外，《刑事资源手册》（CRM）为联邦检察官提供关于法律问题的进一步指导。司法部长或副司法部长还会发布政策声明，为助理检察官提供处理特定问题的指导。这些政策声明通常带有起草者的名字，例如《汤普森备忘录》和《耶茨备忘录》。尽管许多司法管辖区将白领犯罪与其他犯罪一起起诉，越来越多的州检察长和地方检察官已经开始设立单独的白领犯罪部门。例如，佛罗里达州在 2013 年设立了专门处理抵押贷款欺诈和医疗补助欺诈的部门。⑤

二、白领犯罪律师

正如詹姆士·斯派特所饰演的律师阿兰·肖尔在美剧《波士顿法律》第二季第二集中所言："法律，它是一门生意，丹尼。就像卖淫一样，只是你不必与客户上床。"多年来，大型律师事务所不愿处理白领犯罪案件，因为不想沾染处理刑事案件的"污点"。这些案件彼时通常由专门从事刑法的小型事务所或单独执业的律师处理。然而，近年来，一些大型律师事务所设立了"特别事务"部门，专门处理白领事务。这些部门负责处理可能承担刑事责任的公司调查。如

---

① 参见美国司法部网站，http://www.justice.gov/agencies/index-org.html.，2023 年 6 月 21 日访问。

② 参见美国司法部网站，http://www.justice.gov/usao/eousa/，2023 年 6 月 21 日访问。

③ 参见司法部网站，http://www.justice.gov/agencies/index-org.html. 2023 年 6 月 27 日访问。

④ *See* Ellen S. Podgor, Department of Justice Guidelines: Balancing "Discretionary Justice", 13 Cornell Jrl. L. & Pub. Pol'y 167, 170–75 (2004) (discussing the history and status of guidelines in the Department of Justice).

⑤ 参见佛罗里达州总检察长办公室的官方网站，http://myfloridalegal.com/webfiles.nsf/WF/RMAS-9L6P5N/$file/2013OSPAnnualReport.pdf.，2023 年 6 月 21 日访问。

今，处理白领案件具有一定的声望，主要的律师事务所经常宣传其在这一领域的专业知识，并雇用曾在司法部或证券交易委员会工作过的关键人物。例如，2020 年参加美国律师协会白领犯罪国家研究所的出席人数超过了一千一百人，显示了这一领域的规模。随着新的白领犯罪相关项目的开展，法律继续教育领域也在增长。辩护律师还可能参与处理内部调查，确保公司内部的合规措施得到执行。

检察官作为政府雇佣的律师起诉白领犯罪，然而，政府也会花钱雇佣律师充当白领犯罪案件的辩护人。辩护律师处理联邦白领案件并不限于私人律师，联邦公设辩护人（Public Defender）也越来越多地处理这些案件。例如，许多抵押贷款欺诈案件由联邦公设辩护人办公室处理，因为复杂的白领案件所涉及的高额费用可能导致需要为被告指定律师。与街头犯罪不同，白领犯罪的调查时间可能很长，检察官在调查中起着关键作用，需要为大陪审团做出起诉决定而收集证据。白领案件往往包括大量文件，可能需要法务会计和计算机专家来解释复杂的活动。检察官有时会指控妨碍司法或虚假陈述等较容易证明的罪行，而不是最初调查的欺诈行为。这种做法可以简化案件，提高起诉成功的可能性。同其他刑事案件类似，很少有白领案件会真正进入审判阶段，大多数案件通过认罪协议解决。例如，2021 年联邦系统中的欺诈案件中有 94.1% 通过认罪解决，贿赂案件为 91.8%，反垄断案件为 97.0%。[①]

第三节 白领犯罪中公司的刑事责任

一、公司犯罪与白领犯罪

在现代法律体系中，公司犯罪与白领犯罪之间的界限日益模糊。尽管没有一个明确的犯罪清单，但联邦法律中的共谋、妨碍司法、RICO、邮件欺诈、电信欺诈和环境犯罪等，都可以对公司提出刑事指控。在公司丑闻频发的背景下，像《反海外腐败法》（FCPA）这样的法规已经成为起诉公司犯罪的重要工具。

公司犯罪与白领犯罪的法律复杂性和动态性使其成为法律实践中的一个重要领域。联邦和州的法律体系不断调整，以应对公司行为带来的挑战。这种不断演变的法律环境要求律师、检察官和公司高管时刻保持警惕，确保他们的行为在法律框架内运行，同时保护公司的合法权益。全球范围内，对公司刑事责

---

① 参见美国联邦法院系统的官方网站，https://www.uscourts.gov/statistics-reports/federal-judicial-caseload-statistics-2021，2023 年 6 月 21 日访问。

任的接受程度正在上升。以英国为例，2010 年的《反贿赂法》通过设立新的独立罪行，扩大了公司在防止贿赂方面的责任。这种严格责任意味着公司必须证明它们有足够的预防贿赂的措施，否则将承担刑事责任。然而，并非所有西方国家都同意这一点，有些国家更倾向于"准刑事行政责任"，而不是直接采用公司刑事责任。在美国，不仅联邦政府，各州也积极参与对公司不当行为的惩罚。各州对公司刑事责任的态度也不一样。例如，加州允许以过失杀人罪起诉公司，而俄勒冈州则拒绝将公司的刑事责任扩大到非自愿过失杀人行为。

公司的法律地位在《美国法典》中得到了明确，法典规定，"人"包括公司、公司、协会、合伙企业等。[1] 最高法院在"联合公民诉联邦选举委员会"[2] 一案中，将宪法第一修正案的权利赋予公司，进一步巩固了公司的法律地位。虽然这一判决集中在竞选资金和选举法领域，但对公司犯罪的法律解释产生了深远影响。尽管如此，公司刑事责任却一直面临学术上的质疑。有学者认为，公司民事责任足以实现刑事责任的目的，而刑事责任并未真正推动威慑等惩罚理论。此外，替代责任可能会导致无辜股东受罚，并加剧企业形式经营和个人独资经营之间的法律不平等。针对这些问题，有人提议允许被控犯罪的公司进行"善意"辩护，以保护那些因个别雇员的不当行为而受害的公司。

二、责任标准

在探讨公司犯罪的责任标准时，联邦法院和一些州采用了民事侵权责任中的雇主责任原则。根据这一原则，公司对其代理人在其受雇范围内为公司谋取利益的犯罪行为承担刑事责任。无论是管理者还是普通员工，只要是在职务范围内行事，公司都可能被认定为责任主体。然而，代理人必须为了公司的利益而行动。如果代理人只是为了个人利益行事，则公司通常不承担责任。这种责任的认定主要依赖于代理关系的证明，法院会考察代理人是否"实施了他被授权实施的那种行为"，以及这些行为是否"至少部分是出于使公司受益的意图"。

《模范刑法典》提出了不同的标准，尤其是在涉及"高级管理代理人"的情况下。该法典由美国法律协会于 1962 年通过，尽管联邦系统不承认其标准，但一些州已经采纳了这些条款。根据《模范刑法典》第 2.07 条，公司可以因为其高级管理人员的行为或对特定行为的授权、实施或容忍而承担刑事责任。这一条款强调公司对高级管理人员行为的控制力和责任范围，并明确指出，在某些

---

① 1 U.S.C. § 1.

② Citizens United v. Federal Election Commission, 558 U.S. 310 (2010).

情况下，公司可以被严格追究责任。公司刑事责任的标准复杂多变，联邦法院和各州在具体适用中有不同的取舍和解释。例如，在适用《模范刑法典》的过程中，法院面临着确定谁是"高级管理代理人"的挑战。例如，当代理人是首席执行官时，这通常很容易说明其是高级管理代理人。但如果发生在公司层级较低的员工身上，则问题会变得复杂。明尼苏达州最高法院在"明尼苏达州诉克里斯蒂－庞蒂克－通用汽车公司案"①中，认定公司对涉及汽车经销商回扣计划的行为负有刑事责任，尽管犯罪行为的直接实施者是一名销售人员和车队经理。法院认为，当事人"是为了促进公司的商业利益而行事"。由于利益归于公司而非个人，加上公司高管的参与和总裁对问题的承认，法院认为公司应承担刑事责任。然而，并非所有州都接受《模范刑法典》的观点。马萨诸塞州最高法院在"马萨诸塞州诉益利金融公司案"②中，拒绝了公司被告提出的采用《模范刑法典》中关于高级管理代理人的要求。法院认为，重要的不是职位的名称，而是公司赋予代理人的实际权力和职责。这一立场反映了法院对大型公司复杂性和管理层级的现实考虑，强调了在实际操作中较低层级的管理人员也可能承担重要责任。

此外，学术界对公司刑事责任的适用和范围也有不同见解。例如，以色列特拉维夫大学法学院荣休教授勒德曼提出了一种"自我认同"的方法，认为大型组织不仅是个体的集合，而是一套影响并有时定义其成员思维和行为的属性和立场。③亚拉巴马州大学法学院教授布西则主张，应通过考察公司的"独特和可识别的个性或'精神'"来判断公司是否应承担责任。她认为，只有当检方能够证明公司的文化氛围鼓励其代理人犯罪时，才能对公司定罪。④

三、起诉公司

起诉公司涉及复杂的法律和政策考量，在白领犯罪和公司犯罪领域中扮演着关键角色。检察官在决定是否起诉公司时，拥有广泛的自由裁量权，其决策受到宪法、法规和法院判例的约束，同时也要考虑资源的有限性和其他因素。在司法部制定的《美国检察官手册》第9章中，规定了一系列联邦起诉原则和

---

① State v. Christy Pontiac-GMC, Inc., 354 N.W.2d 17, 1448 (Minn. 1984).
② Commonwealth v. Beneficial Finance Co., 360 N.E.2d 848 (Mass. 1977).
③ Eli Lederman, *Corporate Criminal Liability 2.0: Expansion Beyond Human Responsibility*, https://themanitobalawjournal.com/wp-content/uploads/articles/MLJ_43.4/434_Lederman.pdf.
④ Pamela H. Bucy, *Corporate Ethos: A Standard for Imposing Corporate Criminal Liability*, https://core.ac.uk/download/217207697.pdf.

政策，这些政策为检察官提供了操作框架。在对公司提出指控时，检察官必须权衡一系列因素，包括证据的充分性、成功定罪的可能性以及定罪可能带来的威慑和改造效果。检察官必须确保有足够的证据支持对公司的指控，并且这些证据能够在法庭上经受住审查，包括书面记录、电子邮件、财务报表以及证人的证词等；检察官还会评估公司行为的性质和严重性。如涉及欺诈、洗钱或危害公共安全的行为通常会被视为严重犯罪，需要予以严肃处理；如果不法行为是由高层管理人员指挥或默许的，检察官更有可能对公司提出指控。上级责任制是实现公司刑事责任的关键；如果公司有重复的违法行为记录，特别是同类犯罪行为，那么检察官可能会认为公司需要更严厉的法律制裁。

公司合规计划在起诉过程中也起到重要作用。一个有效的合规计划不仅有助于防止不当行为的发生，还能在事后及时发现和报告不当行为。合规计划需要被设计、实施、审查和修改，以确保其有效性，并且公司需要配备足够的人员来执行和监督合规计划。此外，检察官在决策时也会考虑公司是否积极配合调查以及是否自愿披露错误行为。公司自愿披露不法行为，并采取积极的补救措施，如赔偿受害者损失、加强内部控制等，可以在某种程度上减轻法律后果。公司合规计划的有效性、对调查的配合程度以及采取的补救措施等都将对最终的指控决策产生重要影响。

起诉公司是一个复杂而重要的司法决策过程，涉及多种法律和政策考量。检察官需要平衡证据的充分性、犯罪行为的严重性、管理层的角色、公司的历史行为、合规计划的有效性以及对调查的配合程度等多方面因素。在实际操作中，检察官会搜集尽可能多的证据，包括书面记录、电子邮件、财务报表以及证人的证词等，以确定是否存在足够的证据支持对公司的指控。在很多情况下，检察官会通过提供有限的豁免或减轻处罚来换取公司的合作。这种合作可以包括提供关键证据、配合调查以及实施内部改革等；推迟起诉协议（Deferred Prosecution Agreement，DPA）和不起诉协议（Non-Prosecution Agreement，NPA）是检察官常用的工具，这些协议允许公司在满足特定条件的情况下避免正式的刑事指控。延期起诉协议或不起诉协议的使用在过去几年显著增加。例如，瑞银集团（UBS）与美国政府达成协议，支付了7.8亿美元的罚款，并同意协助识别违反美国税法的客户，以避免正式的刑事指控。另一例是律师事务所米尔伯格公司支付了7500万美元，作为其不起诉协议的一部分。起诉公司的决策不仅考虑法律和政策，还要权衡可能的附带后果。这些后果包括对公司的经济影响、员工的就业状况、股东和投资者的利益以及对市场和公众的整体影响。检察官需要确保其决策不会对无辜的第三方造成过度的负面影响。通过延期起诉协议或不起诉协议等灵活的法律工具，政府能够在惩治不法行为的同时，尽量减少对公司的附带损害。例如，在某些情况下，起诉一家大型公司可能导致其破产，从而影响到数千名员工的就业和众多供应商、客户的利益。因此，检察官在决定是否起诉时，会考虑采取替代措施，即通过延期起诉协议或不起诉协议来避免这些严重的附带后果，同时确保公司承担应有的法律责任。

四、高管责任

近年来，公司高管的个人责任成为公司和白领犯罪中备受关注的议题。在与政府签订的延期起诉协议或不起诉协议中，公司通常会提供内部员工不法行为的证据。这种合作在《耶茨备忘录》[①]发布后变得尤为显著，该备忘录强调了追究个人责任的重要性。因此，公司经常在政府起诉中协助调查和提供证据，以起诉那些实施非法行为的员工。这些个人可能据多种刑事法规被起诉，且其代表公司的行为事实并不排除其个人刑事责任。

许多大公司的高级管理人员，包括首席执行官（CEO），如安然公司斯基林（Jeffrey Skilling）、世通公司埃伯斯（Bernard Ebbers）、阿德尔菲亚通讯公司里加斯（John Rigas）、奎斯特通信公司纳奇奥（Joseph Nacchio）和计算机协会库马尔（Sanjay Kumar），都因他们在公司内的决策和行为而遭到起诉。这些行为通常涉及不同程度的犯罪意图（Mens Rea）。Mens Rea 为拉丁语，意为"有罪的心"，是刑法中的一个关键概念，用来描述犯罪行为人主观上的犯罪意图或心态，是判断某人是否应对犯罪行为负刑事责任的一个重要标准。Mens Rea 通常与 Actus Reus（犯罪行为）相对应，后者指的是实际的犯罪行为或不法行为。在美国法律体系中，Mens Rea 的存在与否和程度直接影响犯罪的认定和量刑。例如，故意（intent）、恶意（malice）、过失（negligence）和鲁莽（recklessness）等不同类型的主观心态都会影响到具体罪名的成立和刑罚的轻重。

公司代理人在实施犯罪行为时，相对容易被追究刑事责任。联邦法律不要求代理人必须是公司的高级职员、董事或经理。仅仅持有公司职位并不意味着个人要承担公司刑事责任。法院要求当事人有必要的犯罪意图，即要表明知道

[①] 《耶茨备忘录》（Yates Memo）是美国司法部于 2015 年发布的一份政策文件，强调追究公司高管和员工个人责任的重要性。备忘录指出，公司应提供涉及个人违法行为的证据以换取延期起诉协议或不起诉协议。公司必须全面合作，特别是在提供个人违法信息方面。刑事与民事案件应协同处理，确保个人责任被追究。参见：https://www.justice.gov/archives/dag/file/769036/download。

这种行为是违法的。最高法院在"美国诉崴兹案"①中审查了《谢尔曼法》是否适用于以代表身份行事的公司高管。有人认为，由于《谢尔曼法》对"人"的定义包括公司和协会，刑事法规中对个人的遗漏应被解释为将其排除在外。但法院认为，根据《谢尔曼法》第 1 条，只要公司官员在知情的情况下参与了非法合同、组合或共谋的实施，无论他是否以代表的身份行事，都应受到起诉。在"美国诉汉努塞克案"②中，被告因违反《清洁水法》（CWA）被控疏忽排放有害数量的石油到美国可航行水域。第九巡回法院认为，《清洁水法》的相关条款仅需证明一般的过失，而非重大过失。此案中，尽管汉努塞克在事故发生时并不在现场，但由于他作为主管应对员工的行为负责，因此被判有罪。在"美国诉魏岑霍夫案"③中，第九巡回法院判定，《清洁水法》的刑事条款旨在保护公众免受水污染的严重后果，因此属于公共福利立法。法院认为，政府无需证明被告知道其行为违反了许可证或《清洁水法》，只需证明他们有意将污水排入水中。

此外，《模范刑法典》第 2.07（6）条也支持公司代理人的个人责任，明确规定代理人对代表公司实施的不法行为负有与个人行为相同的法律责任。这种法律框架确保即便是公司的行为也不能免去个人应承担的责任。法院对个人责任的强调，在一定程度上促进了公司高管在其职责范围内采取更为合规的行为，以避免刑事责任。如果代理人意识到行为的违法性，仅因上级命令而执行，仍需承担刑事责任。这种情况下，代理人的犯罪意图成为重要考量因素。美国法律体系要求证明代理人在实施犯罪行为时有主观意图，包括参与或知晓违法行为。故意失明原则也适用，即政府需证明被告主观上认为存在事实的可能性并采取行动避免得知事实。犯罪意图（Mens Rea）是刑法中不可或缺的一部分，通过考察行为人的主观心态，司法系统能够更准确地判断行为的性质及其严重程度。高级管理人员的责任认定不仅要考虑他们的实际行为（Actus Reus），还要深入分析他们的主观意图，以确保司法的公正性和合理性。这些法律原则和案例显示了公司高管在刑事责任中的重要地位和其面临的法律风险。公司高管不仅需要遵守公司内部规章制度，还需对公司整体行为的合法性负责。

---

① United States v. Wise, 370 U.S. 405 (1962).

② United States v. Hanousek, 176 F.3d 1116 (9th Cir. 1999).

③ United States v. Weitzenhoff, 35 F.3d 1275 (9th Cir. 1993).

第四节　对白领犯罪的管辖权

一、宪法中联邦管辖权之依据

确定管辖权至关重要，它决定谁可以针对犯罪活动提起诉讼、起诉的罪名、适用的法律，以及被告的权利。管辖权既可能存在于联邦系统，也可能存在于各州，甚至存在于某些"联合行动"中。

联邦刑事法规在数量上非常有限，这是因为国会在制定这些刑事法律时必须找到宪法依据。在实践中，国会经常利用其广泛的"商业权力"作为许多联邦刑事法规的依据。宪法中的"邮政和税收权力"也是可以利用的对象。商业权力规定，"国会可以规范州际贸易渠道的使用"，"规范和保护州际贸易的手段，或州际贸易中的人或物，即使威胁可能只来自州内活动"，"规范那些与州际贸易有实质关系的活动，也就是那些对州际贸易有实质影响的活动。"因此，人们发现联邦刑事法规要求这些活动是"在州际贸易中"，"影响州际贸易"，或者是影响州际贸易的"一类活动"的一部分。例如，《美国法典》的联邦电信欺诈条款要求政府证明"电信"存在于州际贸易中。[①]一些法规允许寻找商业联系的替代方法。例如，根据《受影响的诈骗和腐败组织法》（RICO）进行的起诉则要求检察官证明"从事影响州际或外国贸易的企业或活动"[②]。检察官可以选择以"这些活动是否存在"，或者"它们是否对州际贸易产生了重大影响"为由提起诉讼。

尽管最高法院常常在审理的案件中确认刑事法规有充分的商业权力基础，但偶尔也会出现限制联邦管辖权的情况。例如，在"美国诉洛佩兹案"[③]中，最高法院认为《学校无枪区法案》超出了商业条款的权限，因为它涉及的是不属于经济活动的州内活动。首席大法官伦奎斯特代表多数人的立场写道："适当的测试需要对受管制的活动是否'显著影响'州际贸易进行分析。"同样地，在"美国诉莫里森案"[④]中，最高法院限制了1994年《对妇女暴力法》的一项规定，因为它"不包含任何司法因素，以确定联邦诉讼事由符合国会管理州际贸易的权力。"法院指出："州内暴力行为的管理和惩罚并非针对跨州贸易中的机构、

---

① 18 U.S.C. § 1343.

② 18 U.S.C. § 1962 et seq.

③ United States v. Lopez, 514 U.S. 549 (1995).

④ United States v. Morrison, 529 U.S. 598 (2000).

渠道或货物，这一直是各州的职责。"但当国会管制的活动是"典型的经济活动"时，洛佩兹案和莫里森案并不适用。最高法院已经坚定地确立了国会对属于对州际商业有实质性影响的纯粹地方经济类活动的监管权力。重要的是，要用国会的行为来监管"活动"，因为"允许国会通过指出不作为对商业的影响来证明联邦监管的正当性，将使个人可能做出的无数决定都在联邦监管的范围内"。简言之，虽然联邦可以在其刑法中涉及其管辖范围内所有威胁公众健康、安全、福利或道德的行为，但国会只有在宪法明确规定的情况下，或在这样做对实施宪法具体赋予的权力之一"必要和适当"时，才能将行为定为犯罪。违法行为必须与业务职能（例如"运营邮政系统或铸造货币"）或监管权力（例如"监管几个州之间的商业"）有关。尽管联邦商业权力扩大了，但最近对过度联邦化的攻击集中在联邦法规数量的增加、这些法规中薄弱的犯罪意图以及联邦刑法的混乱。越来越多的学术研究和项目在诸如"犯罪的智慧"和"犯罪的权利"等主题上开展，这些项目旨在说服立法者不要使用联邦或州的立法权来增加不必要的刑事立法。

二、联邦起诉的优先事项

由于在提出联邦刑事指控方面拥有强大的检察权，以及检察官可利用的联邦法规数量的增加，司法部面对大量待起诉的刑事案件，制定了优先事项列表。具有美国特色的是，这些优先事项会因政府的更替或其他事件的变化而调整。例如，在 2001 年 9 月 11 日恐怖袭击事件之后，打击恐怖主义成为司法部的首要任务。联邦调查局以及其他联邦执法机构加大了对国内外恐怖主义活动的监控和打击力度，制定了反恐战略并投入大量资源。毒品和移民犯罪领域在很长一段时间内也是司法部的关注重点。在 20 世纪 80 年代的"毒品战争"期间，联邦政府对毒品犯罪的打击力度加大，实施了严厉的刑事制裁。移民犯罪方面，尤其是非法入境和与之相关的犯罪行为，也成为重点打击对象。在 20 世纪 90 年代，暴力犯罪被认为是司法部的首要任务，其通过多项立法和执法措施，强化了对暴力犯罪的打击力度，包括通过《暴力犯罪控制和执法法》（Violent Crime Control and Law Enforcement Act of 1994）。

近些年，联邦调查局对白领犯罪的关注重点在于伪造财务信息、公司内部人员的自我交易，以及与合法经营的共同对冲基金有关的欺诈活动。在小布什总统任期内，公司犯罪成为联邦优先事项，还特地成立了公司欺诈工作组。奥巴马政府将重点转向金融欺诈，将企业欺诈工作组更名为金融欺诈执法工作组，以应对 2008 年金融危机后的复杂金融犯罪。在特朗普总统任内，司法部着重打击恐怖主义和移民犯罪，同时将注意力转向打击非法移民和贩毒活动。特朗普政府还强调了对网络犯罪和网络安全的重视，尤其是在俄罗斯干预美国选举和其他国家安全威胁方面。此外，还加大了打击贩卖人口和保护宗教自由的力度。在拜登总统任内，司法部在继续打击恐怖主义和网络犯罪的基础上，对种族公正和警察改革进行了重点关注，推动立法和政策变革以减少警察暴力和系统性种族歧视。此外，拜登政府还注重打击环境犯罪，尤其是在应对气候变化和保护自然资源方面。此外，还致力于推进刑事司法改革，减少系统性种族不公，并加大力度打击腐败和经济犯罪。拜登任命的司法部长加兰（Merrick Garland）在 2021 年上任后，提出了打击枪支暴力和加强选举安全的优先事项。此外，还提出加强对网络攻击和网络犯罪的应对能力，尤其是在关键基础设施和国家安全方面。

三、联邦 / 州起诉

（一）双重主权规则

联邦政府的管辖权受到宪法和联邦主义原则的限制。通常情况下，联邦政府和州政府都可能拥有起诉同一犯罪活动的管辖权。例如，造成政府财产被盗的腐败活动可以通过联邦法规或州的盗窃法规来起诉。对于联邦起诉，法规需要来自宪法规定的权力。但同样的活动往往属于两个司法管辖区，而且两个司法管辖区都可能有权力和能力进行起诉。一罪不二审并不排除这种情况的发生。根据双重主权规则，联邦和州实体都可以进行起诉，因为"被国家和州主权机构谴责为犯罪的行为是对两者的和平和尊严的冒犯，可以由每一方进行惩罚"。[1]在"阿贝特诉美国案"[2]中，最高法院肯定了"美国诉兰扎案"[3]提出的这一原则，指出"如果各州可以自由起诉违反其法律的犯罪行为，而由此产生的州级别的起诉阻止了基于相同行为的联邦起诉，那么联邦执法必然会受到阻碍"。

然而，州可能制定排除双重起诉的法律。例如，佐治亚州禁止起诉"如果被告以前在美国地区法院因属于本州共同管辖的罪行而被起诉，而这种以前的起诉导致定罪或宣告无罪，并且随后的起诉是针对同一行为"。当然，这些排除规则也有一些限制，例如，如果"每次起诉都需要证明另一次起诉中没有要求

---

[1]　Heath v. Alabama, 474 U.S. 82 (1985).

[2]　Abbate v. United States, 359 U.S. 187 (1959).

[3]　United States v. Lanza, 260 U.S. 377 (1922).

的事实，或者除非在前一次审判开始时犯罪尚未完成，则该法规不适用"。

（二）帕提特政策

"帕提特政策"是司法部的一项内部指导方针，旨在限制联邦和州检察官对同一行为进行重复起诉。这项政策得名于最高法院审理的"帕提特诉美国案"[①]，该案确立了在以前的州或联邦起诉后，进行联邦起诉的三个实质性先决条件：一是该事项必须涉及实质性的联邦利益，二是先前的检控必须明显未能满足这一联邦利益，三是政府必须相信被告的行为构成联邦罪行，并且有足够的可接受证据可以通过公正的事实审判员获得并维持定罪。此外，帕提特政策要求在启动重复起诉前，必须得到相关助理司法部长的批准。这一政策的目的是确保执法资源的有效利用，并避免不必要的重复起诉。为了实现这一目标，联邦检察官需要尽早与州检察官协商，确定最适合的法院审理，以平衡联邦和州的利益，并尽可能解决所有刑事责任的问题。尽管帕提特政策在法律上没有强制执行力，但违反该政策的检察官可能会面临内部制裁。但即便联邦检察官因此被职业责任办公室（OPR）调查，辩方在法庭上的补救措施也很有限。

（三）联邦主义的挑战

联邦主义的挑战主要集中在联邦政府是否有权利用州的行为作为联邦起诉的一部分。例如，《敲诈勒索和腐败组织法》（RICO，18 U.S.C. §§ 1961 et seq.）明确规定州的犯罪行为可以作为联邦犯罪的前提行为。联邦对地方腐败的起诉有时被认为是合理的，因为地方执法机构可能无法中立地来处理。然而，当州行为成为联邦指控的基础时，被告可以对联邦管辖权质疑。例如，在"萨布里诉美国案"[②]中，被告质疑政府使用《美国法典》第 18 编第 666（a）（2）条起诉其行贿行为，认为这违反了联邦主义的原则。该法规禁止接受至少一万美元联邦资金的实体的州、地方和部落官员受贿，但并不要求地方腐败行为与联邦资金之间有直接联系。法院支持了第 666 条的合宪性，认为根据支出条款，国会有权拨出联邦资金以促进一般福利，并根据必要和适当条款（Art. I, § 8, cl.18），有权确保这些资金不会被浪费或滥用。法院认为，规定联邦资金的门槛金额足以界定联邦利益，并确保法规的合宪性。

---

① Petite v. United States, 361 U.S. 529 (1960).

② Sabri v. United States, 541 U.S. 600 (2004).

四、治外法权和长臂管辖

（一）治外法权与白领犯罪

治外法权（extraterritorial jurisdiction）是指一个国家对其领土之外的行为行使法律管辖权的能力。这一概念在现代国际法中尤为重要，尤其是在全球化背景下，跨国犯罪行为日益增多。治外法权的行使不仅需要该国立法的明确授权，还必须符合国际法原则。美国治外法权的适用经历了多个关键判例的逐步确立，形成了一套相对完善的法律框架。

在决定一项联邦刑事法规是否具有治外法权时，首先需要确认该法规是否明确或暗示允许域外起诉。美国联邦最高法院在"美国香蕉公司诉联合水果公司案"[①]中，拒绝对发生在国外的行为行使管辖权，确立了法律在一般情况下仅适用于美国境内行为的原则。然而，随着全球化的发展以及跨国犯罪的复杂性，法院逐步扩展了治外法权的适用范围。例如，在"美国诉鲍曼案"[②]中，法院确立了某些类型的犯罪行为，即使发生在美国境外，也可适用美国法律，这表明某些犯罪行为的性质和国会立法意图可以推翻反对治外法权的推定。美国国会在立法时，往往通过明确的条文规定某些犯罪行为具有域外适用性，以便赋予治外法权。例如，《反海外腐败法》明确涵盖了在美国境外的贿赂行为，使其具有域外效力。这类立法意图清晰地反映在法律条文中，为法院在处理跨国犯罪时提供了明确的法律依据。许多早期制定的法规并未明确规定其是否具有域外适用性，导致法院必须通过解释来确定国会的意图和法律的适用范围。

在"美国诉鲍曼案"中，最高法院裁定美国在涉及国际欺诈案中具有管辖权，强调这一决定基于国会的立法目的及国际法所赋予的管辖权。"鲍曼案"确立了在某些情况下，即使犯罪行为发生在国外，只要对美国利益造成损害，美国法院就可以行使管辖权的原则。类似地，在"帕斯昆蒂诺诉美国案"[③]中，最高法院确认了治外法权的适用，认为美国有权起诉在境内实施的欺诈行为，即便这些行为的影响主要在国外。

除了立法和判例，美国法院在确定治外法权适用时，还经常使用"两步分析法"。首先，法院会确定有关法规是否明确、肯定地表明其适用于域外。如果法规未明确规定域外适用，法院会进一步判断案件是否涉及法规的国内适用。例如，

---

① American Banana Co. v. United Fruit Co., 213 U.S. 347 (1909).

② United States v. Bowman, 260 U.S. 94 (1922).

③ Pasquantino v. United States, 544 U.S. 349 (2005).

在"莫里森诉澳大利亚国民银行案"①中，最高法院裁定《1934年证券交易法》第10（b）条款仅适用于在美国证券交易所上市的证券交易或在美国进行的证券交易。这一判决通过两步分析法，确定了证券法的域外适用标准，并强调除非国会明确表示，否则法律不具有域外适用性。在"RJR纳贝斯克公司诉欧洲共同体案"②中，最高法院审查了《受敲诈勒索影响和腐败组织法》（RICO）的域外适用性，认为该法在某些情形下具有域外效力，但仅限于有明确美国商业联系的情况下。对于民事诉讼的域外适用，法院要求必须证明对美国商业或财产造成的实际损害。

值得一提的是，美国在涉及反垄断、反贿赂及反恐等领域的治外法权案例中表现得尤为积极。例如，在"哈特福德火灾保险公司诉加利福尼亚案"③中，最高法院裁定《谢尔曼法》适用于在英国实施但对美国市场产生影响的反竞争行为。这一判决表明，美国反垄断法在保护国内市场方面具有广泛的治外法权。同样地，在"美国诉尤塞夫案"④中，法院裁定美国对策划并实施针对美国航空公司的恐怖袭击行为者具有管辖权，即使这些行为在国外发生。治外法权的法定权限主要依赖于国会的明确立法和法院的司法解释。通过多个关键判例，法院逐步确立了治外法权的适用标准和范围。立法明确性和司法解释的结合，使得美国的治外法权在打击跨国白领犯罪时具有较强的法律依据和操作性。

治外法权不仅仅依赖于国内立法和司法解释，还必须遵循国际法原则。国际法原则为治外法权的行使提供了框架，确保其在国际社会中具有合法性和合理性。这些原则主要包括属地原则、国籍原则、被动人格原则、保护原则和普遍性原则。每个原则在具体案件中发挥不同的作用，共同确保治外法权的合理适用。例如，在"美国诉美国铝业公司案"⑤中，法院依据属地原则，裁定对在国外从事垄断行为但对美国市场产生影响的外国公司行使管辖权。

（二）长臂管辖与白领犯罪

长臂管辖（long-arm jurisdiction）是指一个司法管辖区通过其法院对在其境外的个人或实体行使司法权的能力。与治外法权类似，长臂管辖旨在应对跨境行为的法律问题，但它主要关注的是民事案件和州际案件，而非国家之间的刑事管辖问题。长臂管辖使得美国法院能够在被告与该州有足够"最低联系"的情况下，对州外的被告行使司法管辖。

---

① Morrison v. National Australia Bank Ltd., 561 U.S. 247 (2010).

② RJR Nabisco Inc. v. European Community, 579 U.S. 325 (2016).

③ Hartford Fire Insurance Co. v. California, 509 U.S. 764 (1993).

④ United States v. Yousef, 327 F.3d 56 (2d Cir. 2003).

⑤ United States v. Aluminum Company of America (Alcoa), 148 F.2d 416 (2d Cir. 1945).

在白领犯罪的背景下，长臂管辖扮演着关键角色，特别是对于涉及跨州商业欺诈、证券欺诈和其他经济犯罪的案件。例如，如果一个公司在多个州进行业务，并在其中一个州发生了涉嫌欺诈的行为，该州的法院可以利用长臂管辖权对该公司提起诉讼。长臂管辖的行使需要满足"最低联系"的标准，即被告在该州有足够的活动或行为，使得在该州对其提起诉讼符合"公平与正当程序"。美国最高法院在"国际鞋业公司诉华盛顿州案"①中确立了"最低联系"标准，该案成为长臂管辖的基础。法院裁定，只要被告在某州有"系统且连续的"商业活动，该州法院就可以对其行使司法管辖权。这一原则在白领犯罪中尤为重要，因为现代商业活动通常涉及跨州甚至跨国运营，确保了受害者能够在有合理联系的司法管辖区寻求法律救济。

长臂管辖在白领犯罪中有广泛的应用。例如，在涉及证券欺诈的案件中，如果一家公司的股票在某州交易，该州的法院可以对该公司行使长臂管辖权，即使公司的总部位于其他州。这种管辖权确保了投资者可以在受欺诈影响的州提起诉讼，保护了投资者的利益。另一个重要案例是"汉堡王公司诉鲁兹维奇案"②，该案进一步阐明了长臂管辖的应用。最高法院指出，只要被告的行为与原告所在州有"实质性联系"，例如通过合同关系或其他商业活动，法院就可以对其行使司法管辖权。这一判例强调了在跨州商业交易中，确保各方行为与司法管辖区的合理联系，以便公平地解决纠纷。

在白领犯罪的处理中，长臂管辖还涉及互联网犯罪和电子商务。随着电子商务的兴起，许多商业活动不再局限于地理位置。例如，一个在加州运营的网站可能对纽约的居民进行诈骗。在这种情况下，纽约法院可以利用长臂管辖权对加州的公司提起诉讼。"之宝制造公司诉之宝网络公司案"③提出了"互动性"测试，即根据网站与特定州居民的互动程度来确定是否适用长臂管辖。这一标准适应了数字时代的需求，使法院能够应对跨州乃至跨国的网络欺诈行为。此外，长臂管辖的行使还必须遵循联邦宪法中的正当程序条款，确保对被告的司法管辖是合理的。在"旭金属工业株式会社诉加州最高法院案"④中，最高法院指出，即使满足最低联系标准，法院仍需考虑司法管辖是否符合"公平与正当程序"的要求，即管辖是否合理，不会对被告造成过重的负担。

---

① International Shoe Co. v. Washington, 326 U.S. 310 (1945).
② Burger King Corp. v. Rudzewicz, 471 U.S. 462 (1985).
③ Zippo Manufacturing Co. v. Zippo Dot Com, Inc., 952 F. Supp. 1119 (W.D. Pa. 1997).
④ Asahi Metal Industry Co. v. Superior Court, 480 U.S. 102 (1987).

第二章　共谋、虚假陈述和妨害司法

　　白领犯罪并不比其他犯罪更为轻微，它们对我们的社会和经济造成了严重损害。我们需要加强监管，确保企业和金融机构遵守规则，不得逃避责任。

　　　　　　　　　　　　　　　　　　　　　　　　　　　　——伯尼·桑德斯

　　20 世纪中期，美国联邦政府逐渐意识到，当时的法律和执法手段不足以应对日益复杂和隐蔽的白领犯罪。尽管已有多部联邦和州法律对各类白领犯罪行为进行规制，但在应对犯罪的复杂性和广泛性时，仍显得捉襟见肘。白领犯罪常通过精心设计的策略和隐蔽手段进行，涉及洗钱、证券欺诈、贿赂、虚假账目等多种形式的违法行为。而且由于这些犯罪活动跨越不同的司法管辖区，联邦和州执法机构在追踪和打击这些犯罪行为时，面临诸多挑战。为了解决这些问题，美国开始完善相关法律框架，利用共谋、虚假陈述和妨害司法等联邦罪名作为有效法律工具来打击各类白领犯罪。

　　共谋不仅仅是个体行为的简单叠加，而是一个协同作案的过程，涉及犯罪意图、协议达成和实际步骤。通过法律对共谋行为的定义和处罚，能够更有效地识别和起诉那些参与犯罪计划和实施犯罪行为的个人和团体。虚假陈述行为则包括在财务报表、合同和其他法律文件中提供虚假信息，意图误导他人或逃避法律责任。妨害司法作为白领犯罪中的另一种重要行为，直接挑战了司法系统的权威和公正性，其行为包括篡改证据、威胁证人、干扰调查等。

　　本章将详细探讨共谋、虚假陈述和妨害司法的定义、历史发展及其在白领犯罪中的地位，以期为读者提供一个全面而深入的理解。

第一节　共谋

一、共谋的定义与历史

（一）共谋的基本定义

共谋犯罪是一种在英美刑事司法中被广泛应用的犯罪类型，其核心在于两个或两个以上的个体达成一致，共同实施某种违法行为。共谋的本质在于犯罪的协同与计划，而不仅仅是个体行为的简单叠加。共谋的基本定义可以概括为：一种犯罪行为，其中两人或两人以上在意图实施非法活动的前提下达成协议，并且至少有一人采取了进一步的实际步骤以实现该协议的目的。这一定义包含了几个关键要素：协议、犯罪意图和实际步骤。

协议是共谋犯罪的核心要素。协议的形式可以是口头的、书面的，甚至是默契的。法院在认定协议存在时，可以依赖直接证据，如证人证词，或者间接证据，如行为模式和环境因素。这意味着，只要有足够的证据表明嫌疑人之间有共同的犯罪计划，就可以认定存在共谋协议。犯罪意图是共谋犯罪不可或缺的要素。共谋参与者必须有明确的犯罪目的，即通过协同行动实现某种非法目标。在这种情况下，意图的证明不仅仅局限于行为本身，还包括参与者的动机和目标。例如，如果银行经理和柜员计划盗窃银行，尽管他们可能没有成功实施，但只要他们有明确的盗窃意图，就可以构成共谋犯罪。最后，实际步骤是共谋犯罪的执行要素。为了将犯罪意图付诸实践，至少需要一个参与者采取具体行动。这些行动不一定是犯罪本身，可以是任何有助于实现犯罪计划的步骤。例如，在上述盗窃银行的例子中，购买通信工具、勘察银行监控，都可以视为实现犯罪意图的实际步骤。

（二）共谋犯罪的历史发展

共谋犯罪的发展过程反映了美国法律体系不断适应和应对白领犯罪各种复杂犯罪行为的需求。共谋犯罪的概念起源于英国普通法，最初是针对那些联合起来提出虚假起诉的人，这些人通过虚假的法律程序试图牟取不正当利益。

15 世纪的英国法律开始将这种联合行为视为严重的犯罪，因为它不仅损害了个人利益，还破坏了司法系统的公正性和权威性。随着时间的推移，共谋罪的应用范围逐渐扩大，涵盖了更多形式的联合犯罪行为。例如，早期的普通法不仅针对虚假起诉，还包括其他形式的集体欺诈和非法协作。16 世纪和 17 世纪，英国法院进一步发展了共谋理论，将其适用于更广泛的犯罪活动，包括政治阴谋和商业欺诈。这一时期，共谋罪逐渐成为打击复杂犯罪的重要工具。美国继承了英国的普通法传统，但在具体实施过程中，根据本国的法律需求和社会环境，对共谋罪进行了本土化的改进和扩展。19世纪末至20世纪初，美国社会经历了快速的工业化和城市化，随之而来的是各种复杂的经济犯罪和商业欺诈行为。此时，共谋罪被广泛用于打击这些新兴的白领犯罪。

（三）共谋犯罪在白领犯罪中的地位

金融欺诈、证券欺诈、贿赂、洗钱和其他复杂的白领犯罪，其犯罪行为往往需要多个个体或团体的协同合作。以共谋犯罪作为法律框架，使得检方可以对整个犯罪网络进行起诉，而不仅仅是针对具体的犯罪行为。

通过共谋罪，执法机构可以追踪和起诉那些策划和参与非法活动的高层管理人员和关键人物。例如，在2001年的安然公司丑闻中，高层管理人员通过复杂的会计欺诈手段隐瞒公司亏损，导致投资者损失惨重。检方以共谋犯罪对安然公司策划和参与整个犯罪计划的所有人员进行起诉。此外，共谋罪在打击跨国白领犯罪中也发挥了关键作用。跨国公司和全球金融市场的复杂性，使得犯罪行为往往跨越多个司法管辖区。通过共谋罪，执法机构可以更有效地协调跨国调查和起诉，追踪和惩罚国际犯罪网络。例如，2015年的大众汽车排放门事件中，共谋罪成为追究大众汽车公司高层管理人员责任的重要法律依据。

二、共谋犯罪的构成

（一）共谋犯罪的法律要素

共谋犯罪的法律要素是法律认定共谋行为的基础，也是执法机构和司法系统进行调查和审判的关键。这些要素包括协议、犯罪意图和实际步骤。了解这三要素有助于识别和分析高层管理人员、专业人士和企业之间复杂的非法协作。

协议指的是两个或两个以上的人在实施某种非法行为时达成的共识，是共谋犯罪的核心要素之一。在白领犯罪中，这种协议通常是隐秘的，涉及复杂的商业计划和金融操作。协议的形式可以是口头、书面，甚至是默契的，并不要求有正式的合同或文件。法院在认定协议存在时，可以依赖直接证据，如邮件、短信、录音，或间接证据，如行为模式和上下文背景。例如，在证券欺诈案件中，高层管理人员可能通过秘密会议或手机通信达成共识，共同操纵股票价格。尽管这些协议可能没有具体的书面记录，但通过分析参与者的行为和沟通记录，执法机构可以证明存在共谋关系。

犯罪意图是共谋犯罪的另一要素，指的是参与者共同的非法目的。在白领犯罪中，犯罪意图通常与获取经济利益、规避法律责任或操纵市场等目标有关。证明犯罪意图需要展示参与者的动机、行为和目标。例如，在内幕交易案件中，公司高层可能通过共享内部信息，意图操纵股票市场以获取巨额利润。即使这些行为未必直接导致市场变化，但只要有证据表明他们有此意图，便可构成共谋犯罪。犯罪意图的证明不仅依赖于具体行为，还包括参与者的背景和动机，如通过财务记录、通信记录和证人证词等方式展示。

实际步骤是指为实现犯罪意图而采取的具体行动。这些行动不一定是犯罪本身，但必须是为了推进犯罪计划的一部分。在白领犯罪中，实际步骤可能包括资金转移、虚假账目制作、伪造文件和秘密会议等。通过这些具体行动，执法机构可以展示参与者之间的协作和共同目标。例如，在金融欺诈案件中，涉案人员可能会通过一系列复杂的财务操作和商业决策，逐步实现他们的非法目标。

（二）共谋犯罪的主要法律渊源

在美国，联邦共谋罪的主要法律条文为《美国法典》第18编第371条（18 U.S.C. § 371），该条款详细阐述了共谋犯罪的定义和适用范围，并在实践中被广泛应用于打击各类犯罪，特别是白领犯罪。该条明确规定，任何两人或以上如果共谋犯下针对美国的任何犯罪，或者通过欺诈手段获取联邦政府财产或损害其利益，即构成共谋犯罪。该条文的核心在于"协议"和"实际步骤"这两个关键要素。协议部分指的是犯罪参与者之间达成的共谋计划，而实际步骤则要求至少有一个参与者采取了具体行动来推进犯罪计划的实施——即使这些行动本身不构成犯罪，但它们的存在是证明共谋的必要条件。该条还规定了共谋罪的处罚标准，共谋罪的最高刑罚可达五年监禁和罚金。这一规定不仅适用于传统犯罪，还适用于金融欺诈、证券欺诈和其他形式的白领犯罪。例如，在内幕交易和市场操纵等案件中，共谋罪的适用使得执法机构可以起诉和惩罚那些通过复杂合作进行非法操作的企业高管和金融专业人士。

除了第371条，其他相关法律条文也对共谋犯罪进行了补充和细化。例如，《美国法典》第18编第1349条（18 U.S.C. § 1349）针对邮件欺诈和电信欺诈中的共谋行为作了具体规定。该条文指出，任何人如果共谋犯下邮件欺诈或电信欺诈罪，将受到与实际实施这些犯罪相同的处罚。这一条文的设立，是为了应对现代科技条件下复杂的欺诈行为，特别是涉及跨国金融交易和网络犯罪的情况。通过这种方式，法律能够更有效地追踪和打击那些利用技术手段进行非法操作的白领犯罪。

在证券欺诈领域，《美国证券交易法》第10（b）条和相关规定同样涵盖了共谋犯罪的情形。具体而言，任何人通过共谋手段欺骗、操纵或影响证券市场，即构成犯罪。这些法律条文为执法机构提供了强有力的工具，可以起诉和惩罚那些试图通过非法手段影响市场的个人和企业。例如，在安然公司丑闻中，高层管理人员通过复杂的财务操纵和虚假披露隐瞒公司财务状况，从而导致投资者损失惨重。通过证券交易法的相关条款，执法机构得以对这些高管进行调查和起诉。

各州也制定了相应的法律条文来打击共谋犯罪。例如，《加利福尼亚州刑法》第182条规定，任何人如果共谋犯下任何重罪或轻罪，即构成共谋犯罪，并将根据具体情形受到相应处罚。这一州级法律条文与联邦法律相辅相成，共同构成了严密的法律网络，以确保对各类共谋行为进行有效打击。

（三）共谋协议的形式与证明

在共谋犯罪的法律框架中，协议的形式和其证明是核心要素。如前所述，共谋协议的形式多种多样，可以是口头的、书面的，甚至是默契的。法律在认定协议存在时，并不要求有正式的合同或书面证据，只需证明犯罪参与者之间存在共同的犯罪意图和计划即可。正因为如此，共谋协议的证明通常依赖于间接证据和推理，而不是直接证据。

口头协议是最常见的共谋形式之一。两个或更多的犯罪参与者可以通过口头讨论达成共识，决定实施某种非法行为。虽然这种形式的协议缺乏书面记录，但证人的证词和录音资料可以作为有力证据。例如，在某些案件中，执法机构被允许通过窃听或秘密录音的方式，获取犯罪分子之间的谈话内容，从而证明了共谋协议的存在。书面协议虽然较少见，但在复杂的白领犯罪中仍然存在。例如，在一些金融欺诈案件中，犯罪参与者可能通过电子邮件、短信或其他书面形式详细规划犯罪步骤和分工。这些书面记录可以成为重要的直接证据，帮助执法机构揭示犯罪计划的具体内容和参与者的角色。然而，即使没有书面记录，只要能够证明参与者之间存在犯罪意图和协调行动，依然可以认定存在共谋协议。默契协议则是另一种形式，通常发生在犯罪参与者之间有长期合作关系或彼此非常信任的情况下。在这种情况下，参与者不需要明确的讨论或书面记录，他们通过共同的行动和行为模式展示了犯罪计划。例如，在一些有组织犯罪集团中，成员之间可能通过某些习惯性行为和固定程序，默契地实施非法活动。执法机构可以通过观察这些行为模式，结合其他证据，推断出共谋协议的存在。

证明共谋协议的存在通常依赖于间接证据和推理。直接证据，如书面文件或录音资料，虽然有力但并不常见。因此，间接证据在共谋犯罪案件中尤为重要。例如，证人的证词、参与者的行为模式、通信记录、财务交易和环境因素等都可以作为间接证据，帮助建立共谋协议的存在。证人的证词在许多案件中起到了关键作用。参与者之间的对话、行动和计划可以通过证人的描述得到重建，从而揭示共谋协议的具体细节。尤其是在复杂的白领犯罪中，内部证人的证词往往能够提供独特的视角，揭示外界难以察觉的犯罪计划。例如，在一些内幕交易案件中，知情人士的证词帮助执法机构揭示了隐藏的交易网络和信息共享模式。行为模式和环境因素也常被用来证明共谋协议。例如，如果多个参与者在短时间内采取了协调一致的行动，并且这些行动明显是为了实现某种非法目的，就可以推断出他们之间存在共谋协议。在金融欺诈案件中，异常的资金流动和交易行为往往成为关键证据，显示参与者之间的协作。

（四）共谋的非法目标与犯罪意图

在共谋犯罪的法律框架中，非法目标和犯罪意图是至关重要的要素。要构成共谋犯罪，不仅需要参与者之间有明确的协议，还必须证明该协议的目标是非法的，以及参与者有实现该非法目标的意图。这两个要素共同决定了共谋行为的违法性质，并在司法实践中起到关键作用。

非法目标指的是共谋参与者计划实施的具体犯罪行为或违法活动。例如，这些目标可以是盗窃、诈骗、贿赂、洗钱、毒品贩运、网络犯罪等多种形式的违法活动。无论目标是什么，只要其性质是违法的，就可以构成共谋犯罪的非法目标。在白领犯罪中，非法目标往往涉及复杂的企业欺诈和经济犯罪。例如，高层管理人员可能共谋操纵公司财务报表，隐瞒公司真实财务状况，以欺骗投资者和监管机构；或者银行职员共谋实施内部盗窃或洗钱活动，这些行为的共同特点是具有高度的计划性和隐蔽性，目标明确且违法性突出。

犯罪意图是共谋犯罪的另一关键要素。犯罪意图指的是参与者在达成协议时的主观心态，即他们必须有实施该非法目标的明确意图。在法律上，证明犯罪意图通常比证明实际行为更为复杂，因为犯罪意图是主观的，不容易通过直接证据加以确认。为了证明犯罪意图，执法机构和检察官通常依赖于一系列间接证据和行为推断。例如，参与者的行为模式、沟通记录、财务交易、电子邮件和手机短信等都可以作为证据，显示他们有共同实施非法活动的意图。在一些案件中，证人证词尤其是内部知情人士的证言，往往能够提供关于犯罪意图的重要线索。在实际操作中，犯罪意图的证明通常涉及对参与者动机和目标的详细分析。例如，在一宗证券欺诈案中，如果有证据显示公司高层通过虚假信息操纵股价，并从中获利，则可以推断他们有欺骗投资者的犯罪意图。同样，在贿赂案件中，如果有证据表明某公司高层通过秘密贿赂或其他非法手段影响政府官员的决策，则可以证明其有非法获取商业利益的犯罪意图。值得注意的是，共谋犯罪的犯罪意图不仅限于最终犯罪行为的成功实施，即使计划未能实现或被提前制止，只要能够证明存在达成非法目标的协议和犯罪意图，就可以构成共谋犯罪。例如，在银行内部盗窃的案件中，即使实际盗窃行为未发生，只要有证据显示参与者之间有明确的盗窃计划和意图，就可以被认定为共谋犯罪。

在涉及多人的复杂犯罪网络中，犯罪意图的证明尤为重要。通常，这些网络中的每个参与者都有明确的分工和角色，共同协作实现非法目标。在这种情况下，执法机构需要证明每个参与者不仅知晓整体计划，还积极参与并支持犯罪行为。例如，在一起复杂的网络犯罪案件中，如果有证据显示各参与者通过协调行动实施大规模数据盗窃和金融欺诈，则可以认定他们共同具有实现非法目标的犯罪意图。

三、共谋犯罪的司法程序

共谋犯罪的司法程序一般包括调查、起诉、审判和量刑四个主要阶段，联邦和州司法系统都必须严格遵循这些程序。

（一）调查程序

在调查过程中，检察机关需要充分行使其法定权力进行深入的调查和取证。白领犯罪往往通过复杂和隐蔽的手段进行，因此技术侦查手段如电话监听、电子邮件监控等对于获取关键通信记录和行为证据至关重要。这些证据不仅揭示犯罪事实，还能明确各参与者在犯罪中的具体角色和责任。检察机关可以依据相关法律，申请搜查令和逮捕令，以合法方式获取和固定犯罪证据。

此外，保护证人和受害人的合法权益是提高证词可信度和有效性的关键措施。检察机关还应利用法律赋予的权力，采取适当措施防止被告串供、毁灭证据或逃避法律制裁。为了提高起诉的成功率，检察机关通常与其他司法机关和执法机构密切合作。例如，与联邦调查局合作获取犯罪线索和证据；与法院保持沟通，了解最新的审判程序和法律适用动态。多方协作有助于提高案件的侦破和起诉效率。

在调查阶段，联邦调查局和州执法机构首先会收集与犯罪有关的初步证据。这包括调取通信记录、财务文件、电子邮件以及其他可能证明犯罪行为的资料。

技术侦查手段如电子监控和电话监听常用于此阶段，以获取直接证据或揭示犯罪网络的结构和运作方式。执法机构还会对嫌疑人进行问询，以获取更多的线索和证据。所有的搜查和扣押行动都需要得到联邦法官或州法官的批准，以确保证据的合法性和可采性。

（二）起诉程序

在白领犯罪案件的起诉过程中，有效的起诉策略至关重要。检察机关必须确保证据的充分性和相关性，以证明被告的共谋行为。证据的选择和呈现需要符合严格的法律标准，包括直接和间接证据的结合，以建立一个完整且连贯的事实链。

从起诉策略上看，检察机关在初步审查阶段重点放在搜集和固定关键证据上，为后续起诉和审判奠定基础。在正式起诉阶段，检察机关列明被告的具体罪行和法律依据，确保起诉书逻辑严密、证据充分。在庭审阶段，检察机关需要灵活应对辩护方的质疑，通过有力的证据和法律条款进行反驳，确保庭审顺利进行。

在调查结束后，联邦检察官或州检察官会根据掌握的证据决定是否提起公诉。如果证据充分，检察官将向联邦或州法院提交起诉书，详细列明被告的具体罪行及相关法律依据。在联邦司法体系中，起诉书必须经过大陪审团的审查和批准。大陪审团审查期间，检察官需向陪审团呈现所有关键证据，并回答陪审团的提问。如果大陪审团认为证据确凿，才会正式起诉被告。在州司法系统中，类似的程序也适用，具体操作因不同州法律而有所不同。

（三）审判和量刑

进入审判阶段后，案件将由联邦或州法院的法官和陪审团共同审理。审判程序一般包括开庭陈述、证据展示、证人作证、交叉质询以及辩论等环节。在这一过程中，控辩双方将围绕证据的真实性、证据链的完整性以及被告的行为是否构成共谋罪展开辩论。控方需证明被告的罪行"超越合理怀疑"的标准，而辩方则致力于揭示证据中的漏洞或提出无罪辩护。陪审团在听取控辩双方的陈述后，会根据事实和法律进行评议，并最终作出有罪或无罪的裁定。

如果陪审团裁定被告有罪，案件将进入量刑阶段。在此阶段，联邦或州法院的法官会根据案件的具体情况、法律规定以及被告的犯罪情节决定刑罚。量刑考虑因素包括犯罪的严重性、被告的犯罪历史、社会危害性以及是否有悔罪表现等。在某些情况下，法院还会考虑受害者或其家属的陈述，作为量刑的参考依据。联邦和州的量刑指南可能有所不同，法官将依照相应的法律标准来进行判决。

量刑是一个复杂且极其重要的环节。量刑不仅决定了被告将面临何种刑罚，还反映了司法系统对不同犯罪行为的价值判断和社会危害性的评估。无论在联邦还是州一级的司法体系中，量刑都受到多种因素的影响，并遵循特定的法律标准和指导原则。量刑的首要考虑因素是犯罪的严重性及其具体情节。在审判结束后，如果被告被裁定有罪，法官会详细审查犯罪行为的性质和情节。例如，共谋犯罪中涉及的具体计划、实施的程度、参与人数及其在犯罪中的角色等，都会影响最终的量刑决策。联邦和州的量刑指南对不同类型的共谋犯罪有明确的规定，帮助法官在量刑时进行参考。

被告的犯罪历史是另一个关键因素。初犯和惯犯在量刑上会有显著差异。联邦和州的司法系统都要求法官在量刑时考虑被告过去的犯罪记录。如果被告有多次犯罪前科，尤其是涉及类似罪行的前科，法官可能会判处更重的刑罚，以起到震慑和预防的作用。在某些情况下，累犯的量刑可能会受到联邦"三振出局法"（Three Strikes Law）等严格法律的影响，从而导致更严厉的刑罚。法官在量刑时还会考虑犯罪行为对社会的危害性。共谋犯罪通常涉及多个共犯，可能对社会秩序和公共安全造成严重威胁。因此，在量刑时，法官会评估该犯罪行为对受害者、社区以及社会整体的影响。例如，涉及金融诈骗的共谋犯罪，不仅对受害者的经济造成损失，还可能破坏市场信任，对经济秩序产生深远影响。这类犯罪通常会受到严厉的惩罚，以维护社会的公正和稳定。被告的悔罪表现和在调查过程中的合作态度也是量刑时的重要考虑因素。如果被告在案发后主动认罪、协助调查，甚至提供重要证据协助检方破获其他案件，法官可能会酌情减轻刑罚。在联邦司法系统中，这类合作可以通过《美国联邦量刑指南》第 5K1.1 条规定获得减刑，而州司法系统则有类似的规定以鼓励被告积极配合调查。

最终，法官的量刑决定必须在法律和量刑指南的框架内进行。联邦司法系统依据《美国联邦量刑指南》，该指南详细列出了不同犯罪的量刑范围和相关考量因素。州司法系统则依据各州的量刑法律和政策。量刑过程中，受害者及其家属的陈述，以及公众的影响陈述也会被纳入考虑。联邦和州法院通常允许受害者或其代表在量刑听证会上发表意见，陈述犯罪对他们生活的影响。这些陈述可以影响法官对案件的理解，进而对量刑决策产生影响。公众的意见也可能通过媒体报道和社会舆论间接影响法官的量刑态度。

第二节 虚假陈述

在美国司法体系中，虚假陈述罪是一个复杂且具有广泛适用性的罪名。虚假陈述通常涉及在政府调查、监管报告、合同申请、金融交易等多种场景中提供虚假信息。联邦法律和州法律均有相应条款规范和惩治这一行为，而联邦法律中最常引用的条款是《美国法典》第18编第1001条（18 U.S.C. §1001）。本节将详细探讨虚假陈述罪的法律框架和法定条款，并结合具体案例进行分析。

一、虚假陈述的法律渊源

《美国法典》第18编第1001条明确规定，任何人在任何美国政府管辖的事项中，故意作出虚假、虚构或欺骗性的陈述，或者隐瞒事实真相，均构成犯罪。具体而言，该法条分为三个主要部分：首先，禁止向联邦政府的任何部门或机构提交任何虚假、虚构或欺骗性的陈述；其次，禁止在联邦调查过程中隐瞒、掩饰或隐匿任何事实；最后，禁止向联邦政府的任何机构或部门提交包含虚假、虚构或欺骗性信息的文件或陈述。这些规定可以涵盖相当数量的行为类型，在司法实践中得到了广泛应用。在司法实践中，第1001条被用来起诉各种形式的虚假陈述行为。例如，在"美国诉耶尔米安案"[1]中，被告在安全调查问卷中故意提供虚假信息，导致被判有罪。此案确立了一个重要原则，即被告不需要知道其虚假陈述将会用于联邦调查，只需证明其虚假陈述本身就足以构成犯罪。这一判决大大扩展了该法条的适用范围，使得联邦检察官能够更广泛地起诉虚假陈述行为。

除了第1001条，其他联邦法律条款也涉及虚假陈述罪。例如，《美国法典》第18编第1621条（18 U.S.C. §1621）规定了伪证罪，即在法庭或其他法律程序中故意作出虚假陈述的行为。虽然伪证罪与虚假陈述罪有所不同，但两者在司法实践中常常相辅相成，用于打击提供虚假信息的行为。在州法律层面，各州也有相应的法律条款规范虚假陈述行为。例如，《加利福尼亚州刑法》第118条（California Penal Code §118）明确规定，任何人在法庭上作伪证，或在法律程序中故意提供虚假陈述，均属犯罪。这些州法律条款虽然在具体规定和适用范围上有所不同，但总体目标一致。

---

[1] United States v. Yermian, 468 U.S. 63 (1984).

虚假陈述罪在实际操作中，不仅限于口头陈述，还包括书面陈述和其他形式的信息传递。例如，在"美国诉高丹案"[1]中，被告因在联邦住房管理局（FHA）贷款申请中提供虚假信息而被判有罪。该案的重要性在于确认了虚假书面陈述也构成虚假陈述罪，并且同样适用于第1001条的规定。在分析虚假陈述罪的法律框架时，必须注意到该罪行的几个关键要素：虚假陈述必须是故意的，即被告必须有意图作出虚假、虚构或欺骗性的陈述。无意或过失行为通常不构成该罪行；虚假陈述必须与联邦政府的事务相关。这意味着，虚假陈述必须涉及联邦政府的某些活动、调查或程序，例如提交给联邦机构的报告或在联邦调查中的供述。在实际操作中，虚假陈述罪的证明要求包括四个主要要素：第一，被告在联邦事务中作出陈述；第二，该陈述是虚假、虚构或欺骗性的；第三，被告知道该陈述是虚假的；第四，被告故意作出该虚假陈述。这些要素在司法实践中起着至关重要的作用，因为检察官必须证明每一个要素才能成功起诉被告。

除了刑事处罚，虚假陈述罪还可能导致民事责任。例如，在证券交易中作出虚假陈述的公司或个人，可能面临投资者的集体诉讼和巨额赔偿。联邦证券法，特别是《1934年证券交易法》（Securities Exchange Act of 1934），明确规定了对虚假陈述行为的处罚，并为受害者提供了法律救济途径。虚假陈述罪在不同领域的具体应用也有所不同。例如，在医疗保险欺诈案件中，虚假陈述常用于提交虚假的医疗索赔，以骗取政府或保险公司的资金。在"美国诉鲁特加德案"[2]中，被告因提交虚假的医疗账单而被判有罪，该案突显了虚假陈述罪在打击医疗保险欺诈中的重要作用。值得注意的是，虚假陈述罪在司法实践中面临一些挑战。例如，在"美国诉布朗斯顿案"[3]中，最高法院指出，即使被告的陈述具有误导性，只要其技术上是准确的，就不能构成伪证罪。尽管此案主要涉及伪证罪，但其判决对虚假陈述罪也有一定影响，因为两者在某些方面存在交叉。

二、调查与起诉实践

司法机关在处理虚假陈述案件时，通常会经历复杂的调查程序和严格的起诉标准。联邦调查局、证券交易委员会、国税局等联邦机构以及各州执法机构

---

① United States v. Gaudin, 515 U.S. 506 (1995).
② United States v. Rutgard, 116 F.3d 1270 (9th Cir. 1997).
③ United States v. Bronston, 409 U.S. 352 (1973).

在应对虚假陈述犯罪时，扮演着重要角色。本节将探讨虚假陈述罪的调查与起诉实践，并结合具体案例和法条进行分析。

虚假陈述案件的调查通常从线索的获取开始。这些线索可以来自举报人、内部审计、政府监管报告或其他执法机构的协作。例如，在"美国诉萨法维安案"①中，联邦调查局通过内部审计和举报人提供的信息，开始调查被告在与政府合同中的虚假陈述行为。此案最终导致被告因违反《美国法典》第18编第1001条而被起诉和定罪。在调查过程中，执法机构通常会使用多种手段收集证据，包括文件审查、电子邮件监控、电话记录分析、证人采访等。特别是在数字时代的当下，电子证据的获取和分析变得尤为重要。在"美国诉麦克唐奈案"②中，检察官利用电子邮件和手机短信记录证明被告在政治捐款报告中作出虚假陈述，从而成功起诉该案件。调查的另一个重要方面是与其他执法机构的合作。联邦和州机构常常需要共同努力，以全面调查复杂的虚假陈述案件。例如，在"美国诉玛莎·斯图尔特案"③中，联邦调查局与证券交易委员会合作，调查了被告在内幕交易调查中的虚假陈述行为，确保了全面的证据收集，并最终导致被告被判有罪。

调查结束后，检察机关根据收集到的证据决定是否提起诉讼。在联邦层面，联邦检察官办公室负责对虚假陈述案件进行起诉。在决定是否起诉时，检察官需要考虑证据的充分性、案件的严重性以及公共利益等多种因素。例如，在"美国诉布罗根案"④中，联邦检察官决定起诉被告在联邦调查中的虚假陈述行为，尽管被告辩称其陈述不具实质性。但最终，最高法院确认了检察官的起诉决定，认为虚假陈述本身就足以构成犯罪。在起诉过程中，检察官需要证明虚假陈述罪的所有构成要件，包括被告在联邦事务中作出虚假陈述、该陈述是故意的、被告知道该陈述是虚假的以及虚假陈述具有实质性。

在审判阶段，检察官通常会通过证人证词、书面证据、电子证据等多种方式，全面展示案件事实。例如，在"美国诉韦默特案"⑤中，检察官通过详细的书面合同和电子邮件记录，证明被告在商业交易中故意提供虚假信息，成功获得有罪判决。在审判过程中，辩护律师通常会通过多种策略为被告辩护，包括质疑证据的合法性、强调被告的无意或过失行为、质疑虚假陈述的实质性等。

---

① United States v. Safavian, 528 F.3d 957 (D.C. Cir. 2008).

② United States v. McDonnell, 579 U.S. 550 (2016).

③ United States v. Martha Stewart, 305 F. Supp. 2d 368 (S.D.N.Y. 2004).

④ United States v. Brogan, 238 F.3d 78 (2d Cir. 2001).

⑤ United States v. Weimert, 819 F.2d 906 (8th Cir. 1987).

例如，在"美国诉布朗斯顿案"① 中，被告的辩护律师成功说服最高法院，即使被告的陈述具有误导性，只要其技术上是准确的，就不能构成伪证罪。虽然该案主要涉及伪证罪，但其判决对虚假陈述罪也产生了一定影响。审判结束后，如果被告被判有罪，法院将根据相关法律规定进行量刑。在量刑过程中，法官通常会考虑多个因素，包括犯罪的性质和严重性、被告的犯罪记录、犯罪的社会影响等。在"美国诉布伦伯格案"② 中，法官在量刑时考虑了被告的虚假陈述行为对证券市场的负面影响，最终判处被告较重的刑罚。除了刑事处罚，虚假陈述罪还可能导致民事责任。例如，在证券交易中作出虚假陈述的公司或个人，可能面临投资者的集体诉讼和巨额赔偿。在"美国诉美国银行案"③ 中，美国银行因在次级抵押贷款证券化过程中提供虚假信息，被法庭要求支付数十亿美元的赔偿金。

虚假陈述罪的调查与起诉实践不仅涉及联邦层面，也包括州层面的执法行动。各州司法机构在处理虚假陈述案件时，通常会根据州法律条款进行调查和起诉。例如，在加利福尼亚州，州检察机关可以根据《加州刑法》第 118 条（California Penal Code § 118）起诉虚假陈述行为。例如，在"人民诉辛格案"④ 中，加州检察机关利用这一条款，成功起诉了被告在州税务申报中的虚假陈述行为。

在虚假陈述案件的起诉过程中，检方还需要应对各种挑战，包括证据的收集和保存、被告的辩护策略、公众舆论的影响等。例如，在"美国诉利比案"⑤ 中，检察官不仅要面对复杂的证据链条，还需要应对媒体和公众的高度关注。此案中，检方克服重重困难，最终成功起诉并定罪。

三、司法解释与量刑趋势

在司法解释方面，法院通常会依据《美国法典》第 18 编第 1001 条，该条款规定了虚假陈述罪的基本要素。根据该条款，任何人在任何联邦事务中故意作出虚假、虚构或欺骗性的陈述或陈述的重要部分，即构成犯罪。在"布罗根诉美国案"⑥ 中，最高法院明确指出，第 1001 条适用于所有形式的虚假陈述，无

---

① United States v. Bronston, 658 F.2d 920 (2d Cir. 1981).
② United States v. Blumberg, 961 F.2d 787 (2d Cir. 1992).
③ United States v. Bank of America, 775 F.3d 1060 (9th Cir. 2014).
④ People v. Singh, 108 Cal. App. 4th 39 (Cal. Ct. App. 2003).
⑤ United States v. Libby, 429 F.3d 540 (D.C. Cir. 2005).
⑥ Brogan v. United States, 522 U.S. 398 (1998).

论这些陈述是否被联邦政府正式采纳。该判例确立了广泛的司法解释，为执法机关提供了强有力的法律依据。

虚假陈述罪的司法解释不仅涉及法律条文的字面含义，还涉及行为的实质性和故意性。在"美国诉高丁案"[①]中，最高法院认为，虚假陈述罪中的"实质性"必须由陪审团认定，而不能仅由法官决定。这一判决强调了实质性在虚假陈述案件中的重要性，并确保了被告的正当程序权利。此外，法院在该案中还明确指出，虚假陈述必须具有足够的重要性，以影响联邦事务的决策。

司法解释和量刑趋势不仅影响虚假陈述罪的处理，还对整个法律体系产生深远影响。在"美国诉阿吉拉案"[②]中，最高法院强调了司法机关在解释虚假陈述罪时必须严格遵循法律条文。该案确立了严格的司法解释标准，防止执法机关和法院在处理虚假陈述案件时出现偏差。在量刑方面，法院通常会考虑多个因素，包括犯罪的性质和严重性、被告的犯罪记录、犯罪对社会的影响等。在联邦层面，法院通常依据《美国联邦量刑指南》（United States Sentencing Guidelines）进行量刑。该指南为联邦法官提供了具体的量刑范围和标准。在"美国诉布克案"[③]中，最高法院裁定《量刑指南》具有建议性而非强制性，给予法官在量刑时更大的自由裁量权。这一判决改变了联邦量刑实践，并对虚假陈述案件的量刑产生了深远影响。

具体到虚假陈述罪，量刑指南特别强调了犯罪的故意性和欺骗性。在"美国诉邓尼根案"[④]中，法院判处被告因虚假陈述罪而增加刑期，理由是被告在调查过程中故意提供虚假信息，严重妨碍了司法公正。此外，法院在量刑时还会考虑犯罪对受害者和社会的影响。在金融领域，虚假陈述罪特别受到重视，因为这种行为可能导致投资者蒙受巨大损失，扰乱市场秩序。在"美国诉埃伯斯案"[⑤]中，法院判处被告长达 25 年的监禁，理由是被告在公司财务报告中作出虚假陈述，导致投资者损失数十亿美元。司法解释和量刑趋势还受到法律政策和社会舆论的影响。在近年来的虚假陈述案件中，法院越来越重视犯罪的社会影响和公众利益。例如，在"美国诉柯林斯案"[⑥]中，法院在量刑时特别考虑了被告的虚假陈述对公共健康和安全的影响，最终判处被告较重的刑罚。

[①]　United States v. Gaudin, 515 U.S. 506 (1995).

[②]　United States v. Aguilar, 515 U.S. 593 (1995).

[③]　United States v. Booker, 543 U.S. 220 (2005).

[④]　United States v. Dunnigan, 507 U.S. 87 (1993).

[⑤]　United States v. Ebbers, 458 F.3d 110 (2d Cir. 2006).

[⑥]　United States v. Collins, 462 F.3d 1 (D.C. Cir. 2006).

在州层面，各州司法机构在解释和量刑时也会依据州法律条款。例如，《加州刑法》第118条规定了虚假陈述罪的具体要素和量刑标准。在"人民诉史密斯案"[1]中，被告因在州政府事务中作出虚假陈述，加州法院依据该条款判处其3年监禁。

第三节　妨害司法

妨害司法是指通过各种手段阻挠司法程序的正常进行，包括但不限于伪造证据、威胁证人、腐蚀法官等行为。这些行为严重破坏了司法公正和法治的基础，因此在美国法律体系中，妨害司法被视为一种严重的犯罪行为。根据《美国法典》第18编第73条（18 U.S.C. § 73）的规定，妨害司法行为包括妨害司法程序、伪证、毁灭证据等多种形式。本节将详细探讨妨害司法的法律渊源，分析其立法背景、法律条款和实际应用。

一、妨害司法的法律渊源

美国的妨害司法犯罪的法律渊源主要来源是《美国法典》第18编第73条。这一编详细列举了妨害司法的具体行为和相应的刑罚。另外，第1503条也是妨害司法罪的核心条款，规定了任何通过威胁、恐吓、诽谤或其他不正当手段影响司法程序的行为均构成妨害司法罪。具体而言，第1503条明确指出，任何意图影响、妨碍或阻挠司法程序的行为，无论是直接还是间接，都将受到法律的严厉制裁。例如，在著名的"美国诉阿吉拉尔案"[2]中，被告因试图通过威胁证人来影响司法程序而被判有罪。该案成为解释第1503条的重要判例，进一步明确了该条款的适用范围。

《美国法典》第18编第1512条和第1513条也对妨害司法行为进行了补充规定。第1512条主要针对证人的恐吓和胁迫行为，明确规定任何企图通过暴力、威胁或其他手段影响证人证言的行为都将构成犯罪。第1513条则重点打击对司法参与者的报复行为，规定任何因他人参与司法程序而对其进行报复的行为都将受到刑罚。例如，在"美国诉托马斯案"[3]中，被告因威胁证人及其家属，被判违反第1512条的规定。

---

① People v. Smith, 538 P.2d 1161 (Cal. 1975).

② United States v. Aguilar, 515 U.S. 593 (1995).

③ United States v. Thomas, 913 F.2d 1111 (4th Cir. 1990).

　　除了上述具体条款外，美国司法体系还通过多种法规和条例来加大对妨害司法行为的打击力度。例如，《反腐败法》和《联邦证人保护法》在防范和打击妨害司法方面发挥了重要作用。这些法规不仅提供了法律依据，还设立了专门的保护机制，以确保证人和司法参与者的安全和权利。例如，《联邦证人保护法》为那些因作证而面临威胁的证人提供了全面的保护措施，包括身份更改和安全住所。这些保护措施的实施，有效遏制了因害怕报复而不敢作证的现象，保障了司法程序的顺利进行。

　　此外，在实际司法操作中，执法机关、检察机关和法院也制定了一系列内部规章和操作指南，以确保妨害司法行为得到及时有效的处理。例如，联邦调查局和司法部都设有专门的部门负责调查和起诉妨害司法案件。这些部门不仅拥有丰富的办案经验，还与其他执法机构保持紧密合作，以确保妨害司法行为能够被迅速发现和处理。例如，在"美国诉史密斯案"[①]中，联邦调查局通过秘密调查和情报收集，成功获取了被告试图销毁证据的确凿证据，最终使其受到法律制裁。在国际层面，美国也与其他国家签署了多项引渡条约和司法协助协议，以打击跨国妨害司法行为。

二、妨害司法犯罪的案例分析

　　通过具体案例的分析，我们可以更深入地理解妨害司法行为的多样性及其对司法程序的影响。以下将结合实际案例和相关法条，详细探讨调查与起诉过程中妨害司法的典型表现和法律应对。

　　首先，我们来看一个涉及妨害司法的典型案例，即"联邦诉阿尔贝托案"[②]。该案中，被告阿尔贝托被指控在联邦调查中销毁重要证据，以妨害司法程序的正常进行。根据《美国法典》第 18 编第 1519 条的规定，销毁、篡改或隐匿任何可能用于联邦调查或正式程序的记录、文件或物品，均构成犯罪。检方通过对阿尔贝托行为的详尽调查，发现他故意销毁了一些关键文件，这些文件对案件的审理至关重要。最终，阿尔贝托被判有罪。

　　另一著名案例是"联邦诉马丁内斯案"[③]，其中被告马丁内斯被控通过威胁证人来妨害司法程序。根据《美国法典》第 18 编第 1512 条，任何通过威胁、恐吓或其他手段企图影响证人证言的行为均为违法。在本案中，马丁内斯多次

---

①　United States v. Smith, 897 F.2d 1259 (5th Cir. 1990).

②　United States v. Alverto, 68 F.3d 41 (2d Cir. 1995).

③　United States v. Martinez, 486 F.3d 1239 (11th Cir. 2007).

威胁证人及其家属，企图迫使他们改变证词或拒绝出庭作证。调查过程中，执法部门搜集了大量证据，包括录音和证人陈述，证明马丁内斯的威胁行为。最终，马丁内斯被依法定罪，体现了法律对证人保护的重要性及对妨害司法行为的严厉打击。

"联邦诉史密斯案"① 也是一个经典的妨害司法案例。史密斯在面临联邦调查时，通过向调查人员提供虚假信息，试图误导调查方向。根据《美国法典》第 18 编第 1001 条，其向联邦政府提供虚假、虚伪或欺骗性陈述，或在任何物质事实上作出虚假陈述，均属犯罪行为。在此案中，史密斯向联邦调查局谎报其行踪和活动，意图掩盖其非法行为。然而，通过深入调查和证据收集，调查人员最终揭露了史密斯的谎言，并将其绳之以法。

在"联邦诉约翰逊案"② 中，被告约翰逊因试图贿赂法官以获得有利判决而被控妨害司法。根据《美国法典》第 18 编第 201 条，任何人意图通过给予、提供或承诺任何有价值的东西以影响官员的任何行为，均构成贿赂罪。约翰逊向一名联邦法官提供巨额贿赂，希望通过非法手段影响案件结果。然而，这一企图被执法机构及时发现，并通过秘密录音和其他证据予以证实。约翰逊被判犯有妨害司法和贿赂罪。

在另一个著名案例"联邦诉克拉克案"③ 中，被告克拉克试图通过威胁和恐吓手段使关键证人撤回证词。根据《美国法典》第 18 编第 1512 条，任何人通过威胁、恐吓或其他手段试图影响证人证言的行为都属于违法。在该案中，克拉克多次威胁一名关键证人，企图迫使其撤回对克拉克不利的证词。执法机构通过秘密监控和证人保护措施，成功获取了克拉克威胁证人的直接证据。

"联邦诉罗宾逊案"④ 则涉及妨害司法的多重手段。罗宾逊在面临联邦调查时，不仅销毁了关键证据，还试图贿赂调查人员以逃避法律制裁。根据《美国法典》第 18 编第 1510 条和第 1519 条，妨碍刑事调查和销毁证据均属严重犯罪行为。在此案中，罗宾逊的多重违法行为被执法机构全面调查，最终通过大量物证和证人证词予以确认。法院判决罗宾逊犯有多项罪名，包括妨害司法、销毁证据和贿赂调查人员。

由上述六个案件可见，妨害司法行为具有形式多样且内涵复杂的特征。无

① United States v. Smith, 831 F.3d 1207 (9th Cir. 2016).
② United States v. Johnson, 620 F.3d 684 (6th Cir. 2010).
③ United States v. Clark, 957 F.2d 248 (6th Cir. 1992).
④ United States v. Robinson, 485 U.S. 25 (1988).

论是威胁证人、销毁证据，抑或是提供虚假信息、贿赂官员，这些行为均在《美国法典》第18编相关条款下受到规制。执法机构在调查和起诉过程中所展现的高效性，不仅体现了对违法行为的及时打击，更有效维护了法律的权威。

三、量刑标准与司法解释

根据《美国法典》第18编第1503条，妨害司法的行为包括但不限于对证人、法官或陪审员的威胁、恐吓和贿赂，以及销毁或篡改证据等。这些行为被视为对司法程序的直接干扰，因此对其量刑标准往往较为严苛。例如，在"联邦诉布朗案"①中，被告布朗因威胁一名联邦法官而被控妨害司法，法院依据第1503条判处布朗五年有期徒刑。《美国联邦量刑指南》对妨害司法行为的量刑提供了详细的指导。根据该指南，妨害司法行为的基础刑期可根据具体情节进行调整。对于涉及暴力威胁或实际造成伤害的案件，刑期将显著增加。例如，在"联邦诉杰克逊案"②中，被告杰克逊因对一名证人实施暴力威胁，迫使其改变证词而被起诉。根据联邦量刑指南，杰克逊的基础刑期被增加至十年。

如前文所言，法院在量刑时通常会综合考虑案件的具体情况、被告的主观恶意程度以及妨碍行为对司法程序的影响。在"联邦诉史密斯案"③中，被告史密斯被控销毁关键证据以妨碍联邦调查。尽管史密斯辩称其行为并非出于恶意，但法院在审理过程中通过证据链证明了其故意销毁证据的行为对司法程序造成了严重阻碍。因此，史密斯被判处七年有期徒刑，并处以高额罚款。在"联邦诉威廉姆斯案"④中，被告威廉姆斯试图贿赂陪审员以获得有利判决。根据《美国法典》第18编第201条，贿赂行为不仅破坏了司法程序的公正性，还对社会的法治基础构成严重威胁。法院在审理该案时，充分考虑了威廉姆斯的贿赂行为对陪审团独立性和判决公正性的侵害，最终判处其十年有期徒刑，并处以重罚。

在"联邦诉罗伯茨案"⑤中，被告罗伯茨被指控通过虚假陈述误导联邦调查，试图掩盖其非法活动。根据《美国法典》第18编第1001条，向联邦调查机构提供虚假信息构成严重的妨害司法行为。法院在判决中指出，罗伯茨的虚假陈述直接影响了调查进程，妨碍了司法公正的实现。因此，罗伯茨被判处八年有

---

① United States v. Brown, 934 F.2d 886 (7th Cir. 1991).

② United States v. Jackson, 513 F.2d 456 (D.C. Cir. 1975).

③ United States v. Smith, 964 F.2d 1082 (11th Cir. 1992).

④ United States v. Williams, 705 F.2d 603 (2d Cir. 1983).

⑤ United States v. Roberts, 618 F.2d 530 (9th Cir. 1980).

期徒刑，并处以高额罚款。在"联邦诉汤普森案"①中，被告汤普森被控在联邦调查中篡改证人证词。根据《美国法典》第18编第1512条，篡改证人证词的行为不仅影响了案件的公正审理，还对证人的安全构成威胁。法院在审理该案时，特别强调了证人证词的真实性对司法程序的重要性，最终判处汤普森九年有期徒刑，并对其实施额外的监控措施。该案的判决展示了司法系统对篡改证人证词行为的高度重视和严厉打击。在"联邦诉米勒案"②中，被告米勒因试图通过虚假陈述和销毁证据来妨害司法程序而被起诉。根据《美国法典》第18编第1519条，销毁或篡改任何可能用于联邦调查的记录或文件均为犯罪行为。法院在判决中指出，米勒的行为直接影响了案件的调查进程，严重破坏了司法程序的完整性和公正性。最终，米勒被判处七年有期徒刑，并处以高额罚款。该判决强调了法院对证据销毁行为的严厉态度和零容忍政策。

法院还会考虑被告的合作态度和认罪情况。在"联邦诉约翰逊案"③中，被告约翰逊在面临指控时选择与检方合作，并主动提供了有价值的信息，帮助揭露了更多妨害司法的行为。根据《美国联邦量刑指南》的规定，被告的合作态度和认罪情况可以作为量刑减轻的因素。最终，约翰逊被判处五年有期徒刑，并享有一定的减刑待遇。该案展示了法院在量刑过程中对合作态度和认罪情况的考虑，以及对积极改过行为的鼓励。

---

① United States v. Thompson, 484 F.3d 877 (7th Cir. 2007).

② United States v. Miller, 471 U.S. 130 (1985).

③ United States v. Johnson, 319 U.S. 503 (1943).

第三章　贿赂犯罪

> 如果你一旦失去了同胞们的信任，你就再也无法重新获得他们的尊重和敬重。的确，你可以有时欺骗所有人；你甚至可以一直欺骗某些人；但你不可能一直欺骗所有人。
>
> ——亚伯拉罕·林肯

贿赂行为的泛滥往往导致政府决策的偏颇，破坏市场竞争的公平性，最终损害企业的合法利益。正因如此，法律对贿赂犯罪的规制才显得尤为重要。20世纪中期，尽管已有多部联邦和州法律针对各类犯罪行为进行规制，美国联邦政府面对日益猖獗的贿赂犯罪仍显得力不从心。1972年的水门事件不仅削弱了公众对总统的信任，也对整个政府运作的透明度和廉洁性产生了怀疑。这种不信任感激发了对制度改革和法律完善的强烈需求，从而促使《美国反海外腐败法》（Foreign Corrupt Practices Act of 1977，FCPA）的出台。FCPA成为打击跨国贿赂行为的利器，对全球商业环境产生了深远影响。

根据美国量刑委员会公布的2022财年数据，美国贿赂犯罪案件呈现上升趋势，共报告了228起案件，其中77.3%的犯罪者为男性，92.0%为美国公民，88.4%没有显著的犯罪前科。案件中贿赂金额的中位数为37000美元，36.3%的案件涉及金额在15000美元以下，而11.1%的案件涉及金额超过150万美元。贿赂犯罪者在2022财年的平均刑期为23个月，其中80.9%的犯罪者被判处监禁。在适用量刑指南的案件中，41.4%的判决在量刑范围内，而47.1%的案件因被告提供了实质性协助而获得减刑,平均减刑幅度达67.2%。[①] 这些数据表明，美国司法体系在贿赂犯罪案件处理中，注重运用减刑作为激励机制，引导犯罪

---

① 参见美国量刑委员会网站，https://www.ussc.gov/sites/default/files/pdf/research-and-publications/quick-facts/Bribery_FY22.pdf，2024年3月21日访问。

者提供实质性协助，从而揭开更为庞大的腐败网络。近年来，这一策略与《反海外腐败法》（FCPA）的执法实践相得益彰。司法部与证券交易委员会在案件查办中，不仅严密追查企业贿赂行为，还借助跨国执法协作，通过层层剖析与精准打击，推动了对跨国贿赂犯罪的深度治理与规范化发展。

　　本章立足于贿赂犯罪的法律规制，通过分析经典案例，揭示贿赂行为在不同历史时期和社会环境中的演变脉络及深层特征。司法实践中，一系列标志性案件（如基廷五人案和纽约市警察局腐败案）不仅揭露了贿赂行为在政治和执法领域的复杂性与隐蔽性，更通过判决确立了若干关键法律原则，为后续司法实践奠定了坚实基础。随着跨国商业活动的不断深入，贿赂犯罪愈发呈现出跨国化、隐蔽化、复杂化特征，各国政府和国际组织纷纷通过签订国际公约、制定反腐法律等手段，强化监管力度，以维护市场的公平竞争和法律的权威性。通过系统梳理贿赂犯罪的历史沿革、典型案例及法律渊源，并结合 FCPA 在跨国商业环境中的立法与执法实践，深入剖析其法律边界及风险特征，为企业在全球市场中的合规经营提供明晰的指引和实务参考。

第一节　贿赂犯罪的历史

　　美国贿赂犯罪的历史可追溯至建国初期，早期立法便将对海关官员或联邦法官的贿赂行为列为联邦重罪，由此揭开了美国反腐法律制度的序幕。1853 年通过的《防止对国库欺诈法案》进一步扩大了贿赂罪的范围，将任何向联邦官员提供有价值物品以影响其决策的行为定为犯罪。在"迪克森诉美国案"[①]中，最高法院详细阐述了联邦贿赂法律的内涵。尽管该法律最初主要针对那些对美国提出欺诈性索赔的人，但国会选择起草了一项涵盖广泛的条款。这些条款不仅适用于贿赂国会议员，还包括任何联邦官员或持有公共信任职位的人。十年后，内战期间，国会进一步扩展了反腐败法律，禁止任何从事商品或货物进口的人向海关官员赠送礼物。1862 年，国会对联邦贿赂法律进行了重组，旨在将多个现行贿赂法规整合到一个单一综合条款中。这次整合并未对现有法律的实质内容进行重大修改，更没有限制法院对现有贿赂法规的广泛解释。19 世纪和20 世纪初期，美国的工业化迅速发展，商业和政治领域的贿赂现象尤为严重。工业巨头通过贿赂手段影响政府决策，形成了"强盗贵族"时代。比如，"莫比

———————
　　① Dickson v. United States, 182 U.S. 131 (1901).

利埃（Credit Mobilier）"丑闻揭露了铁路公司高管贿赂国会议员，以获得政府合同和补贴。这一时期，贿赂犯罪广泛存在于铁路建设、石油开采和金融等领域。面对日益严重的贿赂问题，美国政府逐步认识到需要通过立法来遏制这种现象。20世纪初，进步主义运动推动了一系列改革，旨在打击政治腐败和商业贿赂。1907年，《蒂尔曼法案》通过，成为美国首部禁止企业向联邦政治竞选捐款的法律。随后，1910年的《联邦腐败行为法》进一步规范了选举捐款和政治活动中的贿赂行为。

20世纪中期，美国继续加大对贿赂犯罪的法律打击力度。20世纪70年代末，洛克希德公司贿赂外国官员的丑闻被揭露，直接推动了《反海外腐败法》的通过和实施。1977年，《反海外腐败法》颁布，是美国在反贿赂立法方面的重要里程碑。该法案禁止美国公司和个人在国际商业交易中行贿外国官员。在司法实践中，美国法院通过一系列重要案件，展示对贿赂犯罪的打击力度。例如，在"基廷五人案（Keating Five）"中，五名参议员因接受贿赂而影响监管决策。纽约市警察局腐败案中，多名警官因接受贿赂被判刑。[①]

21世纪以来，贿赂犯罪的形式更加多样和复杂，但司法机关和立法机构对其打击力度也在不断加大。例如，2010年通过的《多德-弗兰克法案》引入了吹哨人奖励机制，鼓励举报贿赂和其他白领犯罪行为。司法部和证监会通过大量的《反海外腐败法》执法行动，打击跨国公司的贿赂行为，如西门子公司和沃尔玛公司因行贿而分别被罚巨款。

第二节　贿赂犯罪案例

案例一：爱立信公司贿赂案

2023年3月，瑞典电信巨头爱立信公司因未能遵守与美国证券交易委员会（SEC，简称"证监会"）和美国司法部在2019年达成的透明度协议，被罚款2.06亿美元。[②] 爱立信公司的贿赂行为涉及多个国家，包括伊拉克、越南、印尼和科威特。自2000年至2016年期间，爱立信通过中介公司和虚假合同向政府官员行贿，以获取电信基础设施相关的业务合同。这些贿赂款项通过复杂的财务操作进行掩饰，使调查变得更加困难。具体来说，在吉布提，爱立信通过一

---

① Keating v. Federal Savings and Loan Insurance Corporation, 497 U.S. 1050 (1990).

② 参见美国司法部网站，https://www.justice.gov/opa/pr/ericsson-plead-guilty-and-pay-over-206m-following-breach-2019-fcpa-deferred-prosecution，2024年3月21日访问。

家子公司向高官行贿约 210 万美元，以获得一份价值约 2030 万欧元的合同。在这些国家，爱立信子公司支付了数千万美元用于贿赂官员，并通过虚假的第三方服务合同进行掩饰。

在 2019 年 12 月 6 日，美国司法部和美国证券交易委员会联合发布公告，宣布爱立信同意支付约 10.6 亿美元，与美国政府达成和解，以平息多年来针对其的海外腐败调查。尽管达成了这一和解协议，爱立信仍未能完全遵守相关的透明度和合规要求，导致了 2023 年的进一步罚款。

调查过程中，证监会和司法部通力合作，调查人员深入分析了爱立信的财务记录，发现了大量通过中介公司支付的可疑款项。通过与受影响国家的司法部门合作，证监会和司法部成功地收集了关键证据，证明爱立信在多国进行的贿赂行为。例如，在伊拉克，爱立信向政府官员支付了超过 200 万美元的贿赂，以确保其在电信合同竞标中占据优势。在越南，爱立信的中介机构通过一系列复杂的财务操作，将贿赂款项分散到多个账户，以逃避监管。

在审判中，检方利用大量的财务记录、内部文件和证人证言，表明爱立信进行了系统性的行贿。通过电子邮件和其他通信记录，检方揭示了爱立信高层与中介公司之间的密切合作关系，以及他们如何策划和执行这些非法支付。检方展示了多封高层管理人员之间的邮件，这些邮件详细讨论了如何通过中介公司进行贿赂，并掩盖这些不当支付的痕迹。在庭审过程中，辩方试图通过质疑证据的合法性和证人的可信度来进行辩护，但最终未能成功。法庭最终裁定爱立信公司及其高管有罪，并对其处以严厉的罚款和其他制裁措施。爱立信公司不仅被处以 2.06 亿美元的罚款，还需要继续接受独立合规监察，直至 2024 年 6 月。

贿赂丑闻的曝光导致公司股价下跌，投资者信心受挫，公司内部也被要求进行大规模的改革和重组。除了对公司本身的处罚，证监会和司法部还对涉及的个人进行了追责。数名高管被控参与和策划这些贿赂活动，面临刑事指控。特别是爱立信的前首席执行官和几名高级管理人员，被指控直接参与贿赂计划。根据 FCPA，任何在美国上市的公司都必须遵守反贿赂条款，禁止向外国官员行贿以获得商业利益。爱立信作为在美国证券市场上市的公司，其全球业务活动都受到该法律的约束。证监会和司法部在声明中强调，合规协议不仅仅是形式上的承诺，而是必须得到严格执行，任何公司如果未能履行这些义务，都将面临严厉的法律和财务后果。

案例二：霍尼韦尔公司贿赂案

2022 年 12 月，霍尼韦尔国际公司（Honeywell International Inc.）因在巴西和阿尔及利亚的贿赂行为违反了《海外反腐败法》，与美国证券交易委员会和美国司法部达成和解，同意支付超过 1.6 亿美元的罚款和赔偿。①

根据美国司法部和证监会的指控，霍尼韦尔公司在 2010 年至 2014 年间向巴西国有石油公司 Petrobras 的高级官员提供了约 400 万美元的贿赂，以获取内部信息和秘密帮助，从而确保其获得并保持与 Petrobras 的合同。这些贿赂款项通过精心设计的虚假合同和中介费用进行掩饰，意图逃避审查和监管。然而，通过深入的财务调查和内部审计，发现了这些隐藏的交易。

霍尼韦尔公司通过其美国子公司 UOP LLC 与 Petrobras 高级官员密谋，提供贿赂以赢得价值约 4.25 亿美元的石油精炼项目合同。为实现这一贿赂计划，霍尼韦尔 UOP 与一名销售代理签订了代理协议，通过该代理向 Petrobras 的高官支付了 400 万美元的贿赂款。作为回报，霍尼韦尔 UOP 获得了商业优势，包括内部信息和秘密帮助，从而赢得了合同，获取了约 1.055 亿美元的利润。

霍尼韦尔 UOP 与美国司法部签署了为期三年的暂缓起诉协议（Deferred Prosecution Agreement，DPA），并同意支付 7900 万美元的刑事罚款。此外，霍尼韦尔 UOP 还将支付 8100 万美元的非法所得和预判利息，以解决证监会的平行调查。根据该暂缓起诉协议，美国司法部同意将霍尼韦尔 UOP 支付给巴西相关部门的 3960 万美元刑事罚款抵扣在美国需支付的刑事罚款。此案得到了美国司法部、证监会以及巴西检察官办公室的合作支持。在司法部的调查过程中，霍尼韦尔 UOP 表现出充分的合作态度，包括主动披露新的证据、提供内部调查的信息、配合员工面谈、收集和提供大量相关文件和翻译资料，并进行了广泛的整改措施，包括解雇和惩处涉案员工以及加强其合规计划。鉴于这些合作和整改措施，司法部根据美国量刑指南对其刑事罚款减少了 25%。霍尼韦尔公司同意继续配合司法部的任何后续调查，并在 DPA 有效期内继续加强其合规计划。该案件由美国联邦调查局（FBI）华盛顿外勤办公室和美国国税局刑事调查局（IRS-CI）休斯敦外勤办公室进行调查，巴西的检察官办公室和控制局也提供了实质性协助。

美国司法部和证监会对跨国企业贿赂行为采取"零容忍"态度，依托《反海外腐败法》（FCPA）建立了覆盖广泛、执行严密的监管体系，强化对跨国商

①　参见美国司法部网站，https://www.justice.gov/opa/pr/honeywell-uop-pay-over-160-million-resolve-foreign-bribery-investigations-us-and-brazil，2024 年 3 月 21 日访问。

业活动的合规约束。"霍尼韦尔案"对在美经营的中资企业具有重要警示意义：必须将合规管理置于企业发展战略的核心，严守法律底线，通过完善内部控制机制、加强员工培训与风险管控，确保在跨国交易中全面遵循美国及国际反腐法律规定，从而有效规避法律风险，维护企业的长远声誉与可持续发展。

案例三：美国大学招生丑闻

2019 年，美国媒体曝光了一起涉及知名好莱坞影星贿赂大学招生官员的重大丑闻，以确保他们的子女被顶尖大学录取。这起案件由联邦调查局和司法部联合调查，并对涉案明星提起了刑事诉讼。①

这起丑闻的核心人物是中介里克·辛格（Rick Singer），他通过其经营的"Key Worldwide Foundation"和"Edge College & Career Network"两家公司，帮助富裕家庭的子女以欺诈手段进入名校。辛格主要利用两种手段实施犯罪：一是伪造体育特长生资格，通过贿赂大学教练和体育部门官员，使这些学生以运动员身份被录取；二是通过贿赂考试监考人员，操纵 SAT 和 ACT 考试成绩。涉案的父母包括著名演员洛夫林（Lori Loughlin）和赫夫曼（Felicity Huffman），他们通过辛格支付贿赂款，旨在确保子女被录取到包括耶鲁、斯坦福、南加州和维克森林大学等顶尖高校。

联邦调查局和司法部于 2018 年开始调查这一案件，代号为"校队蓝调行动（Operation Varsity Blues）"。调查人员通过线人和秘密录音掌握了大量证据，揭示了辛格及其客户的非法操作。调查过程中，联邦调查局获取了涉及电话录音、电子邮件通信、财务记录等关键信息，确认了贿赂行为的存在。2019 年 3 月，联邦大陪审团对多名涉案人员提起指控，包括共谋邮件欺诈和共谋洗钱等罪名。辛格被指控的罪名包括敲诈勒索、洗钱和妨碍司法等，而家长们则被指控共谋邮件欺诈。《反敲诈勒索和受贿组织法》（RICO）也被广泛应用于此案，以打击涉及多种犯罪行为的有组织犯罪网络。

辛格在联邦调查中认罪，承认自己是该贿赂计划的策划者和实施者，并同意与政府合作，提供关键信息以协助调查其他涉案人员。作为认罪协议的一部分，辛格承认通过其基金会洗钱，并通过其网络操纵大学录取程序。洛夫林和赫夫曼均因向辛格支付贿赂款而被起诉。赫夫曼承认支付了 15000 美元以修改其女儿的 SAT 成绩，并在认罪后被判处 14 天监禁、1 年监管、250 小时社区服

---

① 参见美国司法部网站，https://www.justice.gov/usao-ma/investigations-college-admissions-and-testing-bribery-scheme，2024 年 3 月 21 日访问。

务以及 3 万美元罚款。洛夫林则因支付 50 万美元以使其女儿以划船特长生身份被南加州大学录取，最终在认罪后被判处 2 个月监禁、2 年监管、100 小时社区服务以及 15 万美元罚款。

在法庭审理过程中，检方提供了详细的证据，包括录音、电子邮件和财务记录，展示了被告如何通过辛格的网络进行贿赂和欺诈活动。辩方则试图减轻其客户的刑责，强调他们并未直接参与欺诈行为，而是受到了辛格的误导。法庭在量刑时考虑了被告的认罪态度、合作程度以及贿赂金额和所涉欺诈行为的严重性。多名被告在认罪协议中承诺积极配合政府调查，提供更多证据揭示案件全貌。对于主动认罪和合作的被告，法庭在量刑上给予了一定的宽大处理，而对于坚持不认罪或配合不力的被告，则处以较重的刑罚。

富裕家庭利用财力手段撕裂了高等教育公平的屏障，霸占了原本应属于其他学生的宝贵入学机会。名校的录取不仅关乎学生的学术前景，更与其未来社会地位和职业发展息息相关。以贿赂手段攫取稀缺教育资源，不仅破坏了选拔制度的公正性，更对社会公平带来了深刻冲击。在起诉过程中，检方并未仅以"贿赂"一项罪名对涉案人员提起指控，而是辅以敲诈勒索、洗钱和邮件欺诈等一系列罪名，充分展现了其策略性的诉讼手法。通过综合运用《反敲诈勒索和受贿组织法》（RICO）等法律武器，检察机关从多个角度层层推进，以打击贿赂行为背后的有组织犯罪网络。

第三节　贿赂犯罪的法律渊源

一、《美国法典》第 18 编第 201 条

《美国法典》第 18 编涵盖了有关犯罪和刑事程序的法律，而第 201 条则专门规定了联邦贿赂和非法酬劳的相关法律条款。这个条款主要涉及对联邦官员的贿赂和非法报酬的犯罪行为，包括给予、接受或提供贿赂以及因履行或不履行职务而接受非法报酬的行为。这些行为包括向官员提供或支付有价值的物品，以及官员的索取和接受利益。该条款定义了三个术语："公职人员""被选为公职人员的人"和"职务行为"。其中使用了"任何有价值的东西"这一术语，虽然未作明确定义，但法院对其进行了广泛解释，涵盖了实际的转移以及任何"支付的提议"。

（一）"公职身份"之界定

根据《美国法典》第 18 编第 201 条（18 U.S.C. §201），"公职人员"被定

义为国会议员、代表、常驻专员，或代表美国及其任何部门、机构或政府分支（包括哥伦比亚特区）履行任何官方职能的人，或陪审员。然而，该条款中的"任何官方职能"引发了关于贿赂或非法酬金是否必须与公职人员的权力相关的问题。在"克里奇曼诉合众国案"①中，最高法院解释了该法条早期版本中的"任何官员或代表美国履行官方职能的人员"的规定。被告因向铁路服务员提供贿赂而被指控，这些铁路在第一次世界大战期间由联邦政府控制，因此服务员被视为美国雇员。法院推翻了定罪，认为服务员不是政府官员，也没有在支付贿赂时履行任何官方职责。法院指出："并不是每个为政府服务的人都包括在法条的范围内。只有那些履行官方职责的人才被包括在内。"并引用了下级法院的异议意见，认为如果服务员被视为"在任何官方职能中行动"，那么"清洁工、电梯操作员、门卫等都会被包括在内"。

1948 年联邦刑法重新编纂时，法条在"官员"之后加入了"雇员"一词，可能允许对克里奇曼案中的行为提起贿赂指控。然而，立法历史对此变更的原因没有解释。哥伦比亚特区巡回法院在"合众国诉内维尔案"②中指出，这种沉默表明国会无意在 1948 年扩大贿赂法条的适用范围以涵盖所有政府雇员。尽管法条定义的扩展似乎使克里奇曼案失去意义，但该案仍被引用作为限制第 201 条适用范围的依据。然而，一些下级法院认为，"雇员"一词涵盖了任何直接受雇于美国的人，无论其权力如何。在"合众国诉罗曼诺案"③中，第二巡回法院驳回了被告的辩护，认为"他同意认罪并不改变他仍然是联邦雇员的事实"。在"合众国诉吉耶利案"④中，第六巡回法院维持了对一名试图贿赂联邦特工以释放州囚犯的被告的定罪，尽管该特工无权影响囚犯的拘留。巡回法院解释说，"第 201 条 (a) 并不要求受贿的'雇员'必须在'任何官方职能中'行动才能满足'公职人员'的要求。'任何官方职能'一词仅用于修饰'代表美国行事的人员'"。

未直接受雇于联邦政府的人是否因"代表美国在任何官方职能中行事"而被视为"公职人员"也常常引发争议。在"迪克森诉合众国案"⑤中，最高法院认为非营利组织的官员因索要贿赂而被定罪，尽管他们没有与美国政府的正式联系。法院指出，正确的标准是看该人是否在承担联邦项目或政策的执行责任，而不仅仅是签署合同或代理协议。法院解释说，单独为获得联邦资金的组织工

① Krichman v. United States, 256 U.S. 363 (1921).

② United States v. Neville, 516 F.2d 1302 (D.C. Cir. 1975).

③ United States v. Romano, 879 F.2d 1056 (2d Cir. 1989).

④ United States v. Gjieli, 717 F.2d 968 (6th Cir. 1983).

⑤ Dixson v. United States, 465 U.S. 482 (1984).

作并不足以使该人符合第201条的定义，必须有某种程度的官方责任。最高法院裁定，被告因管理联邦财政资源而担任了典型的官方角色。迪克森案的"公共信任职位"标准旨在全面保护联邦资金。下级法院通常关注组织资金的联邦参与程度、项目监督以及个人实施联邦政策的权力。在"美国诉杭案"[①]中，第八巡回法院裁定，一名为地方公共住房管理局工作的"资格技术员"因其管理联邦低收入住房资金的权力而被视为"公职人员"。即使项目获得多方资金，一名官员仍可被视为"公职人员"。在"合众国诉斯特里塞尔案"[②]中，第四巡回法院驳回了被告的辩护，认为尽管其机构还管理州资助的项目，但他仍在分配联邦资金。法院指出，重要的是联邦资源的参与程度以及项目受贿影响的联邦性质。

《美国法典》第18编第201条(a)(2)同样涵盖那些"被选为公职人员"的人，意味着这些人也受到该法律条款的约束。具体而言，这一条款定义了"被提名或任命为公职人员，或已被正式通知将被提名或任命的人"。虽然该条款的立法历史记录很少，但参议院的一份报告称这一定义是"自明的"。在"合众国诉威廉姆斯案"[③]中，法院驳回了对两名被告提出的驳回非法酬金指控的动议。被告向即将被提名为农业部长的人赠送了总统就职舞会的门票。虽然当时这位未来的内阁成员尚未被正式提名，因为新任总统尚未宣誓就职，但法院认为，非法酬金条款并不要求由总统"正式"通知内阁官员其即将被提名。如果在1993年1月18日之前，有人以官方身份通知了农业部长其即将被提名，这一通知就满足了法律的要求。尽管威廉姆斯案在某些方面的先例价值尚存疑问，因为一名被告在审判中被判无罪，另一名被告在上诉期间去世，案件因此被撤销，但该案仍提供了对该法律条款适用的有益解释。

（二）"职务行为"之界定

根据《美国法典》第18编第201条，违反贿赂法的行为必须与实际或提议的政府职权行使有关。该法定义"职务行为"为"任何关于问题、事项、案件、诉讼、程序或争议的决策或行动，这些事项可以随时待定或依法提请任何公职人员处理"。自1866年贿赂法通过以来，这一定义基本未变。在"合众国诉伯德索尔案"[④]中，最高法院对"职务行为"的定义进行了广泛解释，认为职务行

① United States v. Hang, 75 F.3d 1275 (8th Cir. 1996).
② United States v. Strissel, 920 F.2d 1162 (4th Cir. 1990).
③ United States v. Williams, 705 F.2d 603 (2d Cir. 1983).
④ United States v. Birdsall, 233 U.S. 223 (1914).

为不必由法规规定，只要受到部门合法要求的约束即可。这涵盖了联邦官员与其工作相关的任何行动。然而，在"合众国诉加州太阳钻石果农协会案"①中，法院要求政府具体指出"问题、事项、案件、诉讼、程序或争议"，以避免将所有公职行为视为"职务行为"的荒谬结果。例如，运动队向总统赠送球衣的行为不应被视为违法。

"麦克唐纳诉美国案"②进一步明确了"职务行为"的范围。弗吉尼亚州前州长因接受竞选捐赠者的金钱和奢侈礼物而被起诉。尽管政府提供了被告安排会议、主持活动和联系其他政府官员的证据，最高法院裁定这些行为并不足以构成"职务行为"。法院强调，仅凭这些行为不足以证明贿赂罪，还需要更多的具体行动来证明职务行为涉及政府权力的正式行使。尽管麦克唐纳案对"职务行为"做了严格界定，其他案件采用了不同的司法解释。例如，在"合众国诉西尔弗案"③中，第二巡回法院推翻了前纽约州议会议长的定罪，因陪审团未能明确"职务行为"必须涉及政府权力的正式行使。而在"合众国诉比亚吉案"④中，第二巡回法院维持了国会议员因接受非法酬金而为地方官员牟取利益的定罪，强调国会议员的职务行为不仅限于联邦立法。

麦克唐纳案后，法院对于"职务行为"的认定更加严格。法院认为，政府必须证明利益与特定权力行使之间的具体联系，而不仅仅因为官员的职位吸引了礼物或付款。这种严格界定旨在避免对认真履职的公职人员产生重大宪法问题，同时确保贿赂行为得到适当惩罚。之后，法院将继续对"职务行为"的认定进行细化，以平衡反贿赂执法与保障公职人员合法履职的需求。例如，在"合众国诉杰斐逊案"⑤中,法院维持了国会议员因收受贿赂以协助公司从外国政府获得业务的定罪，强调职务行为可以包括国会议员通常执行的合法职责，即使不属于正式的立法过程。

尽管麦克唐纳案之后，法院对于"职务行为"的界定更加严格，要求政府证明利益与特定权力行使之间的具体联系，职务行为的定义仍然具有一定的广泛性，涵盖了公职人员在合法职责范围内的多种行为。这一演变反映了司法系统在反贿赂执法与维护公职人员合法行为之间的平衡努力。

---

① United States v. Sun-Diamond Growers of California, 526 U.S. 398 (1999).

② McDonnell v. United States, 579 U.S. 550 (2016).

③ United States v. Silver, 864 F.3d 102 (2d Cir. 2017).

④ United States v. Biaggi, 909 F.2d 662 (2d Cir. 1990).

⑤ United States v. Jefferson, 674 F.3d 332 (4th Cir. 2012).

（三）"贿赂物"之界定

根据《美国法典》第 18 编第 201 条 (a)，尽管该法条没有明确定义"有价值的事物"，但这一术语在其他法规中有所应用。金钱或有形财产的直接支付或提供显然是有价值的，即使是已经偿还的贷款，如果借款人处于财务困难时期，也可能被视为有价值。在"合众国诉肯普案"[①] 中，法院认定向公职人员或其亲友提供通常无法获得的贷款可能构成贿赂。其他利益如体育赛事门票也可被视为有价值的事物。无形利益或服务同样涵盖在第 201 条内，即使它们不属于传统意义上的财产。在"合众国诉尼尔森案"[②] 中，法院指出"有价值的事物"已被广泛解释，涵盖有形和无形的事物。在"合众国诉威廉姆斯案"[③] 中，法院支持对一名接受无商业价值公司股票的参议员的定罪，强调职务腐败在于公职人员滥用职权以期获利，而不在于贿赂的实际价值。

法院在评估无形事物是否有价值时，强调价值是主观的。例如在"合众国诉摩尔案"[④] 中，法院认为性关系可以构成"有价值的事物"，货币价值并非唯一衡量标准。在"合众国诉戈尔曼案"[⑤] 中，法院表示，只要有真实的利益或损害可能性即可。在"合众国诉麦克戴德案"[⑥] 案中，法院认为一件高尔夫锦标赛的复制品对爱好者来说具有很高的价值。在第 201 条 (b) 的贿赂条款中，接收有价值事物的对象可以是"个人或其他人或实体"，而在第 201 条 (c) 的不正当报酬条款中，只有当公职人员"亲自"接收利益时才能被起诉。这要求对不正当报酬起诉中的交易进行更细致的分析，以确定具体的利益是因官方行为而提供给公职人员的。

未来工作机会是否构成有价值的事物也是法院考虑的问题。在"合众国诉比亚吉案"[⑦] 中，一名小企业管理局官员接受了由接受其帮助的公司部分资助的律师事务所的工作邀请，法院认定这种工作邀请在本案中构成有价值的事物。在"合众国诉戈尔曼案"[⑧] 中，法院认为未来工作机会是有价值的事物，因为被告将获得远高于政府薪水的工资。尽管"有价值的事物"在《美国法典》第 18 编第 201 条 (a) 中没有具体定义，法院在判断贿赂物的价值时，不仅考虑其表

---

① United States v. Kemp, 500 F.3d 257 (3rd Cir. 2007).

② United States v. Nilsen, 967 F.2d 539 (11th Cir. 1992).

③ United States v. Williams, 705 F.2d 603 (2d Cir. 1983).

④ United States v. Moore, 525 F.3d 1033 (11th Cir. 2008).

⑤ United States v. Gorman, 807 F.2d 1299 (6th Cir. 1986).

⑥ United States v. McDade, 28 F.3d 283 (3d Cir. 1994).

⑦ United States v. Biaggi, 909 F.2d 662 (2d Cir. 1990).

⑧ United States v. Gorman, 807 F.2d 1299 (6th Cir. 1986).

面上的经济价值，还注重其实际的、潜在的和主观的价值。这一广泛定义使得各种形式的贿赂都可以被纳入法律监管范围，从而确保公职人员的廉洁性和公共职务的公正性。

二、对"贿赂"的理解

根据《美国法典》第 18 编第 201 条 (b) 的规定，禁止向公职人员提出或支付贿赂，也禁止公职人员索取或接受贿赂，以腐败方式进行任何有价值的交易。控方必须证明被告"腐败"行事，这要求提供者与公职人员之间存在利益交换协议，并影响官方行为。任何影响任何官方行为；影响公职人员实施、协助实施或默许任何对美国的欺诈行为，或为欺诈行为创造机会；或诱使公职人员或被选为公职人员的人违反其合法职责，都被认为是贿赂。最高法院在"合众国诉布鲁斯特案"[1]中解释说，接受贿赂本身就是犯罪，而不要求公职人员实际履行非法承诺。贿赂与非法报酬的主要区别在于贿赂具有腐败意图。最高法院在"合众国诉太阳钻石种植者加利福尼亚公司案"[2]中指出，贿赂必须有明确的利益交换意图。而非法报酬可能只是对公职人员未来或已采取的行动的奖励，不需要利益交换。第二巡回法院在"合众国诉阿尔菲西案"[3]中表示，非法报酬犯罪中不存在利益交换的要素，只需证明支付是对过去官方行为的奖励或为获得一般好感。

（一）交换条件（Quid Pro Quo）

贿赂犯罪中的"腐败"意图要求证明被告有具体的交易意图，即控方必须通过间接证据让陪审团推断出被告的主观状态。在"合众国诉詹宁斯案"[4]中，第四巡回法院指出，确定被告腐败行为的交换条件是"意图通过付款获得具体利益"。第二巡回法院在"合众国诉阿尔菲西案"[5]中也指出，"贿赂涉及通过给予价值以获取公职人员的具体官方行为"。第七巡回法院在"合众国诉霍金斯案"[6]中则认为，控方必须证明"被告知道付款者意图让他们做被法律禁止的事情，但他们还是收了钱"。最高法院在"埃文斯诉合众国案"[7]中明确指出，"实

---

[1]　United States v. Brewster, 408 U.S. 501 (1972).

[2]　United States v. Sun-Diamond Growers of California, 526 U.S. 398 (1999).

[3]　United States v. Alfisi, 308 F.3d 144 (2d Cir. 2002).

[4]　United States v. Jennings, 160 F.3d 1006 (4th Cir. 1998).

[5]　United States v. Alfisi, 308 F.3d 144 (2d Cir. 2002).

[6]　United States v. Hawkins, 777 F.3d 880 (7th Cir. 2015).

[7]　Evans v. United States, 504 U.S. 255 (1992).

现交换条件并不是贿赂犯罪的要素", 而在"合众国诉布鲁斯特案"①中则进一步解释, "接受贿赂, 而不是履行非法承诺, 才是犯罪行为"。法院有时将交换条件称为"心照不宣的协议", 但提出者和公职人员不必达成可执行的协议。在"合众国诉梅西案"②中, 第十一巡回法院表示, 不需要直接证据证明协议的存在, 因为"否则会让被告通过默契逃避责任, 即使整体证据证明双方已经心照不宣地交换官方行为与金钱"。

在"合众国诉博尼托案"③中, 第二巡回法院解释说, "腐败协议、提议或付款必须先于要被影响或奖励的官方行为", 但不必在行使权力之前实际支付款项, 只要有足够的证据证明双方对交换的性质有充分理解。同样, 即使公职人员没有实施或影响具体政府行为, 犯罪行为也已经完成。第四巡回法院在詹宁斯案中指出, "只要付款者意图通过每次付款诱使官员采取具体行动就足够了"。在"合众国诉林案"④中, 华盛顿特区巡回法院解释说, 即使官员坚决拒绝接受, 提供者仍可能因诚实服务欺诈被判有罪。尽管大多数贿赂是在预期行使政府权力之前支付的, 但协议本身只需达成, 实际付款可以在官方行为之后进行。詹宁斯案指出, "付款时间与官方行为的关系在理论上是无关紧要的"。在"合众国诉哈维案"⑤中, 第四巡回法院驳回了被告关于贿赂不能从合同批准后的付款中推断出的说法, 指出"对贿赂时间的依赖是错误的"。

贿赂不需要公职人员同意改变政府立场, 也不需要行使权力对政府有害或违反法律。华盛顿特区巡回法院在"合众国诉奥雷努加案"⑥中支持了陪审团指示, 即"即使没有贿赂, 公职人员也可能合法地履行同样的行为, 这不是贿赂犯罪的抗辩理由"。第四巡回法院在"合众国诉奎因案"⑦中表示, "不需要证明交换贿赂的官方行为对政府有害或与官员的法律义务不一致"。即使公职人员有合法权利获得所收取的款项, 如果存在交换条件协议, 则仍构成贿赂。联邦最高法院在1890年的"帕利瑟诉合众国案"⑧中指出: "向公职人员承诺, 如果他做某个非法行为, 就支付一定报酬, 这就是贿赂, 即使支付的钱中有部分是他

---

① United States v. Brewster, 408 U.S. 501 (1972).
② United States v. Massey, 89 F.3d 1433 (11th Cir. 1996).
③ United States v. Bonito, 57 F.3d 167 (2nd Cir. 1995).
④ United States v. Ring, 706 F.3d 460 (D.C. Cir. 2013).
⑤ United States v. Harvey, 532 F.3d 326 (4th Cir. 2008).
⑥ United States v. Orenuga, 430 F.3d 1158 (D.C. Cir. 2005).
⑦ United States v. Quinn, 359 F.3d 666 (4th Cir. 2004).
⑧ Palliser v. United States, 136 U.S. 257 (1890).

合法销售等额邮票的合法佣金。"在"合众国诉迪恩案"①中，华盛顿特区巡回法院推翻了一名哥伦比亚特区雇员的定罪，该雇员要求续签执照的企业支付现金以保留延迟费，然后将其据为己有。巡回法院指出，"必须有公职人员与另一方之间的协议，即公职人员将执行官方行为以换取个人利益"。在"合众国诉瓦莱案"②中，第五巡回法院指出，"即使官员无意履行协议，只要他知道收受款项的目的是影响官方行为，他仍然可能因贿赂罪被定罪"。即使官员没有直接权力决定最终立法内容或投票通过，也可能因收受贿赂而被定罪。

关键在于是否有明确证据证明行贿者有意图通过贿赂官员在具体机会出现时行使特定类型的影响力。在"合众国诉科因案"③中，第二巡回法院解释说，"只要公职人员明白由于付款，他们在具体机会出现时被期望行使特定类型的影响力，就足够了"。在Abscam调查④中的一位国会议员尝试了所谓的"假装"抗辩，他在接受卧底探员的钱时承诺提供移民援助，但声称自己从未打算这么做。第二巡回法院在"合众国诉迈尔斯案"⑤中拒绝了这一论点，指出"'被影响'并不描述国会议员的真实意图，而是描述他向行贿者传达的意图"。巡回法院依赖最高法院在"合众国诉胡德"⑥中的声明，即"腐败交易是否能够完成无关紧要"。在"合众国诉比亚吉案"⑦中，第二巡回法院指出，"部分动机合法并不能使参与非法交易的人免除刑事责任"，但证据必须足以让陪审团认定非法目的是实质性的，而不仅仅是可能随合法交易而来的模糊可能性。

（二）公职义务

根据《美国法典》第18编第201条(c)的规定，向公职人员行贿或索贿以诱使其"违反其公职义务的任何行为或不作为"是犯罪。法院对"公职义务"的定义通常非常宽泛，通常会拒绝辩护中关于官员缺乏明确权力来实施贿赂对象的论点。例如，在"合众国诉吉耶利案"⑧中，第六巡回法院判定"没有要求诱使的行为必须在联邦雇员的正式职能范围内"。同样，在"合众国诉阿纳利提

① United States v. Dean, 629 F.3d 257 (D.C. Cir. 2011).
② United States v. Valle, 538 F.3d 341 (5th Cir. 2008).
③ United States v. Coyne, 4 F.3d 100 (2d Cir. 1993).
④ Abscam是FBI在20世纪70年代末和80年代初进行的一项卧底行动，正式名称是"Arab Scam"，该行动旨在揭露美国政界高层的腐败行为。FBI探员假扮成阿拉伯富商，贿赂国会议员和其他政府官员以换取政治支持。这项行动导致多名政界高层人士被起诉和定罪。
⑤ United States v. Myers, 692 F.2d 823 (2d Cir. 1982).
⑥ United States v. Hood, 343 U.S. 148 (1952).
⑦ United States v. Biaggi, 909 F.2d 662 (2d Cir. 1990).
⑧ United States v. Gjieli, 717 F.2d 968 (6th Cir. 1983).

斯案"① 中，地区法院表示，"支持联邦贿赂定罪，不需要受贿者有实现贿赂目标的权力"。然而，19 世纪的一些案件认为，官员缺乏执行贿赂对象的权力是撤销指控的理由。行贿或索贿必须与政府权力的行使有关，而不仅仅是官员遵守适用规则和不从事不当行为的道德义务。在"合众国诉莫兰案"② 中，第四巡回法院认为，提及广泛道德标准的陪审团指示在决定是否存在贿赂时是不适当的。巡回法院指出，"在刑事诉讼中，为了相关，这些标准必须规定具体的职责和行为方式，而不是广泛的道德和伦理准则"。

法院在解释公职义务时，经常会考虑官员在其职权范围内的任何行为，而不仅仅是其正式职责。例如，在"合众国诉伯德索尔案"③ 中，最高法院对"职务行为"的定义进行了广泛解释，认为职务行为不必由法规明确规定，只要受到部门合法要求的约束即可。这涵盖了联邦官员与其工作相关的任何行动。在"合众国诉加利福尼亚太阳钻石种植者案"④ 中，法院要求政府具体指出"问题、事项、案件、诉讼、程序或争议"，以避免将所有公职行为视为"职务行为"的荒谬结果。例如，运动队向总统赠送球衣的行为不应被视为违法。法院在解释公职义务时，还会考虑官员在其职位上的影响力和权力，即使这些权力未必直接涉及具体的行政行为。在"合众国诉西尔弗案"⑤ 中，第二巡回法院推翻了前纽约州议会议长的定罪，因陪审团未能明确"职务行为"必须涉及政府权力的正式行使。而在"合众国诉比亚吉案"⑥ 中，第二巡回法院维持了国会议员因接受非法酬金而为地方官员牟取利益的定罪，强调国会议员的职务行为不仅限于联邦立法。

尽管司法解释对"公职义务"的定义宽泛，但必须有具体的证据证明贿赂行为与官员的职务行为之间存在明确的联系。在"麦克唐奈诉合众国案"⑦ 中，最高法院明确表示，政府必须证明官员的行为涉及政府权力的正式行使，而不仅仅是一般性的公共服务或象征性行为。尽管麦克唐奈案对"职务行为"做了严格界定，其他案件采用了不同的司法解释。例如，在"合众国诉杰斐逊案"⑧ 中，法院维持了国会议员因收受贿赂以协助公司从外国政府获得业务的定罪，

---

① United States v. Analytis, 729 F.2d 267 (6th Cir. 1984).
② United States v. Morlang, 531 F.2d 183 (4th Cir. 1975).
③ United States v. Birdsall, 233 U.S. 223 (1914).
④ United States v. Sun-Diamond Growers of California, 526 U.S. 398 (1999).
⑤ United States v. Silver, 948 F.3d 538 (2d Cir. 2020).
⑥ United States v. Biaggi, 909 F.2d 662 (2d Cir. 1990).
⑦ McDonnell v. United States, 579 U.S. 550 (2016).
⑧ United States v. Jefferson, 674 F.3d 332 (4th Cir. 2012).

强调职务行为可以包括国会议员通常执行的合法职责，即使不属于正式的立法过程。这一演变反映了司法系统在反贿赂执法与维护公职人员合法行为之间的平衡努力。

（三）证人贿赂和非法酬劳

根据第 201 条，不仅对与政府权力行使相关的"任何有价值的东西"的收受进行规制，还禁止向联邦司法、行政或国会程序中的证人支付贿赂或非法酬劳。该法律明确规定，任何人直接或间接地、腐败地向任何人提供、提议或承诺给予有价值的东西，或者提议或承诺给予其他人或实体，以意图影响其在审判、听证会或其他程序中的宣誓或确认的证词，或者意图影响其缺席出庭的行为，都是犯罪。非法酬劳条款规定，即使证人的证词被声称是真实的，也不影响其贿赂的违法性。例如，在"合众国诉多纳森案"[1]中，被告提议在民事性骚扰诉讼中提供有利证词以换取报酬。第六巡回法院驳回了辩护称政府无法证明支付影响了证词的论点："她最终接受了钱来讲述她现在声称是真实的事情并不能否定其腐败动机。政府不需要证明她同意提供的证词是虚假的。"

1998 年，第十巡回法院在"合众国诉辛格尔顿案"[2]中引发了关于证人贿赂条款的重大争议，该法院判定联邦检察官承诺宽大处理以换取证词违反了《美国法典》第 18 编第 201 条。尽管该决定在发布后一周内被撤销，并且后来的判决认为联邦检察官承诺宽大处理并不违反第 201 条，但这一案件导致联邦法院接连面临所谓的"辛格尔顿案论点"。所有巡回法院都驳回了辩护方声称第 201 条适用于联邦检察官提供宽大处理以换取证词的主张。自辛格尔顿案以来，法院也驳回了对以现金支付、减刑、不起诉、认罪协议和移民程序中宽大处理换取证词的挑战。尽管下级法院否认了辛格尔顿案对第 201 条的解释，但也指出该法对联邦检察官获取证词的行为设定了限制。法律并不妨碍政府为起诉寻求证词的权利，但若检察官实际贿赂证人则显然违反第 201 条。

此外，法院对政府是否只能为有利证词支付报酬表示担忧。在"合众国诉康登案"[3]中，第七巡回法院指出，如果检察官完全不受第 201 条的限制，那么"这一做法将允许检察官为有利证词支付现金，这一行为缺乏法定和历史支持的豁免和减刑"。每当政府向证人提供利益时，检察官必须确保履行"布雷迪诉马

---

[1]　United States v. Donathan, 65 F.3d 537 (6th Cir. 1995).

[2]　United States v. Singleton, 165 F.3d 1297 (10th Cir. 1998).

[3]　United States v. Condon, 170 F.3d 687 (7th Cir. 1999).

里兰州案"①中规定的及时披露对被告有利证据的义务，以便辩护方有机会检验证人的任何可能偏见。检察官在获取证词时，必须严格遵守法律规定，确保不违反第201条的任何条款。这不仅关系到案件的公正性，还涉及司法程序的透明度和可信度。

三、对"非法酬金"的理解

（一）非法酬金的定义与意图

《美国法典》第18编第201条不仅禁止贿赂的提供和接受，还规定，因公职行为而获得的酬劳也构成犯罪行为。在"合众国诉加州太阳钻石果农协会案"②中，最高法院明确区分了贿赂和非法酬金，指出贿赂需要证明存在"腐败"的对价，而非法酬金则仅涉及官员接受（或索取）与行使权力相关的任何有价值的东西。检察官在起诉非法酬金时，必须证明被告知晓礼物与公职行为之间的关系，但无需证明其意图影响政府权力的行使或诱使官员违反职责。因此，非法酬金可以在公职行为发生后提供，不存在对决策产生不当影响的问题。非法酬金的最高刑罚与贿赂显著不同，前者最高可判处两年监禁，而贿赂罪可判处最高15年监禁，并可能被取消担任任何荣誉、信任或有利可图的职位的资格。第201(c)条的非法酬金犯罪涵盖安排的双方，但由于不需要对价，检察官无需证明提供者与公职人员之间存在协议。

非法酬金的处理在司法实践中展现了其复杂性。例如，在"合众国诉埃文斯案"③中，第五巡回法院强调，无论捐赠者或受赠者的意图如何，只要公职人员接受其无合法权利获得的有价值之物，就构成犯罪。提供利益的人可能认为这是贿赂，而公职人员可能仅将其视为礼物或奖励。即使双方的意图不同，双方都可能被定罪。"合众国诉安德森案"④中，哥伦比亚特区巡回法院维持了被告因不同违反行为而被定罪的决定，认为"陪审团可以合理地认为，安德森以腐败意图向布鲁斯特参议员提供金钱以影响其对提议的加价立法的投票，而布鲁斯特虽然对任何影响都不敏感，但明知安德森的目的是为其对该立法的立场提供报酬，并接受了金钱"。这表明，非法酬金的核心在于接受者对礼物与其职务行为之间关系的理解，而不在于双方达成具体的对价协议。

---

①　Brady v. Maryland, 373 U.S. 83 (1963).

②　United States v. Sun-Diamond Growers of California, 526 U.S. 398 (1999).

③　United States v. Evans, 572 F.2d 455 (5th Cir. 1978).

④　United States v. Anderson, 509 F.2d 312 (D.C. Cir. 1974).

（二）非法酬金的法律适用与司法解释

非法酬金的法律适用在时间和受益人方面与贿赂罪有所不同。非法酬金条款可以在公职行为前后通过收取礼物违反，因此奖励官员"为或将要执行的任何公职行为"即为违法行为。哥伦比亚特区巡回法院在"合众国诉沙弗案"①中指出，"贿赂完全面向未来，而非法酬金可以是向前或向后看"。此外，公职行为后提供的利益可以给予前任官员，即使其已不再具有任何权力。贿赂需要对价协议，只能在预计受益人从事公职行为或违反政府职责时提出。此外，第201(c)条规定，非法酬金必须直接给公职人员本人，而不能通过第三方，这与贿赂条款中提到的将"任何有价值之物"转让给官员或"任何其他人或实体"不同。

非法酬金规定是否需要证明利益是因具体公职行为而提供的问题曾在巡回法院之间产生分歧。最高法院在"合众国诉加州太阳钻石果农协会案"②中解决了这一问题。被告是一个贸易协会，因向农业部长提供一系列礼物以为其会员的农业合作社建立良好关系而被定罪。这些礼物总额不到6000美元，包括网球比赛门票、行李、餐饮、镶框印刷品和水晶碗。尽管起诉书指出部长将决定两项影响协会成员的事项，但法院指出"起诉书没有指明它们之间的具体联系——或部长的任何其他行动——与所提供的非法酬劳之间的联系"。法院认为地区法院的指示有误，允许陪审团仅因其官职而认定非法酬劳罪，"例如，可能为了建立一个可能最终影响许多未指明的行为的善意储备"。法院认为这一指示实际上移除了犯罪的"因公职行为"元素，允许在没有将礼物与已经或将要进行的具体公职行为联系起来的情况下定罪。

法院不希望广泛解读法律破坏现有的广泛行政规定。这些规定旨在确保官员与私营机构互动时保持高标准的伦理。例如，一项联邦规定允许政府工作人员"接受每次价值不超过20美元的非请求礼物，但每年同一人赠送的礼物总价值不得超过50美元"。法院指出，这一领域存在许多类似规定，因此，广泛解读第201(c)条可能"极大扩展这一监管拼图的一部分，使许多其他部分变得不合适"。哥伦比亚特区巡回法院在沙弗案中指出，"必要联系的程度及其适当的具体决策规则仍有疑问"。在每种情况下，一旦礼物被证明存在，问题在于提供者和公职人员的主观意图是否与具体的政府权力行使有关。

---

① United States v. Schaffer, 183 F.3d 833 (D.C. Cir. 1999).

② United States v. Sun-Diamond Growers of California, 526 U.S. 398 (1999).

四、《美国反海外腐败法》

（一）立法背景与核心条款

《美国反海外腐败法》（Foreign Corrupt Practices Act，FCPA）于 1977 年颁布，是美国在打击腐败方面的一项划时代的立法。这一法律的出台背景是在企业不当行为日益显现的时期，特别是在水门事件后，公众对整个政府运作的透明度和廉洁性产生了深刻怀疑，激发了对制度改革和法律完善的强烈需求。尤其是洛克希德公司承认支付数百万美元贿赂外国官员以获取合同的丑闻，进一步凸显了法律改革的必要性。FCPA 通过时包含两大主要条款：反贿赂条款和会计条款。反贿赂条款规定，向外国官员支付贿赂以获得或维持业务是不合法的；会计条款则要求上市公司保持准确的账簿记录并制定和维护足够的内部会计控制系统。

FCPA 的适用范围广泛，涵盖了三大类人和实体：一是发行人，包括在美国证券交易所上市或需向证监会提交定期报告的美国和外国公司及其高管、董事、员工和代理人；二是国内涉事人，包括美国公民、国民和居民，以及根据美国法律成立的企业；三是任何人在美国境内从事贿赂行为的非美国公民或居民，以及在国外行事的美国企业和公民。FCPA 的反贿赂条款明确禁止向外国官员、外国政党或外国政治候选人提供、支付、承诺支付或授权支付金钱或任何有价值的物品以获取或保持业务。"任何有价值的物品"解释广泛，除了现金支付，还包括礼物、差旅费用和娱乐活动。

（二）司法解释与执法挑战

要确立 FCPA 违规行为，政府必须证明被告具有腐败意图，即付款或提议旨在影响受贿人履行其职责，获取不正当优势，或影响外国政府的决定。值得注意的是，司法部和证监会发布的指南指出，适度的礼物和促销品通常不构成腐败意图。"美国诉凯案"[①]是一个里程碑案件，其明确了 FCPA 条款的适用范围。American Rice, Inc. 的高管凯（David Kay）和墨菲（Douglas Murphy）被指控向海地官员支付贿赂以减少关税和销售税。第五巡回法院裁定，如果这些款项旨在帮助公司获得或保持业务，则违反了 FCPA。法院指出，FCPA 的适用不仅限于与合同授予或续约直接相关的贿赂，还包括任何旨在惠及支付方业务利益的付款。在"合众国诉阿吉拉尔案"[②]中，地方法院详细分析了什么构成外国政府的"工具"。被告被指控向墨西哥国有电力公司 Comisión Federal de

---

① United States v. Kay, 359 F.3d 738 (5th Cir. 2004).

② United States v. Aguilar, 783 F. Supp. 2d 1108 (C.D. Cal. 2011).

Electricidad（CFE）的官员行贿。法院考虑了各种因素以判断 CFE 是否为墨西哥政府的工具，包括提供公共服务、政府在任命关键官员中的角色、政府控制和资助的程度。"美国诉埃斯克纳齐案"①进一步阐明了"工具"的定义。在这个案件中，第十一巡回法院裁定海地国有电信公司 Telecommunications D'Haiti（Teleco）是海地政府的工具。法院提供了一个双重标准来确定一个实体是否为工具:（1）实体是否受政府控制，以及（2）它是否执行政府视为己任的职能。此决定强调了 FCPA 的广泛适用范围以及在各种国际背景下确定政府控制的复杂性。

遵守 FCPA 对跨国公司提出了重大挑战。公司必须实施健全的内部控制和会计系统，以防止和发现不当付款。这包括对外国合作伙伴、代理人和中介进行彻底尽职调查，以及定期培训和审核合规计划。美国司法部和证监会发布的《美国反海外腐败法资源指南》是了解 FCPA 的宝贵资源。指南强调了强有力企业合规计划的重要性，并列出了最佳实践，如：高层承诺，公司领导必须明确承诺遵守 FCPA 并保持道德行为；风险评估，公司应定期进行风险评估，以识别潜在的脆弱领域；内部控制，有效的内部控制对于确保准确的财务报告和遵守 FCPA 至关重要；培训和沟通，为员工和第三方提供持续的培训计划，对于保持对 FCPA 要求的认识和理解至关重要；监控和审核，定期监控和审核合规计划有助于发现和防止违规行为；响应和补救，公司必须具备响应潜在违规行为并迅速采取纠正措施的程序。FCPA 的执法行动通常涉及复杂的法律程序和巨额罚款。在"合众国诉杜佩瓦尔案"②中，涉及同一个海地电信公司 Teleco，第十一巡回法院讨论了例行政府行为的问题。Teleco 高管 Jean Rene Duperval 因接受贿赂以促进合同而被起诉。法院拒绝了将这些付款视为例行政府行为的辩护，强调杜佩瓦尔是参与重大合同决策的高级官员。

FCPA 提供了两种正当抗辩:（1）如果付款在外国官员所在国的书面法律法规下是合法的;（2）如果付款是合理和善意的开支，如与产品推广或合同执行有关的差旅和住宿费用。FCPA 的一个重要限制是它不适用于接受贿赂的外国官员。国会明确排除了外国官员的责任，将任何法律追索权都留给他们自己的政府。在"美国诉卡斯尔案"中，第五巡回法院裁定，不能利用联邦共谋法来规避 FCPA 限制，起诉同意接受贿赂的外国官员，但其他法规可能适用于相关行为。自颁布以来，FCPA 对全球商业实践产生了深远影响，促使其他国家也

① United States v. Esquenazi, 752 F.3d 912 (11th Cir. 2014).
② United States v. Duperval, 777 F.3d 1324 (11th Cir. 2015).

制定了类似的反腐败法律。经济合作与发展组织的《禁止在国际商业交易中贿赂外国公职人员公约》在协调国际反腐败努力方面发挥了关键作用。随着执法前景的演变，美国当局与外国政府的合作日益增加。跨国公司必须保持警惕，积极遵守合规要求，以应对全球反腐败执法的复杂形势。FCPA 作为美国打击国际贿赂和腐败的基石，其严格要求和广泛适用范围强调了在全球商业运营中保持道德行为的重要性。通过深入了解 FCPA 的条款、法律先例和合规策略，公司可以降低法律风险，避免经济损失。

第四章 洗钱犯罪

多年来，赋予这些国家创造的私人暴政的特权已经扩大，主要是通过法院。公司是法律下的法人，其权利远远超出人类的权利。

——诺姆·乔姆斯基

1986 年国会通过的《反洗钱法》是美国在应对洗钱犯罪方面的重要里程碑。它通过严厉管控金融交易中的非法收益转移来打击犯罪，并将其定义为刑事犯罪，这远远超越了《银行保密法》对金融机构报告和记录的监管要求。根据《美国法典》第 18 编第 1956 条和第 1957 条，洗钱行为被明确定为刑事犯罪，适用于各种犯罪类型，包括白领犯罪。金融机构在全球资金处理中的核心角色使其容易卷入洗钱案。比如，德意志银行在"丹斯克银行洗钱案"中因未能有效监控和报告可疑交易，面临严厉的调查和指控，最后同意支付超过 1.3 亿美元的罚款。

美国量刑委员会 2022 财年的数据显示，美国洗钱犯罪的中位案件金额为 30 万美元，有 17.3% 的案件案值金额超过 150 万美元，平均刑期为 71 个月，89.6% 的犯罪者被判处监禁。[①] 这些数据反映了洗钱犯罪的严重性和复杂性以及美国对洗钱犯罪的严厉打击力度。洗钱犯罪不仅限于有组织犯罪或毒品犯罪，白领罪犯也常因此被起诉。例如，在"美国诉乔瓦内蒂案"[②] 中，被告乔瓦内蒂等人利用法律和金融体系的漏洞，使用多重壳公司和复杂的金融交易网络，将非法资金伪装成合法收益，使得追踪和打击这些犯罪行为变得极为困难，是典型的白领犯罪。本章通过分析洗钱犯罪的特点和法律适用，探讨美国洗钱犯罪的法律制度。

[①] 参见美国量刑委员会网站，https://www.ussc.gov/sites/default/files/pdf/research-and-publications/quick-facts/Money_Laundering_FY22.pdf，2024 年 3 月 21 日访问。

[②] United States v. Giovanetti, 919 F.2d 1223 (7th Cir. 1990).

第一节 洗钱犯罪的历史

美国对洗钱犯罪的法律规制历史可以追溯到 20 世纪中期。在此之前，虽然犯罪所得资金的处理问题已被法律关注，但没有专门针对洗钱行为的立法。最早的金融犯罪监管多集中于税务和银行系统的透明度问题，例如《1934 年证券交易法》(Securities Exchange Act of 1934)和《1970 年银行保密法》(Bank Secrecy Act)。《1970 年银行保密法》的制定标志着美国政府首次在立法中强调对金融机构进行严格监管，要求其报告大额现金交易和可疑活动，以防止犯罪所得资金的流动。例如，在 1977 年的"佛罗里达银行案件"中，毒品交易集团利用佛罗里达州的银行进行大额现金存款，通过跨境交易将资金转移到南美洲的银行账户。1979 年，迈阿密的一家银行因涉及大规模洗钱活动被联邦调查局调查，多名银行高层管理人员被捕，并揭露出了一个庞大的国际洗钱网络。[①]这一案件推动了更严格的法律措施和监管要求的出台。此外，在 20 世纪 70 年代末，纽约的黑手党通过复杂的金融网络将毒品交易所得的巨额现金合法化，相关案件促使了《1970 年银行保密法》的进一步完善，强化了对金融机构的监管，要求银行建立客户身份识别系统，保存交易记录，并向政府报告可疑活动。

20 世纪 70 年代，随着有组织犯罪和毒品交易的猖獗，洗钱行为变得日益复杂和隐蔽。为了应对这些挑战，国会通过了一系列立法措施，旨在加强对犯罪所得资金的监管和打击。其中，1970 年通过了《反勒索及受贿组织法》(RICO)，为打击有组织犯罪提供了强有力的法律工具。然而，这些法律虽然涉及了犯罪所得资金的处理问题，但并未专门针对洗钱行为。例如，20 世纪 80 年代初期的"波士顿黑帮案件"中，波士顿的一家黑帮通过一系列的虚假公司和复杂的金融交易网络，将毒品交易和其他非法活动的收益洗白。联邦调查局通过长期监控和卧底行动，最终瓦解了这一犯罪组织，揭示了其洗钱手法的复杂性和隐蔽性。此外，"芝加哥黑手党案件"中，黑手党成员通过赌场和酒店等合法生意掩饰非法收入，通过一系列跨州交易和海外账户洗钱，最终被联邦执法部门破获。这些案件的曝光促使政府加大对洗钱行为的打击力度，并推动了相关立法的完善。

1986 年，随着《反洗钱法》(Money Laundering Control Act of 1986)的通

---

① 参见美国司法部下属"司法计划办公室(Office of Justice Programs, OJP)"的官方网站，https://www.ojp.gov/pdffiles1/Digitization/85889NCJRS.pdf，2024 年 3 月 21 日访问。

过，美国在打击洗钱犯罪方面迈出了关键的一步。该法标志着洗钱行为首次在联邦法律中被明确定罪。《美国法典》第18编第1956条和第1957条成为打击洗钱犯罪的核心条款。第1956条规定了"货币工具的洗钱"罪，明确了通过各种手段掩饰或转移犯罪所得资金的行为；第1957条则涉及"从特定非法活动中获得的财产进行货币交易"罪，重点打击通过金融交易处理犯罪所得资金的行为。一个典型的案例是20世纪90年代的"纽约证券交易洗钱案"，该案中，多名华尔街的证券交易员通过虚假账户和复杂的交易网络，将内幕交易和证券欺诈所得的巨额资金进行洗钱。联邦调查局通过技术手段和财务审计，成功揭露了这一犯罪行为。此外，21世纪初的"加州房地产洗钱案"中，一些房地产开发商通过虚假买卖和贷款欺诈，将毒品交易和其他非法活动的收益洗白，通过复杂的房产交易网络掩盖资金来源。这些案件不仅展示了洗钱行为的多样性和隐蔽性，也突显了法律在打击洗钱犯罪中的关键作用。

进入21世纪，信息技术的飞速发展为洗钱犯罪提供了新的手段，同时也为打击洗钱犯罪提供了新的工具。2001年9月11日恐怖袭击事件后，美国政府通过了《爱国者法》（Patriot Act），进一步加大了对洗钱和恐怖融资的监管力度。该法扩大了金融机构的合规义务，要求其实施更为严格的客户身份识别和交易监控措施。同时，美国司法部和财政部加大了对洗钱犯罪的执法力度，建立了更为完善的反洗钱监管体系。例如，2010年的"美林银行洗钱案"[①]中，数名银行职员被控帮助毒品交易集团洗钱，利用虚假账户和跨境交易掩盖资金来源。通过多年的财务监控和国际合作，执法机构成功破获了这一洗钱网络。此外，2015年的"德意志银行洗钱案"中，德意志银行被指控未能有效监控和报告可疑交易，导致大量非法资金通过其系统进行洗钱。最终，德意志银行同意支付巨额罚款，并承诺加强内部合规措施。这些案件不仅推动了美国反洗钱法律的进一步完善，也加强了国际的法律合作，确保洗钱行为无处遁形。

第二节　洗钱犯罪案例

案例一：律师洗钱案

洛克律师事务所（Locke Lord LLP）是一家享誉国际的律师事务所，总部位于芝加哥，拥有超过20个办事处，遍布北美、欧洲和亚洲。律所提供广泛的

---

① 参见美国司法部网站，https://www.justice.gov/opa/pr/bank-america-pay-1665-billion-historic-justice-department-settlement-financial-fraud-leading，2024年3月21日访问。

法律服务，涵盖金融、保险、房地产、知识产权和商业诉讼等领域。斯考特在该所担任合伙人期间，主要负责复杂的金融交易和法律咨询业务。然而，2019年，他因参与加密货币骗局 OneCoin 的洗钱活动而被定罪。[①] 斯考特在 OneCoin 骗局中扮演了关键角色。他被指控利用其专业知识和律所资源，帮助 OneCoin 洗钱。通过创建虚假的投资基金和空壳公司，将非法所得的 OneCoin 资金转移并隐藏在全球多个金融机构中。在开曼群岛创建了多个投资基金，如 Fenero Funds。这些基金被伪装成合法的投资工具，用于吸引投资者和骗取金融机构的信任。通过这些基金将 OneCoin 的非法收益转移出去，并隐藏其来源。斯考特利用多层壳公司和银行账户，将资金在多国和多家银行之间转移，以掩盖资金的非法来源。他通过在全球范围内的银行账户（包括在开曼群岛、爱尔兰、塞浦路斯和香港的账户）进行资金操作。资金的频繁转移和多次汇入汇出，增加了执法机构识别和追踪这些非法资金的难度。提供虚假的财务报表和投资报告，误导金融机构和监管机构。这些报告声称资金来源合法且用于高收益投资，实际上则用于洗钱和掩盖 OneCoin 的非法所得。他不仅利用了自己的法律背景来设计这些文件，还利用了其在律师事务所的资源来增加文件的可信度。通过这些操作，他帮助 OneCoin 隐藏了约 4 亿美元的非法资金并保持了其骗局的运作，并因此获取了数百万美元的非法收益。

2018 年 9 月，斯考特在美国被捕并受到指控。2019 年 11 月，经过三周的审判，美国纽约南区联邦法院陪审团认定其犯有洗钱罪和共谋罪。审判过程中，检察官详细展示了斯考特的犯罪行为和证据，证明他如何利用复杂的金融操作和虚假文件进行洗钱。在审判期间，检察官提供了大量证据，包括：1. 金融交易记录。检方提供了详细的金融记录，显示斯考特如何通过复杂的金融操作将资金转移和隐藏。这些记录详细展示了资金从 OneCoin 账户转移至其控制的多个账户，并最终流入他的个人账户。这些记录还揭示了资金的具体流向和涉及的多个银行账户，使陪审团能够清楚地看到资金的转移路径；2. 电子邮件和通讯记录。检方提供了斯考特与 OneCoin 高层之间的邮件和通讯记录，这些记录揭示了他在洗钱操作中的直接参与和共谋。这些通讯记录显示他清楚地知道 OneCoin 的非法性质，并仍积极参与资金转移操作。例如，某封电子邮件中，斯考特详细讨论了如何进一步隐藏资金，并与 OneCoin 高层协商下一步行动；3. 证人证言。包括前 OneCoin 员工、金融专家和其他涉案人员的证词，证明斯

---

①　参见美国司法部网站，https://www.justice.gov/usao-sdny/pr/former-law-firm-partner-sentenced-10-years-prison-laundering-400-million-onecoin-fraud，2024 年 3 月 21 日访问。

考特的洗钱操作和 OneCoin 的欺诈性质。例如，一名前 OneCoin 员工提供了关于公司内部运作的详细信息，说明如何将资金通过复杂的金融操作隐藏和转移。金融专家则解释了这些操作的技术细节和法律影响，帮助陪审团理解复杂的金融机制。[①] 斯考特的辩护律师试图证明他并不知道 OneCoin 是一个骗局，他只是履行了律师的职责。然而，陪审团最终认定检察官提供的证据确凿，判定斯考特有罪。2020 年 9 月，斯考特被判处 20 年监禁，并被要求归还非法所得。

本案对从事美国业务的法律工作者而言具有重要的警示意义。案件反映了美国司法体系对律师行业的高度审查，尤其是在律师利用专业知识参与金融犯罪时。律师应时刻保持职业警觉，不得以任何形式参与或协助非法活动。此外，本案揭示了美国执法机构在追查复杂跨国洗钱案件时的手段和力度，无论是虚构投资基金的运作还是多层次的资金转移，都难以逃脱法律的追究。对于在美开展业务的律师和企业来说，深刻理解并严格遵守相关法律，是规避风险的根本之道。

案例二：汇丰银行洗钱案

汇丰控股有限公司（HSBC Holdings Plc.）及其在美国的分支机构——美国汇丰银行（HSBC Bank USA N.A.）因违反《银行保密法》（BSA）、《国际紧急经济权力法》（IEEPA）和《与敌人交易法》（TWEA），与美国司法部达成延期起诉协议，承诺支付 12.56 亿美元罚款。检方指控，汇丰银行未能有效监管其反洗钱程序及外国对应账户持有人，违反了 IEEPA 和 TWEA，非法处理与受美国财政部外国资产控制办公室（OFAC）制裁国家相关的交易。这些国家包括古巴、伊朗、利比亚、苏丹和缅甸。在东区纽约联邦法院提交的刑事信息中，汇丰银行被指控未能维护有效的反洗钱程序、未尽职调查其外国对应机构，并违反了 IEEPA 和 TWEA。汇丰银行放弃联邦起诉权，同意提交刑事信息，并对其及员工的犯罪行为负责。

联邦检察官助理布鲁尔指出："汇丰未能充分监控来自子公司的可疑交易和活动，容许毒品交易集团通过其分支机构洗钱数十亿美元，并协助数亿美元的受制裁国家交易。多年来，汇丰的功能失调令人震惊。今天，汇丰因其行为付出了沉重代价，并同意在未来严格遵守协议，否则我们保留对其提起全面刑事诉讼的权利。"东区检察官林奇也表示："我们对全球最大的金融机构之一——汇丰提起刑事诉讼。汇丰未能实施适当的反洗钱控制措施，导致至少 8.81 亿美元的毒品走

---

① 参见美国司法部网站，https://www.justice.gov/usao-sdny/press-release/file/1141976/dl，2024 年 3 月 21 日访问。

私所得通过美国金融系统洗钱，并故意违反美国制裁法律和法规，使数亿美元的 OFAC 禁止交易得以进行。这一历史性协议对 BSA 起诉案件施加了最大的处罚，明确表明所有公司公民，无论其规模如何，都必须对其行为负责。"[1]

在汇丰同意支付的 12.56 亿美元罚款中，包括了 6.65 亿美元的民事罚款、5 亿美元支付给美国国家银行监管办公室的罚款和 1.65 亿美元支付给美联储的罚款。美国司法部和 OFAC 的罚款共计 37.5 亿美元，英国金融服务管理局（FSA）也对汇丰采取了单独的行动。汇丰承诺增强其反洗钱和其他合规义务，对全球业务进行结构性调整，以防止重复导致此次起诉的行为。几乎所有该银行的高级管理人员已被更换，延迟薪酬奖金已被收回，并且在为期五年的延期起诉协议期间部分推迟向最高级别执行官支付奖金。对银行管理结构和反洗钱合规职能进行了重大改变，增加了最高级别执行官对反洗钱合规失败的责任。

此案由多个执法和监管机构合作进行调查和审理，包括美国司法部、纽约县地方检察官办公室和财政部外国资产控制办公室等。汇丰的案例不仅展示了大型金融机构在全球业务运营中面临的合规挑战，也强调了跨国金融犯罪治理的重要性。这一案件对中国公司在美业务的合规管理具有重要的警示意义，不仅仅是银行，非银行类的公司在其国际业务中也需谨慎，确保不会触及反洗钱和合规制度。

案例三：德意志银行洗钱案

德意志银行（Deutsche Bank）是一家享有国际声誉的金融机构，总部位于德国法兰克福。近年来，德意志银行因其在丹斯克银行（Danske Bank）洗钱案中的角色而受到广泛关注和调查。丹斯克银行爱沙尼亚分行处理了约 2000 亿美元的可疑交易，这些交易主要涉及俄罗斯和其他苏联国家的资金。德意志银行作为丹斯克银行的对应行[2]，在处理这些资金转移时未能有效监控和报告可疑交易，因此面临严厉的调查和指控。这些交易通过复杂的金融网络和多层壳公司进行，意在隐藏资金的非法来源和去向。德意志银行在这些交易中扮演了关键

---

[1]　参见美国司法部网站，https://www.justice.gov/opa/pr/hsbc-holdings-plc-and-hsbc-bank-usa-na-admit-anti-money-laundering-and-sanctions-violations，2024 年 3 月 21 日访问。

[2]　"对应行"是指在跨境金融交易中，一家银行（通常是本地银行）与另一家位于不同国家或地区的银行之间建立的合作关系。这种关系使两家银行能够代表对方处理金融业务，例如资金转移、贸易结算和外汇交易等。通过这种安排，本地银行可以利用对应行的网络在国际市场上执行交易，而无需在所有国家设立分支机构。本案中，德意志银行作为丹斯克银行的"对应行"，负责协助处理丹斯克银行的跨境资金转移事务。

角色，但未能履行其作为对应行应有的反洗钱义务。

具体而言，德意志银行处理了大量来自丹斯克银行爱沙尼亚分行的可疑资金，这些资金通过复杂的金融网络流入西方市场。德意志银行未能有效监控和识别这些交易的非法性质。这些交易涉及利用多层壳公司和匿名账户，以隐藏资金的真正来源和最终受益人。调查显示，德意志银行的内部控制和合规措施存在严重缺陷，未能遵守《银行保密法》（Bank Secrecy Act, BSA）和其他反洗钱法规。尽管银行有义务遵守这些法规，德意志银行的反洗钱程序未能检测到大规模和频繁的可疑交易，其合规部门也未能有效跟进和调查这些交易。

2018年，丹斯克银行洗钱丑闻暴发后，美国和欧洲的监管机构立即对德意志银行展开联合调查。美国司法部、金融犯罪执法网络（FinCEN）和欧洲多国金融监管机构均介入调查，要求德意志银行提供详细的交易记录和内部合规报告。在调查过程中，监管机构收集了大量证据，包括金融交易记录、内部通讯和合规报告，揭示了德意志银行如何处理和掩盖可疑交易以及其内部控制和合规系统的缺陷。2020年7月，纽约州金融服务部（NYDFS）对德意志银行罚款1.5亿美元，以解决其未能有效监控和报告可疑交易的指控。德意志银行同意支付罚款并接受严格的整改要求，改善其反洗钱和了解客户（KYC）政策，确保严格遵守《银行保密法》和其他相关法规。

此外，2021年1月，德意志银行同意支付超过1.3亿美元，以解决其违反《反海外腐败行为法》（FCPA）和大宗商品欺诈案件。该协议包括8500万美元的刑事罚款、68.1万美元的刑事追缴、122.3万美元的受害者赔偿金，以及向美国证券交易委员会支付的4332.9万美元。调查显示，德意志银行员工通过虚假记录掩盖向第三方中介支付的贿赂款项，同时参与操纵公共金融市场，影响贵金属期货合约的交易。[1] 这些行为揭示了其在内部控制和合规措施上的严重缺陷。具体案件中，德意志银行员工在没有适当发票或服务证明的情况下，向商业发展顾问（BDC）支付了数百万美元，以换取在沙特阿拉伯和阿布扎比等地的商业机会。特别是，与沙特阿拉伯相关的案件中，德意志银行通过一家特殊目的载体（SPV）向客户决策者的妻子支付超过一百万美元的贿赂，以确保继续获得该家庭办公室的投资业务，这些支付被错误地记录为"介绍费"。

根据德意志银行与美国司法部达成的延期起诉协议（DPA），德意志银行承认其员工和代理人参与了一项广泛的计划，通过在公司账簿和记录中虚假记录

---

[1] 参见美国司法部网站，https://www.justice.gov/opa/pr/deutsche-bank-agrees-pay-over-130-million-resolve-foreign-corrupt-practices-act-and-fraud，2024年3月21日访问。

贿赂款项，隐瞒向第三方中介支付的贿赂款项，以及未能实施有效的内部会计控制措施。[1] 在 DPA 中，德意志银行同意支付刑事罚款并接受一系列整改措施，包括加强内部审计、改进合规程序和增加反洗钱培训。这一协议的达成显示了德意志银行在应对其内部控制和合规失误方面所做出的努力，同时也反映了美国司法部在打击国际金融犯罪和腐败方面的坚定立场。

"德意志银行洗钱案"让美国政府尝到了开巨额罚单的甜头，监管机构随之加大了对外资银行的审查力度。中国公司在美国开展业务时，会面临越来越严格的监管和合规要求。对于中资企业来说，这意味着在跨境资金转移、资产管理以及与第三国开展的金融交易中，谨慎尤为重要。在美运营的中资企业，应通过加强内部控制、审查资金来源，积极响应美国的合规要求，才能规避风险。中国企业及其在美分支机构，尤其是通过中资银行进行的业务活动，将需要更加谨慎地遵循美国的反洗钱法规。与美国监管机构保持紧密合作，确保合规措施到位，是避免类似风险的关键。法律服务领域的专业人士，增加对客户资金来源的审查力度，确保不涉及任何可疑的资金流动。同时，律师在提供跨境法律服务时，也要协助中资公司建立健全的合规制度，帮助其应对美国日益严苛的监管环境。

第三节　洗钱犯罪的法律渊源

美国国会于 1986 年正式将洗钱行为定为刑事犯罪，相关法案主要涉及金融机构和从事"贸易或业务"的实体。根据《美国法典》第 18 编第 1956 条，旨在隐藏犯罪收益或促进进一步犯罪活动的金融交易，而第 1957 条则涉及超过 1 万美元的犯罪收益的使用，被称为"金钱支出法"。尽管这些法规最初主要用于打击毒品、恐怖主义和有组织犯罪，但如今它们也广泛应用于白领犯罪案件，如邮件欺诈、医疗保健欺诈、内幕交易和银行欺诈。

一、《美国法典》第 18 编第 1956 条

（一）要素

《美国法典》第 18 编第 1956 条（18 U.S.C. § 1956）是一项复杂的法律规定，

---

[1]　参见美国司法部网站，https://www.justice.gov/opa/press-release/file/1360741/dl，2024 年 3 月 21 日访问。

涵盖了三种主要的洗钱行为：交易洗钱（Transactional Money Laundering）[①]、国际运输或传输洗钱（International Money Laundering or Transportation）[②] 以及诱捕行动（Sting Operations）[③]。根据 1956(a)(1) 条，交易洗钱行为涉及任何人在明知金融交易中涉及非法活动收益的情况下进行或企图进行的交易。具体而言，交易洗钱的要素包括：（1）被告参与金融交易；（2）被告明知交易涉案财产涉及资金，是某种形式的非法活动所得；（3）涉案财物确系违法所得；（4）被告明知交易的全部或部分目的是隐瞒或掩饰非法所得的性质、来源、地点、所有权或控制权。在"美国诉纳兰霍案"[④] 中，第十一巡回法院指出，单靠非法所得的支出不足以证明隐瞒意图。纳兰霍被控通过处理大额现金交易进行洗钱，但法院强调，仅仅支出这些非法所得并不能构成洗钱罪中的隐瞒意图。隐瞒意图可以通过其他方式证明，例如交易异常保密、使用合法企业的银行账户、交易高度不规则特征、利用第三方隐瞒所有者等。具体案例中，纳兰霍通过复杂的金融操作，试图将非法资金伪装成合法收入，但未能完全隐藏其非法性质。这显示了隐瞒意图的复杂性和多样性，需要结合具体行为和证据进行判断。在"美国诉法瑞斯案"[⑤] 中，第十一巡回法院裁定，将大面额钞票换成小面额钞票有利于隐瞒资金的位置。法瑞斯被指控通过多次交易将大额现金换成小额钞票，以避免引起银行和执法机构的注意。这种转换行为旨在使资金来源更加隐蔽，从而逃避监管。法院认为，这种行为构成了洗钱罪中的隐瞒意图——法瑞斯通过将大额钞票换成小额钞票，利用金融机构的交易系统进行多次分散交易，使得追踪资金的难度增加。这一行为不仅隐藏了资金的非法来源，还使得执法机构难以识别和追踪这些资金，从而满足了洗钱罪的构成要件。

这些案例表明，洗钱罪中的隐瞒意图不仅限于简单的支出行为，还涉及复杂的金融操作和策略。通过交易的异常保密、使用合法企业账户、构建小额交

[①] 该条款规定了涉及犯罪收益的金融交易行为，即被告明知资金来源非法，仍进行交易以掩饰资金来源、性质或控制权。具体包括在美国境内的金融交易，且该交易与"特定非法活动"（specified unlawful activity）所得有关。

[②] 本条款还包括跨国洗钱行为，即涉及跨境资金传输的情况。例如，从美国向他国或从他国向美国转移非法收益，或者明知资金非法而有意将其从一国转至另一国，以掩盖资金的来源或性质。

[③] 该条款还规定了联邦执法机构可以使用的"诱捕"或"控制下传输"（undercover or controlled operation）措施，即通过卧底调查引导犯罪分子进行洗钱行为，以便收集证据、进行执法。

[④] United States v. Naranjo, 14 F.3d 145 (11th Cir. 1994).

[⑤] United States v. Farese, 248 F.3d 1056 (11th Cir. 2001).

易和多次转换大额现金等方式，犯罪分子试图隐藏非法资金的来源和去向，从而逃避法律的制裁。

第 1956(a)(2) 条作为 1988 年《反药物滥用法》（Anti-Drug Abuse Act of 1988）的一部分被添加，旨在打击资金和货币工具的跨境流动行为。[①] 这些行为包括通过物理或电子方式将资金从美国转移至境外或从境外转移至美国，只要这些行为是出于某些非法目的即可构成犯罪。在"美国诉奎利亚尔案"[②] 中，联邦最高法院详细解释了这一条款。该案中，被告奎利亚尔被指控将大量现金隐藏在汽车中，试图从美国运输到墨西哥，以避开监管和执法部门的监控。最高法院裁定，运输行为本身不需要使非法所得资金看起来合法，只需证明被告有意隐瞒或伪装资金的位置或来源即可。因此，简单地在运输过程中隐藏资金不足以违反该条款。"奎利亚尔案"进一步强调了如何移动资金与为什么移动资金之间的区别，前者的证据单独存在不足以证明后者。法院认定奎利亚尔的主要目的是通过复杂的隐藏手段掩盖资金的非法性质和来源，而非使其看起来合法，因此违反了第 1956(a)(2) 条款。"奎利亚尔案"不仅是对具体案件的判决，更是对第 1956(a)(2) 条款的应用和解释，为未来类似案件提供了重要的法律依据——通过各种手段掩饰非法资金的行为都可能受到法律制裁。

第 1956 条 (a)(3) 授权执法机构进行"诱捕"行动，目的是打击洗钱行为。该条款要求证明被告相信所涉资金或财产是非法活动的收益，从而允许执法人员假称资金来自某特定非法活动，实际并非如此。诱捕行动通过揭露和打击意图洗钱的行为，有效地增强了执法机构打击洗钱犯罪的能力，使其能够更加灵活地应对复杂的洗钱活动。法院裁定，联邦官员的陈述不必具体到事实，只需让被告相信其陈述的真实性即可。例如，在"美国诉加德森案"[③] 中，执法人员假扮成犯罪分子，与加德森接触，声称拥有大量非法所得的现金需要洗钱。加德森相信这些资金是真正的犯罪收益，并积极参与了洗钱活动。他通过多个银行账户和空壳公司转移资金，试图掩盖其来源和去向。然而，执法人员全程监控这些交易，收集了充分的证据，证明加德森参与了洗钱活动。最终，加德森

---

① 第 1956(a)(2) 条专门针对国际洗钱活动，规定了涉及将资金或货币工具跨国转移的行为，即从美国转出或从外国转入美国。该条款适用于以下情形：1. 明知资金来源非法：在明知资金来自非法活动的情况下，进行跨境传输或转移；2. 意图掩盖资金的性质或来源：即便不知道资金具体非法来源，但有意以隐藏其性质、来源、所有权等方式进行跨境传输。该条款的设立是为了防止犯罪收益通过跨境转移逃避美国法律的监管，尤其是当时在毒品交易和其他非法活动中产生的资金。这一规定帮助执法部门有效追踪和打击与国际洗钱相关的犯罪。

② Cuellar v. United States, 553 U.S. 550 (2008).

③ United States v. Gadson, 763 F.3d 1189 (9th Cir. 2014).

被捕并被控多项洗钱罪名。该案件不仅展示了诱捕行动的有效性，还强调了执法机构在打击洗钱犯罪中的战略灵活性。这种策略通过制造虚假的犯罪环境，引诱犯罪分子暴露其真实意图，从而实现预防和打击洗钱犯罪的目的。

（二）知晓非法活动的收益

第 1956 条 (a)(1) 规定，故意参与涉及犯罪活动收益的广泛交易构成犯罪行为。根据第 1956 条 (c)(1)，这一要素要求证明"该人知道交易中涉及的财产代表的收益来自某种形式的非法活动"。被告不需要知道产生收益的具体重罪，只需要知道这些收益源自某些重罪即可。在"美国环球科技电器公司诉法国 SEB 公司案"① 中，联邦最高法院界定了"故意失明"② 的证据标准。该案中的关键在于，"故意失明"的被告必须主观上认为某事实存在的可能性很大，并且采取了故意行动以避免确认该事实。法院指出，故意失明的被告故意采取行动以避免确认极有可能的不法行为的事实，从而间接证实了其对非法活动的知情。

在实际操作中，了解资金来源不需要深究具体细节，只要证明被告知道这些资金是非法活动的收益即可。例如，"美国诉特纳案"③ 是一起涉及"主要银行票据"运作的案件，联邦第七巡回法院审理了此案。该案中，大量交易记录表明被告特纳知晓资金的非法来源。法院指出，通过所有这些交易证据，认为特纳不知道他正在处理非法所得是荒谬的。法院经过详细分析了特纳参与的多笔异常金融交易，揭示了其对资金非法性质的认知，并通过审视了特纳的背景和行为模式，进一步支持了其知晓资金来源的结论。

类似地，在"美国诉科尔查多 - 佩拉尔塔案"④ 中，联邦第一巡回法院发现了充分的间接证据，证明被告科尔查多知道家庭支出巨大，而报告的收入只是支出的小部分，合法来源不足以解释所有资金来源。法院详细审查了科尔查多的财务记录和消费习惯，指出他应当意识到资金的非法来源。此外，法院还提到，科尔查多的教育背景和财务管理能力表明他有识别和理解资金来源合法性的能力。作为受过良好教育并负责家庭簿记的人，他理应充分了解资金的非法性质。

（三）行为

要构成洗钱罪，被告必须进行货币交易，但这并不要求其参与交易的每个

---

① Global-Tech Appliances, Inc. v. SEB, SA, 563 U.S. 754 (2011).

② Willful blindness 用于描述一种情况，即被告虽然没有直接确认某一事实（如参与非法活动），但故意忽视了自己可能已经知晓的非法事实，从而逃避责任。

③ United States v. Turner, 400 F.3d 491 (7th Cir. 2005).

④ United States v. Corchado-Peralta, 318 F.3d 255 (1st Cir. 2003).

阶段。根据第 1956 条 (c)(2)，该行为被定义为"发起、结束或参与发起或结束交易"。在"美国诉戈蒂案"①中，联邦第二巡回法院解释道，当一个人接受资金的转移或交付时，他就参与了该转移或交付的完成，因此进行了交易。在该案中，被告戈蒂通过接受大量现金并将其交付给他人，完成了洗钱交易的最后一步，即使他并未参与资金的最初获取和转移。这表明，只要被告在交易链条的任何环节上发挥了作用，就可以认定其进行了洗钱交易。即使交易未能完成，例如银行未接受存款，只要交易已开始，行为要素就已满足。

在"美国诉李案"②中，联邦地区法院进一步阐述了这一原则。被告李在一次金融操作中，通过银行尝试存入一大笔现金，但由于银行的反洗钱监控措施，存款被拒绝。法院指出，虽然交易未能完成，但由于李已经启动了存款过程，仍然满足了洗钱罪的行为要素。此案强调了"行为"的广泛定义，即便是未完成的金融交易，只要已开始进行，即可构成洗钱行为。此外，行为的定义不仅限于货币的实际移动，还包括其他形式的金融交易，如购买房地产、投资基金或通过复杂的金融工具进行的交易。通过多层次、多步骤的交易，洗钱者可以进一步隐藏非法资金的来源和去向。

这种策略被广泛用于隐藏大额非法资金的真实来源，通过多次小额交易分散注意力，从而逃避监管审查。在"美国诉库埃拉尔案"③中，最高法院进一步指出，行为的关键在于被告是否有意隐瞒或掩饰资金的非法性质、来源或所有权，而不在于是否成功完成了所有交易步骤。在"库埃拉尔案"中，被告试图通过复杂的运输方式，将非法所得现金从美国转移至墨西哥。他在汽车中隐藏了大量现金，虽然最终未能成功完成全部转移步骤，但法院认定其行为意图明确，足以构成洗钱罪。又例如，在"美国诉坎贝尔案"④中，被告试图通过多次小额存款来规避银行报告要求，尽管部分存款被银行发现并拒绝，法院仍认定其行为构成洗钱。这种广泛的行为定义强调了法律对洗钱行为的严厉打击，确保任何试图隐藏或掩饰非法收益的行为都能受到法律制裁，包括直接和间接交易。

（四）交易、金融交易和货币工具

联邦法典第 1956 条 (a)(1) 中提到的"金融交易中涉及的财产"包含两个相

---

① United States v. Gotti, 459 F.3d 296 (2d Cir. 2006).

② United States v. Li, 615 F.3d 1101 (9th Cir. 2010).

③ Cuellar v. United States, 553 U.S. 550 (2008).

④ United States v. Campbell, 977 F.2d 854 (4th Cir. 1992).

互关联的定义：首先对"交易"进行了广泛的定义，然后进一步细化了"金融交易"的构成。"交易"包括两部分：一是"买卖、借贷、质押、赠与、转让、交付或者其他处分"，二是涉及金融机构时，包括"存款、存款、提款、账户间转账、货币兑换、贷款、信贷延期、购买或出售任何股票、债券、存款证或其他货币工具、使用保险箱或任何其他付款、转账或交付通过或通过金融机构，以任何有效的方式"。

在司法实践中，法院不断对该术语进行解读。在某个法院对概念进行限制性解读时，立法机构随后进行了修正，以包括某些特定行为。例如，第七巡回法院曾认为将钱存入银行的保管箱不属于"交易"，但国会修改了第1956条(c)(3)以包括"保管箱"在定义范围内。该法规将"交易"的定义纳入"金融交易"，具有两层含义，着重于为联邦管辖提供依据。它指出：（A）以任何方式或程度影响州际或对外贸易的交易(i)涉及通过电汇或其他方式转移资金或(ii)涉及一种或多种货币工具，或(iii)涉及所有权转让给任何不动产、车辆、船只或飞机，或（B）涉及使用从事或活动以任何方式或程度影响州际或外国商业的金融机构的交易。正如一位法官指出的那样，实现州际贸易相对容易，"在支票有效期的某个阶段，银行的使用，银行显然都从事州际贸易。"法院指出，交付现金、记录不动产抵押、获得汽车贷款和购买本票可以满足对州际贸易产生必要影响的"金融交易"的定义。

第1956(a)(2)条使用术语"货币工具"，其定义为"(i)美国或任何其他国家/地区的硬币或货币、旅行支票、个人支票、银行支票和汇票，或(ii)投资证券或可转让票据，以不记名形式或以交付时所有权转移的其他形式存在"。这个宽泛的定义将现金和其他无法追踪的工具的使用纳入第1956条，这些工具经常被大型组织用来转移非法活动的利润。对于根据第1956条(a)(2)提起的国际洗钱诉讼，必须有特定非法活动产生的货币工具进出美国，检方无需出示金融交易证据。这种广泛定义确保了法律能够涵盖多种形式的金融行为，防止犯罪分子利用金融体系逃避法律制裁。

（五）金融机构

第1956条(c)(6)将"金融机构"定义为包括《美国法典》第31编第5312条(a)(2)节或据此颁布的条例所定义的组织，以及任何外国银行。第5312条(a)(2)节中的定义涵盖了容易被用于洗钱活动企业类型，如银行、赌场、典当行、珠宝商、保险公司、律师事务所和旅行社等。

在"美国诉内斯案"[①]中，联邦第二巡回法院审理了一起案件，检方没有依据第 5312 条 (a)(2) 界定被告的装甲车公司是金融机构，而是依赖于根据第 5312 条颁布的法规。[②]政府指控内斯的装甲车公司参与洗钱活动。具体而言，内斯公司被指控将犯罪所得资金运输和存入银行账户，但内斯的辩护律师提出，公司并不符合"货币服务业务"的定义，因此不应被视为金融机构。法院最终驳回了检方的论点，指出内斯公司并不符合法规中对金融机构的定义。在这一案件中，检方试图扩展"货币传送器"的定义，以便包括内斯的装甲车公司。检方指出，公司在运输现金的过程中所扮演的角色与金融机构相似，因而应适用于洗钱法。然而，法院认为这种扩展解释不符合立法原意，并指出金融犯罪执法网络（FinCEN）在联邦公报通知中澄清，汇款人的定义不应扩大到包括所有简单转移资金的业务。这一细致解读使得内斯公司得以避免洗钱指控，同时也为未来的类似案件设立了重要的法律先例。

（六）特定的非法活动

洗钱在很大程度上是建立在其他犯罪或所谓的"特定非法活动"全称（SUA）之上的。包括联邦和州犯罪在内的一长串犯罪行为构成了洗钱指控的基础。[③]这一长串犯罪行为包括了白领犯罪，例如涉及医疗保健、破产和证券的欺诈行为。近年来，增加了新的犯罪活动规定，例如与朝鲜有关的违禁活动，以及野生动物走私违法行为。第 1956 条 (c)(7)(A) 节包含了所有可能构成敲诈勒索活动模式的犯罪行为，这违反了《敲诈勒索影响和腐败组织法》（RICO）。

尽管第 1956 条 (a)(1) 要求证明被告知道金融交易中涉及的货币工具源自某种形式的非法活动，但并不要求证明被告知道这些工具实际上来自特定非法活动的具体犯罪行为。[④]因此，检方必须将资金与特定非法活动清单中的特定犯罪联系起来，而不必证明被告对这些行为有任何了解。

（七）收益

洗钱法规针对的是在特定非法活动产生"收益"后进行的金融交易。第 1956 条 (c)(9) 节将"收益"定义为"通过某种形式的非法活动直接或间接衍生、获得或保留的任何财产，包括此类活动的总收入。"这一条款是在最高法院对

---

① United States v. Ness, 565 F.3d 73 (2d Cir. 2009).

② 该法规将"金融机构"定义为包括"货币服务业务"。

③ 18 U.S.C. § 1956(c)(7).

④ § 1956(a)(2) 下的运输违规和 § 1956(a)(3) 下的诱捕操作违规也需要特定非法活动的收益，但两者都不需要证明被告知道两者之间有任何资金联系和特定的违规行为。

"美国诉桑托斯案"①作出裁决后添加的。在"桑托斯案"中，最高法院驳回了检方关于"收益"应包括"非法活动"产生的资金的论点，而不考虑这些资金是否为利润。最高法院认为，"从法规的表面来看，没有更多的理由认为'收益'意味着'收入'，就像没有理由认为'收益'意味着'利润'一样"。法院在判决中强调，利益必须是净收入而非总收入，因此，洗钱罪中"收益"的定义必须更加明确。此后，国会增加了"收益"的定义，参议院的报告指出，这一修改是为了防止犯罪分子通过声称没有获得利润来逃避责任，例如在庞氏骗局中。

在"美国诉摩尔案"②中，联邦第四巡回法院指出，当非法和合法资金混合而导致不能区分具体来源时，这意味着所有资金都可能被视为有污点。"摩尔案"涉及被告将从毒品交易中获得的资金混入合法业务收入，法院认定这种混合资金的行为符合洗钱的定义，因为非法资金和合法资金的混合使得非法来源更难以被发现和追踪。法院对混合资金采取严格立场，以确保洗钱行为得到有效遏制。然而，在"美国诉洛伊案"③中，联邦第五巡回法院参考了"美国诉戴维斯案"④的判决，认为混合资金不应自动被认定为有污点。"洛伊案"中，被告将合法和非法资金存入同一账户，法院认为，只要账户中有足够的干净资金支付提款，检方就难以证明特定提款包含赃钱。"戴维斯案"进一步支持了这一立场，强调如果账户中的合法资金足以覆盖提款，检方需提供更多证据证明资金的非法性质。

在"美国诉乔瓦内蒂案"⑤中，法院进一步解释了"收益"的定义，认为非法活动的收益不仅包括直接从非法活动中获得的资金，还包括通过各种复杂的金融操作间接获得的资金。"乔瓦内蒂案"中，被告通过多个空壳公司和虚假交易，将非法所得资金转移并合法化，意图掩盖资金来源。法院认为，这些资金尽管经过多次转换和伪装，仍然属于非法收益，因此判定被告构成洗钱罪。

二、《美国法典》第 18 编第 1957 条

（一）要素

第 1957 条规定了处理特定非法活动产生的大量资金的法律责任，不论是否试图隐藏资金来源或这些资金的非法性质。该条款通常被称为《洗钱控制法》

---

① Santos v. United States, 553 U.S. 507 (2008).

② United States v. Moore, 27 F.3d 969 (4th Cir. 1994).

③ United States v. Loe, 248 F.3d 449 (5th Cir. 2001).

④ United States v. Davis, 226 F.3d 346 (5th Cir. 2000).

⑤ United States v. Giovanetti, 919 F.2d 1223 (7th Cir. 1990).

（Money Laundering Control Act of 1986），其重点在于确认一笔交易涉及超过一万美元的犯罪行为收益。根据第 1957 条，任何人"故意从事或企图从事价值超过一万美元且来自特定非法活动的犯罪所得财产的货币交易，应被处以最高 10 年的监禁"。这种规定旨在打击使用大额非法资金的行为，无论这些资金是如何被使用的，只要其来源是非法的，就可能构成犯罪。

　　该罪行有两个管辖范围，涵盖在美国境内或美国的特殊海事和领土管辖权内发生的货币交易，或者发生在美国境外但被告是美国人的货币交易。根据第 1957 条 (d)(2)，"美国人"的定义包括美国公民或永久居民外国人，任何"主要由美国国民或永久居民外国人组成"的组织，以及公司——包括美国公司的外国子公司——根据任何州、领地或美国属地的法律成立。虽然第 1956 条适用于为法规中指定目的进行的金融交易，例如隐瞒或促进特定的非法活动，但第 1957 条仅要求存在金额超过一万美元的"货币交易"。"货币交易"一词是指由通过或向金融机构进行的任何交易，但不包括为维护个人权利所必需的任何交易。

　　该法规禁止对"犯罪所得财产"进行货币交易，根据第 1957 条 (f)(2)，"犯罪所得财产"是指构成或源自刑事犯罪所得的任何财产。术语"收益"和"特定的非法活动"与第 1956 条中规定的含义相同。对于违反第 1957 条的起诉，需要证明被告知道这些资金是犯罪所得财产的收益。然而，只要有证据表明被告知道这些收益来自非法活动，即使被告不认为货币交易本身是非法的，也构成犯罪。在"美国诉穆尼案"[①] 中，法院指出，政府无需追踪每一美元的犯罪来源来证明违反第 1957 条。穆尼案涉及被告在证券法、邮件欺诈和洗钱指控中的行为，被告被控利用内幕交易获取非法收益，并将这些收益与合法资金混合。法院强调，若要求追踪每一美元的犯罪来源，犯罪分子将通过将非法资金与合法资金混合来逃避起诉。同样，在"美国诉约翰逊案"[②] 中，法院认为，只有在犯罪所得资金进入被告账户后，才可认定为电汇欺诈的收益，并据此进行起诉。约翰逊案中，被告因涉嫌电汇欺诈而被起诉，检方提供的证据表明，被告通过复杂的资金转移将非法所得资金存入多个银行账户，以掩盖其非法来源。法院的判决明确了只有当非法资金进入被告的控制范围后，才能将其认定为犯罪所得。

---

① United States v. Mooney, 401 F.3d 940 (8th Cir. 2005).

② United States v. Johnson, 971 F.2d 562 (10th Cir. 1992).

（二）豁免行为

法院在处理洗钱和其他金融犯罪时，需要重视保护被告的宪法权利。在打击犯罪的同时不损害个人的基本权利——这种平衡在司法系统中至关重要，确保每个被告在面对指控时都能获得公平的审判。

第 1957 条 (f) 规定，"货币交易"一词"不包括为维护宪法第六修正案所保障的个人代表权所必需的任何交易"。在"美国诉贝莱兹案"[①]中，一名律师受雇审查用于支付另一名律师的律师费的资金来源，以确定该资金是否来自犯罪分子，因此他被指控违反了第 1957 条规定的收益。审查费用的律师确定这些资金不是犯罪所得的财产。然而，政府不同意该律师的意见，指控他违反了第 1957 条。在此案中，检方在上诉中提出了几个要点，包括该法规不"保护刑事被告使用犯罪所得支付律师费的权利"。第十一巡回法院驳回了政府的立场，并维持地方法院驳回该第 1957 条指控的判决，认为根据法规的简明语言，这种行为是免责的。法院指出，接受政府对法规的解释将使豁免"完全多余——将第 1957 条 (f)(1) 始终用于任何合法目的"。这一判决强调了维护被告获得公平辩护权的重要性，确保在刑事诉讼中，被告能够获得有效的法律辩护。

在"美国诉蒙桑托案"[②]中，法院再次确认了被告有权使用其合法财产支付律师费用，即使这些财产可能与被指控的犯罪活动有关。"蒙桑托案"涉及被告试图使用被冻结的资产支付律师费的问题，法院最终裁定，冻结资产不能阻止被告获得法律代表。在该案中，检方试图冻结被告的所有资产，以防止其支付高昂的律师费，但法院认为，这样的做法会剥夺被告的宪法权利。法院在判决中强调，确保被告能够获得公平审判是司法公正的重要组成部分，因此，被告有权使用其可用资源来支付律师费。这一判例进一步巩固了宪法第六修正案对被告权利的保护，即使在面对严重的犯罪指控时，司法系统也必须平衡打击犯罪与保障个人权利之间的关系。

此外，"美国诉斯坦案"[③]也进一步探讨了宪法第六修正案的适用范围。在此案中，被告是一家大型会计师事务所的合伙人，因涉嫌参与非法税务避税计划而受到指控。被告试图使用公司的资金支付其法律费用，政府则试图阻止这一行为。法院最终裁定，宪法第六修正案保障被告获得有效辩护的权利，即使这意味着使用公司资金来支付律师费用。在"斯坦案"中，被告辩称其需要使用

---

① United States v. Velez, 586 F.3d 875 (11th Cir. 2009).

② United States v. Monsanto, 491 U.S. 600 (1989).

③ United States v. Stein, 541 F.3d 130 (2d Cir. 2008).

公司的资源进行辩护，否则将无法获得公平审判。法院在判决中支持了这一主张，指出剥夺被告的辩护资源会严重影响其辩护能力，进而影响审判的公正性。

第五章　税收犯罪

征税的公平性是征税制度中最重要的因素。

——约翰·F. 肯尼迪

美国人对待税务问题非常严肃，逃税在美国是一种非常严重的犯罪。税收犯罪不仅限于逃税行为，还包括故意不申报或不支付税款、提交虚假报税表等。有很多关于国税局（IRS）的笑话，比如，一个人抱怨他的税务顾问没有帮他少交税，他的朋友回答说："那你有听过聪明的税务顾问吗？"那人答："当然有！"朋友继续道："那你应该知道，他们已经在监狱里了。"

税收犯罪往往由具有一定社会地位和背景的人士实施，他们可能有更好的资源和能力进行复杂的财务操作。在分析美国白领犯罪中的税收犯罪时，我们可以通过一些关键统计数据和典型案例，深入了解其特点和规律。根据美国量刑委员会 2022 财年的数据，税收犯罪的特点及其刑罚展现出显著的规律性和复杂性。税收犯罪者中的男性占 73.0%，且大多数为白人（48.1%）和黑人（29.1%）。这些犯罪者的平均年龄为 52 岁，92.8% 为美国公民，欺诈 84.0% 的犯罪者有极少或无犯罪记录。[①] 这些税收犯罪的损失金额，中位数为 30 万美元，其中 17.8% 的案件涉及的损失金额超过 150 万美元。

美国在税收犯罪的预防和打击方面采取了多种措施。一方面，通过美国国税局刑事调查部门（IRS-CI）等专业调查机构进行深入调查和取证，确保违法行为无所遁形；另一方面，通过严厉的法律制裁和财产追缴，最大限度地挽回国家损失并震慑潜在犯罪分子。根据《美国法典》第 26 编中的相关规定，电信欺诈和身份盗窃均为重罪，最高刑期分别可达 20 年和 2 年。《海外账户税收合

---

① 参见美国量刑委员会网站，https://www.ussc.gov/sites/default/files/pdf/research-and-publications/quick-facts/Tax_Fraud_FY22.pdf，2024 年 3 月 21 日访问。

规法案》（Foreign Account Tax Compliance Act，FATCA）于 2010 年生效，该法要求外国金融机构向美国国税局报告美国公民和绿卡持有人的金融账户信息，以防他们利用海外账户逃避税收。此外，跨国合作和信息共享在打击国际税收犯罪中发挥了重要作用。《美国联邦量刑指南》则为逃税犯罪的量刑提供了具体的标准。在量刑过程中，在实际判决中，法官还可以根据案件具体情况，减少或加重刑罚。美国法院不仅考虑犯罪的具体情节和涉案金额，还会参考《美国量刑指南》中规定的详细标准，确保不同案件在量刑时具有一致性和可预测性。

第一节　税收犯罪的历史

　　税收犯罪作为一种严重的白领犯罪，在美国历来受到严厉打击，其历史可以追溯到 19 世纪末期。当时美国的税收制度逐步完善，各类税收法规相继出台，然而，随着税收制度的复杂化，各类逃税、避税手段也随之滋生。19 世纪末期，美国开始实施联邦所得税，相关的税收犯罪问题也随之而来。早期的税收犯罪主要集中在逃税和税务欺诈方面。1909 年，美国通过《公司所得税法》，开始对企业收入征税。随着税收制度的推进，逃避税收的手段逐渐增多，联邦政府开始意识到需要采取更为严格的法律措施来应对。1913 年，宪法第十六修正案通过，为联邦政府征收个人所得税提供了宪法依据。[①] 这一时期，税务欺诈行为也变得更加复杂多样。为了应对这些挑战，1919 年，美国国会通过了《国内税收法典》，其中明确规定了各种税收犯罪及其相应的法律处罚。这部法典成为美国税收法律体系的基础，其后不断修订和完善。

　　20 世纪 30 年代，大萧条时期的经济困难使得政府对税收的依赖性增强。为了确保税收收入，美国政府开始对税收犯罪进行更为严厉的打击。其中最著名的案例莫过于"卡彭（Al Capone）案"。1931 年，卡彭是芝加哥黑帮大佬，被联邦政府以逃税罪名起诉并定罪。在随后的几十年中，美国对税收犯罪的法律框架不断扩展和细化。例如，1942 年的税法引入了更多关于纳税申报和报告的规定，以堵住法律漏洞，防止逃税行为。20 世纪 60 年代至 70 年代，美国政

---

　　① 在此之前，根据美国宪法的规定，联邦政府只能按照各州的人口比例来征税，而无法直接对个人所得进行征税。1895 年，美国最高法院在"波拉克诉农夫贷款与信托公司案"中裁定，联邦政府直接对个人所得征税的做法违宪，因为这类税收未能按照各州人口比例进行分配。为了克服这一宪法障碍，第十六修正案明确规定，国会有权对任何来源的收入征税，而不需要按各州的人口比例分配或依据人口进行分摊。这一修正案的通过，显著增强了联邦政府的财政能力，使其能够更有效地筹集资金以支持政府开支和各项公共服务。

府对跨国税收犯罪的重视度显著提高，特别是在应对海外账户和避税天堂方面，出台了一系列法规和签订了一些国际合作协议。

随着时间的推移，税收犯罪形式不断演变，从简单的逃税发展到复杂的洗钱和跨国金融欺诈。进入 21 世纪，全球化进程加快，税收犯罪的形式也变得更加复杂和跨国化。为了应对这些新挑战，美国政府加强了国际合作，通过签订税务信息交换协议等措施，打击跨境税收犯罪。《海外账户税收合规法案》英文于 2010 年生效，要求外国金融机构向美国国税局报告美国公民和绿卡持有人的金融账户信息，以防止他们利用海外账户逃避税收。近年来，随着科技的发展，虚拟货币和电子商务的兴起也给税收执法带来了新的挑战。

第二节　税收犯罪案例

案例一：阿拉索昆税收诈骗案

2022 年 10 月，在西弗吉尼亚州的联邦法院，一位名为阿拉索昆（Ayodele Arasokun）的法国男子被判处 34 年监禁，原因是他涉嫌参与一项国际税收诈骗犯罪。陪审团裁定他犯有 21 项电信欺诈和加重身份盗窃罪。根据法庭文件和庭审陈述，阿拉索昆策划了一项庞大的诈骗计划，提交了 1701 份虚假纳税申报表，试图骗取高达 910 万美元的退税，其中西弗吉尼亚州的居民也成为受害者。在审判中，呈现的证据显示，阿拉索昆将骗得的资金转入预付借记卡和他监控的支票账户中。调查显示，他监控的美国本土账户约有 700 个，涉及资金超过 5000 万美元，美国国税局最终支付了其中的 220 万美元作为欺诈性退税。[①]

这一具有复杂性和国际化特征的案件由美国地区法官格罗主持审理，该案由助理美国检察官科加尔和赫尼起诉，美国国税局刑事调查部门洛杉矶办公室和财政部税务管理监察长网络犯罪调查部门（TIGTA）共同参与了调查。值得注意的是，TIGTA 专门负责调查国税局在线电子门户的滥用行为，包括本案中被攻破的电子报税 PIN 应用程序。根据《美国法典》第 26 篇中的相关规定，电信欺诈和身份盗窃均为重罪，最高刑期分别可达 20 年和 2 年。而《美国联邦量刑指南》则为此类犯罪的量刑提供了具体的标准。

税收犯罪不仅仅是经济犯罪，其本质上也是对国家财政系统和公共信任的严重侵害。根据《美国法典》第 26 编（即《国内税收法》）的相关规定，故意

---

① 参见美国量刑委员会网站，https://www.justice.gov/usao-ndwv/pr/french-man-sentenced-international-tax-scheme，2024 年 4 月 1 日访问。

提交虚假纳税申报表、隐瞒海外资产或不按规定申报收入等行为均构成严重的税收犯罪。美国司法部和税务部门通过严密调查和跨国协作，揭露、打击各类税收犯罪。在打击国际税收犯罪中，信息共享和跨境合作已成为不可或缺的力量。本案不仅涉及金额巨大，而且手段复杂，包括利用预付借记卡和被监控的支票账户转移资金，最终，约有220万美元的虚假退税款被支付。案件的审理细节揭示出犯罪者如何通过网络手段和跨国金融交易实施和掩盖犯罪行为。

案例二：吉特维逃税案

2023年9月21日，佛罗里达州那不勒斯市居民吉特维（Mark Anthony Gyetvay）因隐瞒数百万美元收入在未披露的瑞士银行账户中，并向美国国税局提交虚假申报，被判处了86个月监禁。此外，法院还命令其支付约402万美元的赔偿金和35万美元的罚款，并在刑满后接受三年监管释放。

联邦陪审团于当年3月裁定吉特维未能提交"外国银行和金融账户报告（FBAR）"，向国税局作虚假陈述，并故意未提交纳税申报单等罪名成立。根据法庭文件和审判期间提出的证据，2005年至2015年间，吉特维隐瞒其在境外的巨额资产，并未对其数百万美元的收入申报纳税。作为一名在美国和俄罗斯拥有注册会计师资格的财务专业人士，吉特维在2005年开始担任俄罗斯大型天然气公司Novatek的首席财务官。他在瑞士银行开设了两个账户，存放大笔资金，这些资金一度总值超过9300万美元。为了隐瞒其对这些资金的所有权和控制权，吉特维将自己的名字从账户上移除，并将其时任妻子（俄罗斯公民）设为账户的受益所有人。此外，尽管身为注册会计师，吉特维在2013年和2014年并未提交个人纳税申报单。更为严重的是，吉特维未按规定提交FBAR，以披露其对瑞士银行账户的控制权，甚至拒绝了其会计师的相关建议。为了逃避巨额经济处罚，吉特维试图通过使用"简化境外程序"向国税局提交虚假申报，这一程序仅适用于因非故意行为未报告境外资产和收入的纳税人。

在美国法律体系中，对于税收犯罪的打击力度向来不容小觑。《国内税收法典》（Internal Revenue Code）中有多项条款专门针对税收欺诈和逃税行为，如第7201条规定的逃税罪、第7206条规定的虚假申报罪等。吉特维的案件正是适用这些法律条款的典型案例之一。正如代理副助理司法部长戈德堡（Stuart M. Goldberg）和中区佛罗里达州检察官汉德伯格（Roger Handberg）在案件宣判后所言，这一判决不仅表明了美国司法部门和税务部门对税收犯罪的零容忍态度，也显示出对于高收入白领犯罪的严厉打击。

"吉特维逃税案"进一步揭示了高收入白领利用其专业知识和国际金融体系的漏洞，逃避税收义务的复杂手段和手法。美国国税局刑事调查部门在此案中发挥了关键作用，通过细致的金融追踪和调查，揭露了吉特维的隐秘行为。高级诉讼顾问奥库拉（Stanley J. Okula Jr.）、税务部门副主任齐塞森（David Zisserson）及律师施耐德（Kevin Schneider）与佛罗里达中区美国检察官办公室的通力合作，使得这一复杂案件得以成功侦破和起诉。[①]

案例三：德门税收欺诈案

洛杉矶商人德门（Lev Aslan Dermen），又名特尔门德然（Levon Ter-mendzhyan），因参与一起价值数十亿美元的生物燃料税收欺诈案，被判处40年监禁。根据法庭文件和2020年德门在审判中的证词显示，自2010年至2018年，德门与雅各布·金斯顿（Jacob Kingston）、以赛亚·金斯顿（Isaiah Kingston）、他们的母亲瑞秋·金斯顿（Rachel Kingston）、雅各布·金斯顿的妻子萨莉·金斯顿（Sally Kingston）及其他人合谋，欺诈性地申请了超过10亿美元的可退还生物燃料税收抵免。美国国税局最终向雅各布和以赛亚·金斯顿拥有的犹他州生物柴油公司——华沙基可再生能源公司（Washakie Renewable Energy）被骗支付了超过5.11亿美元的税收抵免款项，金斯顿家族将欺诈所得分赃，与德门共同分享。

从2010年开始，这个复杂的欺诈阴谋一直持续到2018年。通过购买已经享受过可再生燃料税收抵免的生物柴油，再将其出口到外国，然后伪造运输文件，将这些生物柴油重新进口为"原料"，华沙基公司以此假装生产了新的生物柴油，从而申报虚假的税收抵免。此外，他们还通过多种方式轮转生物柴油，以制造华沙基公司生产和销售符合税收抵免资格的燃料的假象。为了掩盖这些欺诈行为，德门和金斯顿家族通过多个银行账户转移了超过30亿美元的欺诈所得。

经过七周的陪审团审判，德门因共谋邮件欺诈、共谋洗钱及洗钱罪名被判有罪。除了40年的监禁，美国地区法官帕里什还命令德门向国税局支付4.426亿余美元的赔偿，并判处其超过1.81亿美元的罚款。雅各布·金斯顿作为华沙基的共同所有人和首席执行官，于2019年7月认罪，罪名包括共谋邮件欺诈、向国税局提交虚假申报、洗钱及共谋同样罪行、通过隐瞒和销毁记录阻碍司法及共谋同样罪行和证人篡改。法庭判决其支付5.11亿美元的赔偿，并处以3.38

---

① 参见美国国税局网站，https://www.irs.gov/compliance/criminal-investigation/former-cfo-of-russian-natural-gas-company-sentenced-to-more-than-seven-years-in-prison-for-tax-crimes，2024年4月1日访问。

亿美元的罚款，刑期为18年。以赛亚·金斯顿，雅各布的兄弟及华沙基的共同所有人和首席财务官，也在2019年7月认罪，罪名包括共谋邮件欺诈、协助提交虚假的合伙企业税收申报、洗钱及共谋同样罪行、通过隐瞒和销毁记录阻碍司法及共谋同样罪行。法庭命令其支付5.11亿美元的赔偿，并处以相应的罚款，刑期为12年。瑞秋·金斯顿作为华沙基的"特殊项目经理"，通过伪造和倒签文件参与了欺诈计划。她在2019年7月认罪，罪名包括共谋邮件欺诈、洗钱及共谋同样罪行、通过隐瞒和销毁记录阻碍司法。法庭判决其7年监禁。萨莉·金斯顿也在华沙基工作，并通过伪造和倒签文件支持虚假申报。她在2019年7月认罪，罪名包括共谋邮件欺诈及共谋洗钱，法庭判决其6年监禁。[①]

第三节 税收犯罪的法律渊源

一、宪法基础

美国宪法第1条第8款明确规定："国会有权制定和征收税款。"这一条款赋予了国会广泛的税收立法权。第十六修正案进一步确立了国会对"收入"进行不经分摊地征税的权力，奠定了现代联邦税法体系的宪法基础。第十六修正案的核心在于它确立了对个人和企业收入进行征税的权力，无需按照各州人口比例进行分配。这一修正改变了联邦税收政策的基础，使得联邦政府能够直接对收入进行征税，从而大大增加了财政收入的稳定性和灵活性。在第十六修正案通过后，美国逐步建立起了完善的税收法律体系，涉及征税主体、征税对象、税收豁免、征税方式及其具体实施方法等多个方面。这一体系的核心问题是确定何为征税目的的"收入"。例如，依据第十六修正案，国会制定了《国内税收法典》(Internal Revenue Code)，对联邦税收的各个方面进行了详细规定。

然而，宪法赋予的征税权如果缺乏有效的执法保障，将难以真正发挥作用。为此，美国法律体系中逐步形成了包括民事和刑事在内的多种执法机制。这些机制不仅有助于确保纳税人遵守税法，还通过惩罚措施对潜在的违法行为起到震慑作用。在《美国法典》第26编中，包含了根据第十六修正案制定的现行刑事税法。尽管这些刑事税法的数量相对较少，但它们在维护税法权威和实现税收正义方面发挥了关键作用。例如，这些刑事税法规定了对逃避或试图逃避税

---

① 参见美国国税局网站，https://www.irs.gov/compliance/criminal-investigation/los-angeles-businessman-utah-fuel-plant-operators-and-employees-sentenced-to-prison-for-billion-dollar-biofuel-tax-fraud-scheme，2024年4月1日访问。

款、未提交纳税申报表、提交虚假申报表等行为的刑事处罚。

二、刑事税法

《美国法典》第 26 编详细规定了各类税务犯罪，覆盖了从逃税到提交虚假申报表等多种违法行为。例如，第 26 编第 7201 条明确了逃税行为的刑事责任，任何故意逃避税款的人都可能面临严厉的法律制裁。第 26 编第 7203 条则针对那些故意不提交纳税申报表或不缴纳税款的人，规定了相应的法律后果。此外，第 7206 条和第 7207 条对提交或协助提交虚假申报表、提供欺诈性申报等行为进行了详细说明，旨在打击一切形式的税务欺诈。不仅如此，第 7202 条规定了故意不收取或不如实说明和缴纳税款的行为，第 7204 条和 7205 条则针对故意提供虚假报表或未按要求提供报表的行为作出了规定。针对妨碍税法执行的行为，第 7212 条 a 和 b 款则规定了相关的刑事处罚，这些规定旨在维护税法的有效实施和执法。

此外，特定税务问题也有相应的专门法规。例如，第 7211 条规定了向购买者或承租人提供虚假税收陈述的行为，而第 7210 条则规定了未能服从《国内税收法》某些部分的传票的行为。第 7216 条对申报表编制者在某些情况下披露或使用信息进行了限制，防止信息泄露和滥用。对于逃避报告要求的行为和推广滥用避税手段的行为，第 26 编第 6050 条 I 款和第 6700 条也规定了刑事处罚。

三、一般法规

（一）共谋在美国税务犯罪中的应用

在美国，税务不端行为通常涉及多人合作，因此共谋法规在税务犯罪中起着重要作用。根据《美国法典》第 18 编第 371 条，当被告与他人合谋实施联邦法定义的犯罪行为，或者共谋欺骗美国政府时，可以被控共谋罪。这种共谋的实施需要采取明确的行动以推进合谋的目的。在涉及国税局的案件中，所谓的"克莱因共谋"[①]尤为典型，源自"美国诉克莱因案"[②]。例如，在"美国诉科普兰

[①] "克莱因共谋"（Klein Conspiracy）是一种特殊的税务共谋概念，源自"美国诉克莱因案"（United States v. Klein）。在此案中，法院确定，故意采取行动干扰或妨碍政府部门——尤其是国税局（IRS）——的职能，构成共谋罪。具体而言，"克莱因共谋"不要求犯罪者实际犯下逃税行为，而是重点在于是否存在一项合谋以"阻挠"或"妨碍"国税局对税务事项的正常执行。因此，任何协同行动旨在误导、欺骗或隐瞒重要信息，使税务部门无法正确评估和征税，均可能构成克莱因共谋。此类共谋在税务案件中被广泛适用，因为它允许检方在无直接逃税行为的情况下起诉协同行动者，从而扩展了对复杂税务不端行为的打击范围。

[②] United States v. Klein, 247 F.2d 908 (2d Cir. 1957).

案"[1]中，被告是会计师事务所的合伙人和员工，因设计税收避税方案而被控共谋诈骗政府、逃税和向国税局提供虚假陈述。法院承认了"克莱因共谋"的有效性，但拒绝了政府提供的部分证据。在"美国诉赫尔姆斯利案"[2]中，被告被控共谋、逃税、邮件欺诈和提交虚假个人纳税申报表，指控其与丈夫共谋将个人费用纳入商业实体的账目。法院认定，欺诈性虚假陈述是实施欺诈的一部分，并允许陪审团同时考虑对《美国法典》第18编第371条中的共谋条款和具体犯罪条款的违反。

（二）使用虚假陈述、虚假声明、伪证和邮件欺诈等罪名追诉税务犯罪

在处理税务违规行为时，《美国法典》第18编中的虚假陈述（第1001条）、虚假声明（第287条）、伪证（第1621条）和邮件欺诈（第1341条）是常见的指控。然而，司法部对邮件欺诈指控的适用范围有限制，要求在涉及税务违规的情况下获得授权才能将其作为起诉对象。司法部的指导方针规定，除非出现异常情况，不会批准仅针对个人纳税责任或提交给国税局的资料真实性提起邮件或电汇欺诈指控。虽然邮件欺诈可作为RICO犯罪的前提行为，但税务违规行为本身却不能，因此这限制了许多税务违规行为在RICO起诉中的适用。在"美国诉芒根案"[3]中，一名国税局工作人员和其兄弟提交虚假纳税申报表以获取退款，被政府以共谋、邮件欺诈和虚假报税指控。第二巡回法院驳回了被告关于邮件欺诈罪不当使用的主张。然而，在"美国诉亨德森案"[4]中，法院驳回了邮件欺诈指控，认为已有具体立法足够处理此类税务欺诈行为。因此，尽管司法部对邮件欺诈指控有所限制，但在某些情况下，法院仍会接受这种指控，以确保税收制度的执行。

第四节　对税收犯罪的追诉

一、追诉主体

（一）税务司的角色和职责

在美国，税收犯罪的起诉由司法部税务司负责监督。其主要任务在于"实现统一、广泛和平衡的刑事税收执法"，具体包括授权起诉和决定是否展开调

---

[1]　United States v. Coplan, 703 F.3d 46 (2d Cir. 2012).

[2]　United States v. Helmsley, 941 F.2d 71 (2d Cir. 1991).

[3]　United States v. Mangan, 575 F.2d 32 (2d Cir. 1978).

[4]　United States v. Henderson, 386 F. Supp. 2d 1277 (S.D. Fla. 2005).

查。在大多数情况下，除非得到税务司的授权，美国检察官不得对税务事项进行调查或起诉。

税务司的负责人为助理检察长。税务司处理的案件既包括依据《国内税收法典》（即《美国法典》第 26 编）提起的案件，也包括超出税法范围的案件。因此，税务司的案件可能涉及《美国法典》第 18 编中的指控，如虚假陈述、邮件欺诈、妨碍司法或《反敲诈勒索及腐败组织法》（RICO）下的指控。但一旦案件获得税务司的批准，"美国检察官通常负责处理案件"。税务司的《刑事税务手册》（CTM）是指导税务案件处理的重要资源。

刑事税务执法过程有四个组成主体："（1）美国国税局（IRS）刑事调查（CI）特工；（2）美国国税局刑事税务司首席法律顾问办公室（CT）的律师；（3）财政部税务管理监察长（TIGTA）特别代理人；（4）助理美国检察官。"这些主体之间的协调对于有效执法至关重要。《刑事税务手册》指出，在税务司内，有四个部门负责执行国家刑事税法：刑事上诉和税收执法政策部门（CATEPS）和三个刑事执法部门——北部、南部和西部——负责特定地理区域。每个部门由部门负责人监督，这些负责人向刑事事务司副助理检察长和税务司助理检察长报告。

案件通常由国税局特工进行调查，调查结果会移交给税务司，某些情况下还会移交给联邦检察官。并没有规定要求政府必须在提起刑事诉讼前先进行民事诉讼。由于税务案件可能涉及民事、刑事或两者兼有，因此考虑具体的机构调查法十分重要。在平行程序中，共享信息也可能引发问题，特别是在民事和刑事执法程序之间的信息共享。此外，州税务机关也可能在联邦调查的同时，对个人或公司展开调查或起诉。税务司在美国税收犯罪的打击和预防中扮演着至关重要的角色，其职责涵盖了从调查到起诉的全过程。例如，美国最高法院在"美国诉博伊尔案"①中，确认了税务机构在税收执法中的广泛裁量权，进一步强调了税务司在维护税法秩序中的关键角色。

（二）刑事税务起诉

所得税法规在打击普通税收欺诈行为中起着关键作用，这也是执行所得税法的核心。然而，在特殊情况下，如对贩毒者、有组织犯罪团伙及近年来白领犯罪分子的起诉中，所得税法规被用于处理超出不纳税行为之外的违法行为。过去，检察官通过创造性地运用税收法规，成功应对那些难以证明的犯罪行为。

---

① United States v. Boyle, 469 U.S. 241 (1985).

尽管政府多年来对税务犯罪进行了创新性利用，但近年来，以税务犯罪为主要指控的起诉数量有所减少。例如，2022 年根据《美国法典》第 26 编第 7201 条（基本逃税法规）提起的指控，比十年前减少了 41.3%，比二十年前减少了 70.3%。同样，根据第 7203 条（故意不提交纳税申报表）提起的指控，比五年前减少了 77.8%，比二十年前减少了 95.6%。[①] 新增加的专门联邦法规可能是税务起诉数量减少的原因之一。例如，50 年前不存在的法规，如《反敲诈勒索及腐败组织法》（RICO）和《洗钱法》，现在可能涵盖了以前作为税务犯罪起诉的行为。针对特定行为领域的法规，如银行欺诈和医疗保健欺诈，也为起诉白领犯罪提供了新的替代指控。

然而，税务犯罪也经常被附加到其他刑事起诉书中，从而增加对被告的指控数量。因此，被告可能因政府腐败行为受到指控，同时也可能因未报告的不当收入而面临税务指控。另外，滥用离岸避税计划一直是美国国税局的优先处理事项。

二、对犯意的认定

（一）概述

"故意"一词在众多刑事税收法规中频繁出现，构成了美国税收犯罪案件中的关键要素。一系列最高法院的裁决为我们提供了对该术语进行解释的框架。其中，包括"美国诉默多克案"[②]"斯皮斯诉美国案"[③]"美国诉毕晓普案"[④]"美国诉庞波尼奥案"[⑤] 和"齐克诉美国案"[⑥] 等重要裁决。此外，其他最高法院的判决也涉及相关议题，如较轻罪行的适用。例如，在"桑索内诉美国案"[⑦] 中，法院审视了税收逃漏罪与故意不申报（第 7203 节）以及虚假申报（第 7207 节）之间的区别，以判断被告是否有资格接受较轻罪名的指控。这些讨论涉及对故意要素的深入思考。

为了构成故意要素，法院要求检方证明被告是有意、自愿地违反了已知的法律责任。被告是否有意为之，是由陪审团根据事实来决定的。控方通常会提

[①]　参见司法部网站，https://www.justice.gov/d9/pages/attachments/2022/04/06/tax_fy_2023_pb_narrative_4.1.22_final_0_0.pdf，2024 年 3 月 21 日访问。

[②]　United States v. Murdock, 290 U.S. 389 (1933).

[③]　Spies v. United States, 317 U.S. 492 (1943).

[④]　United States v. Bishop, 412 U.S. 346 (1973).

[⑤]　United States v. Pomponio, 429 U.S. 10 (1976).

[⑥]　Cheek v. United States, 498 U.S. 192 (1991).

[⑦]　Sansone v. United States, 380 U.S. 343 (1965).

供间接证据来证明被告的犯罪意图。陪审团则可从提供的事实中推断出被告的故意。在实践中，陪审团经常接触到被告涉嫌欺诈行为的证据，这些证据有时被形容为"欺诈徽章"。举例来说，在"美国诉奥尔布雷斯案"① 中，联邦第一巡回法院通过以下事实找到了充分的证据：1. 被告签署了 1987 年的纳税申报表；2. 他们在签署时了解申报表的内容，并且知晓其明显低报了应纳税所得额；3. 他们了解他们的企业赚得的钱远比申报表所反映的要多；4. 他们在纳税午度内收到了应纳税的收入，如营业收入和运输回扣，但他们既未将这些收入存入企业的支票账户，也未按常规方式记录这些收入，而是将其挪用至其他银行账户；5. 他们在向会计师传输数据以准备纳税申报表时故意低报了收到的租金收入；6. 他们隐瞒了一些材料，这些材料可以证明未申报收入的存在和规模，不论是向会计师还是后来的国税局审计员。

最高法院还审视了如何否定故意要求中的特定意图。在"詹姆斯诉美国案"② 中，法院认为，故意要求必须通过独立证据来证明，而不能仅凭收入低估来推断。法院是否可以否定税法不确定性也是一个备受争议的问题。尽管立场并不总是一致，但通常情况下，被告会要求专家证人向陪审团解释涉及的税收问题。例如，在"美国诉加伯案"③ 中，联邦第五巡回法院在全体听证会上审查了被告因涉嫌未报告其血液销售收入而导致的税务欺诈定罪。法院撤销并发回了依据联邦法典第 7201 条的定罪，裁定地方法院未能允许专家就收入是否应纳税的问题作证，行为不当。法院还认为，法院拒绝指示陪审团合理误解税法将否定被告意图的行为也是不当的。由于法律的新颖性和不确定性，被告应该有机会陈述这一立场。法院在推翻"加伯案"的定罪时指出，"关于销售血浆或人体其他部位所得的税收处理在税法中是一个未知领域。本案当事人通过类比税法上的两种合法理论，对最终的征税性提出了不同意见。初审法院不应该向陪审团隐瞒这一事实。"然而，有些案例限制或拒绝了"加伯案"中的立场，认为税法的不确定性不是对税收指控的合适抗辩。例如，第六巡回法院在"美国诉柯蒂斯案"④ 中拒绝了"加伯案"，因为它（1）"允许陪审团认定法律中的不确定性可以否定故意，即使被告不知道这种不确定性"；（2）"扭曲了专家证人的作用及其证词的目的"；（3）"要求陪审团承担法官在法律问题上的部分责任"。法

---

① United States v. Olbres, 61 F.3d 967 (1st Cir. 1995).

② James v. United States, 366 U.S. 213 (1961).

③ United States v. Garber, 607 F.2d 92 (5th Cir. 1979).

④ United States v. Curtis, 782 F.2d 593 (6th Cir. 1986).

院认为，不应要求陪审团"阅读和解释法规，以确定适用法律是否存在不确定性或争议"。

（二）法庭解释

1."美国诉默多克案"①

"美国诉默多克案"是美国司法体系中一则具有标志性意义的案件。在这起案件中，法院对"故意"一词进行了精准的解读，将其界定为"出于恶意或恶意"的行为。被告默多克因拒绝配合调查，不提供关于其1927年和1928年所得税申报表中支付给他人的款项的信息而受到起诉。法院深入审视了收入法案中对业务经营方法的明确规定，并将故意违反这些规定视为刑事犯罪的行为。在这一背景下，恶意动机成为构成犯罪的要素之一，凸显了法律对于纳税人遵守税法规定的严格要求。

2."斯皮斯诉美国案"②

在审理"斯皮斯诉美国案"时，法院延续了"默多克案"的相关历史，指出尽管在所有的税务欺诈起诉中，故意这一因素保持一致，但"故意"一词却有着多种含义，其具体解释往往受到其所处语境的影响。被告斯皮斯因试图逃避并规避所得税而被定罪，此为145(b)条款的前身。尽管他承认有足够的收入来支付税款，但他未能按照法定义务缴纳或申报税款。然而，被告提出了具体情况的证据，以证明他未能遵守法律义务并非出于故意。他请求法庭提供指示，告知陪审团对于满足故意要素存在必须有积极行为的要求。然而，法院驳回了他的请求。

在"斯皮斯案"中，检方认为"故意未提交申报表以及故意未支付税款可能构成第145(b)条的企图逃税"。被告反驳称，这仅仅确认了145(a)条所涵盖的两项轻罪，并且这不足以成为145(b)条下的重罪指控的根据。"斯皮斯案"法庭支持了被告的主张，指出："故意未按时支付税款是一种轻罪，而试图逃税则是一种重罪，两者之间的区别并不容易辨别或定义。两者都必须是故意的，而'故意'一词，正如我们所说，有着多种含义，其具体解释往往受到其所处语境的影响。"法院认为这两种罪行的区别在于"在重罪条款中使用的'未遂'一词所隐含的积极行动。"法院裁定："故意但被动地忽视法定义务可能构成较轻的罪行，但将其与故意且积极地试图以任何方式逃税或以任何手段规避税款相结合，将使罪行升级为重罪。"

---

① United States v. Murdock, 290 U.S. 389 (1933).

② Spies v. United States, 317 U.S. 492 (1943).

最后，法院总结了其意见："政府反对这一解释，认为轻罪的较轻惩罚和较短的诉讼时效不应适用于所得税法的违法者，例如政治贪污分子、赌徒、勒索者和黑帮成员。我们对此种解释的构建表示怀疑，因为我们认为这不会妨碍对这些明目张胆的违法者提出重罪指控。我们认为，在试图逃税的过程中，很少有人仅仅因未能履行法定职责而停止，但即便如此，他们也应只受到其所犯罪行的处罚。"

3."美国诉毕晓普案"①

毕晓普（John Bishop）是一名加州律师，他因违反《美国法典》第26编第7206(1)节的三项虚假申报而被判犯有重罪。他在审判中的辩护是他对自己的申报中的双重扣除和不当扣除不知情。初审法院拒绝了他提出的根据第7207节提供轻罪指控的请求。他辩称，第7207节构成重罪的轻罪，并且轻罪法规中的"故意"应该被解释为比重罪所要求的认识更少。在驳回被告的论点时，最高法院在"毕晓普案"中指出，"'故意'一词在第7207节中的含义与其在第7206(1)节中的含义相同"。法院强调了对于"故意"一词在不同税务法中的一致定义的重要性。法院指出，"对'故意'一词的一致解释要求有犯罪意图，这体现了国会普遍意图的执行，即建立起惩罚性措施，将有意的税收违法者与善意但易受混淆的纳税人区分开来"。在坚持故意的历史标准的同时，法院还指出，故意"暗示着对已知法律义务的自愿、故意违反"。

4."美国诉庞波尼奥案"②

在"美国诉庞波尼奥案"中，最高法院进一步解释了其在"毕晓普案"中的裁决。"庞波尼奥案"的被告被判故意提交虚假所得税申报表，与"毕晓普案"类似，涉及对引用的《美国法典》第26编第7206(1)条的指控。初审法院的指示并未要求认定有恶意目的或邪恶动机。在"庞波尼奥案"中，法院指出："毕晓普案"并不要求"除了故意违反已知法律义务外的任何动机"的证明。因此，初审法院未在指导陪审团时就恶意或邪恶动机进行说明并无错误。后来，联邦第六巡回法院在采用"庞波尼奥案"裁决时还补充指出，"故意实施税务欺诈的善意动机从未成为适当的辩护"。

5."齐克诉美国案"③

虽在"齐克诉美国案"中，尽管"善意动机"不构成抗辩理由，但对法律

---

① United States v. Bishop, 412 U.S. 346 (1973).
② United States v. Pomponio, 429 U.S. 10 (1976).
③ Cheek v. United States, 498 U.S. 192 (1991).

存在善意误解的被告可以否定其主观故意。齐克是商业航空公司的飞行员，被控未提交联邦所得税申报表和逃税。他声称自己应免于联邦所得税，并认为税法执行违宪。地方法院多次向陪审团指示故意问题，最终判定齐克有罪。齐克上诉后，最高法院撤销了判决，重申故意的标准为"自愿、故意违反已知的法律义务"。法院认为政府需证明被告知晓其法律义务，并且陪审团应考虑其善意误解的信念是否合理。

然而，法院驳回了齐克关于税法违宪的主张，认为这并不构成善意误解，而是对法律有充分了解的表现。斯卡利亚大法官对法院的故意测试表示不满，认为不应将认为法律无效与认为法律不存在区别对待。布莱克门大法官和马歇尔大法官的异议意见则认为不应允许以工资不是收入作为辩护理由。最高法院将案件发回第七巡回法院，该法院将案件再度发回初审法院重审。重审过程中，齐克被定罪，并被判处一年零一天的监禁和 62000 美元罚款。

三、逃税

（一）法定基础

逃税在美国税收法律体系中被视为税收违法行为的"顶点"，其目的在于促使纳税人迅速且诚实地履行所得税法规定的每一项义务，并依据各种程度的拖欠行为施加适当的惩罚。根据《美国法典》第 26 编第 7201 条的规定，逃税罪的核心在于剥夺政府税收的具体意图或设计。构成该罪行的要素包括税收不足的存在、积极的逃税行为或企图逃税行为以及故意。逃税罪的刑罚最高可达五年监禁和罚款。当公司逃税时，法定罚款可能高于对个人的罚款。政府必须在排除合理怀疑的前提下，证明税收不足的存在。在"美国诉谢松案"[①]中，第五巡回法院指出，要证明税收不足，政府必须证明纳税人有未申报的收入，该收入应纳税。民事机构确定的民事征收补救措施不足以证明刑事逃税案件中的税收不足，但未受质疑的评估证书在纳税人未提交申报表而被控逃税的情况下，被视为税收不足的初步证据。关于是否需要证明实质性缺陷以满足税收不足的要素，法院观点不一。某些法院认为需要证明实质性缺陷，而另一些法院认为，根据《美国法典》第 26 编第 7201 条，政府不必指控实质性税收不足即可起诉或定罪。司法部很少会在没有显示出足够的税款到期和欠缴的情况下起诉逃税案件。

---

① United States v. Chesson, 933 F.2d 298 (5th Cir. 1991).

　　单纯的未足额纳税不足以支撑逃税定罪，政府还必须证明被告有积极的逃税行为和故意。这两项要素的证据通常结合在一起。虽然单纯未缴税款不能根据法规维持定罪，但意图隐瞒或误导的行为可能足以构成逃税。例如，被告在知晓其未能正确陈述收入的情况下签署所得税申报表，并向国税局提交该申报表，足以构成逃税指控。然而，仅在空白申报表上签名，如果个人对申报表内容不知情，则证据不足。法院认为，政府不必证明被告提交的表格实际上是一份申报表以确立逃税罪，因为提交申报表不是逃税罪的要素。当被告逃避支付申报表上报告的税款时，提交准确的申报表并不排除根据第 7201 条提起的逃税起诉。政府可以通过证明积极的逃税行为或企图逃税行为来满足其举证责任。在"美国诉麦吉尔案"[①] 中，法院认为积极行为是指为误导政府或隐瞒资金以避免支付已承认且准确的税款不足而采取的任何行动。

　　在某些案件中，所指控的行为因不足以满足违反第 7201 条的要素而被驳回。在"美国诉罗马诺案"[②] 中，联邦第一巡回法院裁定，将钱带出国而不报告、向海关官员提供回避的回答以及未提交纳税申报表，不足以排除合理怀疑，未能构成逃税或企图逃税。相比之下，其他案件认为向国税局代理人作出虚假陈述构成积极行为。如在"美国诉纽曼案"[③] 中，联邦第五巡回法院认为，被告虽未提交虚假申报表，但有证据证明其向财政部代理人作出的陈述是虚假的，并且为隐瞒收入而向财政部代理人作出虚假陈述构成了积极行为。联邦第二巡回法院的裁决也采取了类似立场，发现被告的注册会计师背景、向政府代理人作出虚假陈述以及不断低估其纳税义务，可以推断出故意并满足所需的积极行为。

　　"故意"是证明逃税罪的另一个要素。在"斯派斯诉美国案"[④] 中，最高法院审查了前身的逃税法规，涉及故意不缴税的轻罪。法院认为，重罪条款中"未遂"一词所隐含的积极行为是区分轻罪和重罪的因素。虽然轻罪可能是故意不作为，但逃避重罪需要积极的逃税企图。故意逃税企图可以"以任何方式"完成。在"斯派斯案"中，法院列举了可以推断出故意逃税企图的行为，例如保存两套账簿、进行虚假条目或更改、虚假发票或文件、销毁账簿或记录、隐瞒资产或掩盖收入来源、处理个人事务以避免记录在此类交易中的常规记录，以及其他可能产生误导或隐瞒效果的行为。提交虚假纳税申报单或虚假的 W-4 税

---

① United States v. McGill, 964 F.2d 222 (3d Cir. 1992).
② United States v. Romano, 938 F.2d 1569 (1st Cir. 1991).
③ United States v. Newman, 733 F.2d 1395 (10th Cir. 1984).
④ Spies v. United States, 317 U.S. 492 (1943).

表、隐瞒资产、一贯少报收入的模式均被认为足以满足这一要素。

（二）证明方法

起诉依据第 7201 条的纳税不足案件，政府需提供充分的证据，证明未足额纳税事实的存在。可以采用直接证据或具体项目方法，也可以选择间接证据方法，如资产净值法、支出法和银行存款法。具体项目方法是通过特定项目证明税款缺额，例如，利用被告的记录证明申报表中的某些扣除是不当的。而间接证据方法则是通过间接证据建立税务不足的情形，其中一种方法是资产净值法，通过比较被告年初和年末的净资产来推导出未足额纳税。

在"荷兰诉美国案"[①]中，最高法院审查了资产净值法的适用情况，并指出使用资产净值法的前提是有证据支持被告净资产增加与应纳税收入有关的推断。这一推断可以通过两种方式实现：一是表明未申报的收入可能源自应税来源，二是排除所有可能的非应税收入来源。虽然法院指出了资产净值法的固有缺陷，但同时确认了其合法性，并强调使用该法需要谨慎和克制。政府必须以合理确定性确定年初的净资产。由于资产净值法仅依赖间接证据，法院要求政府调查被告提出的所有合理解释。

政府可以采用"现金支出法"证明被告的支出超过了申报的收入，推测这些支出的资金来源是应税收入。此外，政府可以采用"银行存款法"，通过审查被告的银行存款，排除非应税收入的存款，并将这些存款与被告的申报收入进行比较。存款超过申报收入的部分即代表未申报的收入。在某些案件中，政府还结合多种方法使用，例如在"美国诉斯科特案"中，伊利诺伊州前司法部长斯科特（William J. Scott）被控违反第 7206(1) 条的罪名，政府采用了资产净值、现金支出和具体项目的方法，证明斯科特虚报了其 1972 年的调整后总收入。

在"美国诉希思案"中，联邦第六巡回法院指出，当使用资产净值法且辩方对欠税额提出异议时，许多法院认为有必要进行实质性指引。法院重申了"荷兰案"中的观点，即资产净值法对无辜者充满危险，并要求将"实质性税收"这一概念纳入第 7201 条的第一个要素中。法院指出，这一短语并非第六巡回法院示范指引的一部分。然而，在本案中并未发现错误，因为在审判中没有就希思拖欠的未缴税款数目存在争议。本案的争议焦点并不是未申报的收入，而是他决定声称他免于为其申报内容缴税。通过结合多种方法，政府可以更全面地证明未足额纳税事实的存在，确保起诉的成功。

---

① Holland v. United States, 348 U.S. 121 (1954).

四、未能申报或缴纳税款

第 7203 条规定，故意不遵守法律或法规要求的缴纳任何税款、提交任何申报、保留任何记录或提供任何信息属于刑事犯罪。政府必须凭借除了合理怀疑之外的证据证明被告：（1）故意；（2）在法定时间内未能提交申报、缴纳税款、保留记录或提供信息；（3）有法定义务这样做；（4）在法定时间内未能履行上述义务。这种轻罪最高可处以一年监禁和罚款。对于公司而言，罚款可能高于个人的罚款额。如果涉及估算税款且未根据第 6654 和 6655 节追加税款，则该条款不适用。然而，如果故意违反法典第 6050I 条，则该行为构成重罪，最高可处以五年监禁。

通常情况下，该条款被用于起诉未能提交申报或提交不完整申报的税收抗辩者。政府很少会在未达到一定门槛的未缴税款情况下处理第 7203 条款案件。未提交申报的事实可通过来自国税局的个人证词证实，该证词声称已对政府记录进行搜索，但未找到任何申报。与其他税收违法行为一样，政府必须证明被告的故意行为。第 7203 条被视为第 7201 条逃税罪的较轻罪行，因此，法院通常拒绝在同一案件中对被告人同时处罚这两项罪行。

五、虚假退税

（一）法律基础和适用

《美国法典》第 26 编第 7206 条将虚假申报行为分为五种独立的罪行，其中第一节和第二节是最常被引用的。第一节涉及税务伪证罪，禁止个人在明知虚假且在重大事项上不正确的情况下，故意制作并签署纳税申报表、声明或其他文件，违者将受到伪证处罚。第二节则规定，协助或促成他人准备虚假申报的行为也构成犯罪。例如，在"美国诉莱维案"①中，联邦第五巡回法院认为本节仅适用于"国税局或依法为执行本法典所要求的任何声明或文件"。因此，法院推翻了对一名律师的定罪，该律师在国税局就所欠税款与其接触时提交了433-AB 表格，因其无力支付税款。然而，其他案件对第 7206(1) 条涵盖的文件范围持更宽泛的看法，允许包括超过法定或法规授权的文件。

为了依据第 7206(1) 条维持定罪，政府必须证明被告：（1）故意；（2）签署了一份申报表、声明或其他文件；（3）受伪证处罚；（4）该申报表、声明或文件在实质上是虚假的；（5）被告不相信其内容是真实和正确的。在"尼德诉美国

---

① United States v. Levy, 533 F.2d 969 (5th Cir. 1976).

案"① 中,最高法院重申了其在"美国诉高登案"② 中的裁定,即实质性问题应由陪审团裁定。在第 7206(1) 条下,任何未报告的收入都是实质性的。第 7206(2) 条要求政府证明被告:(1)故意;(2)协助、促成、建议或指导准备或提交与国内税法相关的任何文件;(3)该文件在实质上是虚假的。与逃税法规不同,政府不需要证明税收不足,只需证明该申报表在实质上是虚假的。

(二)司法实践和案例分析

在"美国诉迪瓦科案"③ 中,联邦第七巡回法院指出,虽然大多数涉及收入来源错报的案件也涉及应税收入的低报,但"该法规的目的是起诉那些故意伪造纳税申报表的人,而不考虑这种伪造可能产生的确切最终影响"。因此,法院认为收入来源错报可以构成实质性问题。在"美国诉格林伯格案"④ 中,联邦第二巡回法院认为,实质性指的是陈述可能对机构履行其职能的能力产生的影响。"问题不在于该声明实际产生了什么影响,而在于该声明是否具有潜在的阻碍或抑制作用。"即使错误陈述导致了最低限度的少缴税款,法院仍认为其具有实质性。

在"美国诉肖特会计公司案"⑤ 中,联邦第九巡回法院驳回了被告的论点,认为第 7206(1) 条并不限于纳税人。法院裁定,任何制作虚假申报的人都可以根据该条款被起诉,即使签署申报表的特定员工不了解欺诈计划,公司仍可被判违反第 7206(1) 条。在"美国诉斯科特案"中,伊利诺伊州前司法部长威廉·J. 斯科特被判犯有违反第 7206(1) 条的罪名。政府采用了资产净值、现金支出和具体项目的方法,证明斯科特虚报了其 1972 年的调整后总收入。

---

①　Neder v. United States, 527 U.S. 1 (1999).

②　United States v. Gaudin, 515 U.S. 506 (1995).

③　United States v. DiVarco, 484 F.2d 670 (7th Cir. 1973).

④　United States v. Greenberg, 268 F.2d 120 (2d Cir. 1959).

⑤　United States v. Short Accounting Firm, 724 F.2d 467 (9th Cir. 1984)

第六章　RICO 犯罪

> 白领犯罪并不比其他犯罪更为轻微，它们对我们的社会和经济造成了严重损害。我们需要加强监管，确保企业和金融机构遵守规则，不得逃避责任。
>
> ——伯尼·桑德斯

20 世纪中期，美国联邦政府面对日益猖獗的有组织犯罪，逐渐认识到可用法律和执法手段的局限性。尽管当时已有多部联邦和州法律针对各类犯罪行为进行规制，但这些法律在应对复杂和具有规模的有组织犯罪集团时就显得有些力不从心了。这些犯罪集团通常通过精心设计的结构和手段，规避法律制裁，并利用合法企业作为掩护从事诸如敲诈勒索、毒品贩运、赌博、诈骗等非法活动。由于这些犯罪活动分散在不同的司法管辖区，联邦和州执法机构在追踪和打击这些犯罪集团时，面临诸多障碍。为了解决这些问题，《敲诈勒索及腐败组织法》（Racketeer Influenced and Corrupt Organizations Act，以下简称 RICO）应运而生，彻底改变了之前的执法局面。

RICO 法案最初制定的目的是打击有组织犯罪集团的活动，如黑手党，但如今它已被广泛用于应对多种形式的犯罪。作为一部联邦法律，RICO 在执法领域得到了广泛应用，从企业犯罪、金融犯罪到环境犯罪和知识产权侵权。其核心目标是通过打击组织内的犯罪活动，削弱或消除这些组织的经济基础，从根源上遏制犯罪。RICO 法案涵盖勒索、敲诈、洗钱、欺诈、毒品贩运、盗窃以及妨碍司法等罪行，并可适用于任何组织、参与或资助有组织犯罪的行为。它为联邦和州执法机构提供了强有力的工具，使其更有效地侦查和起诉复杂的犯罪网络。作为美国打击有组织犯罪和白领犯罪的关键法律工具，该法案不仅在传统犯罪领域取得了成效，也在应对新型犯罪时提供了法律支持。RICO 曾因多种法律理由被质疑其违宪性。它成功应对了关于违反州主权、模糊性以及惩罚协会身份的挑战。在被指控的州法律下的禁止行为在 RICO 指控时并不存在的情况下，RICO 并不具备溯及既往的效力。

第一节　RICO 犯罪的历史

有组织犯罪在美国历史上由来已久，最早可以追溯到 19 世纪末和 20 世纪初的移民潮。随着大量欧洲移民，特别是意大利和爱尔兰移民的涌入，美国大城市出现了不同族裔聚集社区，这些社区中逐渐形成了以族裔为纽带的犯罪集团。

到了 20 世纪初，这些犯罪集团已经在非法赌博、走私和敲诈勒索等领域形成了强大的网络。1919 年，美国国会通过《全国禁酒法案》（Volstead Act），禁止酒精饮料的生产、运输和销售，导致《禁酒令》（Prohibition, 1920—1933）期间成为有组织犯罪在美国迅速发展的重要时期。当时，酒类制造和销售被禁止，但对酒类的需求依然旺盛，为犯罪组织提供了巨大的获利机会，使其迅速积累财富并扩展其影响力。黑手党在禁酒令期间通过非法酿酒和走私酒类，建立了庞大的犯罪网络。他们利用暴力和腐败手段控制非法酒类市场，并在这一过程中积累了大量资金，这些资金不仅用于扩大他们的非法活动，还用于投资合法企业，从而掩盖其犯罪行为。禁酒令结束后，黑手党将其业务扩展到其他领域，包括赌博、毒品贩运、敲诈勒索和工会控制。

有组织犯罪的日益猖獗使联邦政府认识到需要使用法律手段来打击这些犯罪集团。由于美国宪法对联邦和州权力的特殊设计，联邦极少插手州的某些事务，打击刑事犯罪一直属于州的保留项目。1967 年，总统约翰逊（Lyndon B. Johnson）成立了总统有组织犯罪控制委员会，旨在研究有组织犯罪的问题并提出相应的对策。委员会的调查结果表明，有组织犯罪不仅在规模上不断扩大，其活动范围也遍及全国，严重威胁社会秩序和国家安全。委员会建议联邦政府应制定更强有力的法律，以应对这一日益严重的问题。在此背景下，国会开始着手起草《有组织犯罪控制法》，其中 RICO 法案便是其核心部分。

RICO 法案由参议员麦克莱伦（John L. McClellan）和众议员伊卡德（Richard H. Ichord）起草，该法案的核心在于国会试图将有组织犯罪渗透合法企业的行为刑事化。1970 年，RICO 法案作为《有组织犯罪控制法》（Organized Crime Control Act）的一部分，获得国会通过，并由总统理查德·尼克松签署成为法律。法案通过后，联邦检察官们主要将其用于打击传统的有组织犯罪集团，展示出 RICO 法案的强大威力。例如，1979 年"美国诉因斯科案"^① 是 RICO 法案首次在联邦法庭上被引用的案件，被告因通过暴力手段进行非法赌博和敲诈勒索而被定罪并判处长时间监禁。

随着时间的推移，RICO 法案的适用范围不断扩展。20 世纪 80 年代和 90 年代，联邦检察官开始将 RICO 法案应用于其他类型的犯罪活动，包括政治腐败、白领犯罪和企业犯罪等。1991 年"美国诉贾尼尔案"^② 中，费城市长贾尼尔因接受贿赂和敲诈勒索被控违反 RICO 法案，最终被判有罪并被判处长时间监禁。在 2001 年安然公司（Enron）破产案中，联邦检察官使用 RICO 法案对多名公司高管提起诉讼，指控他们参与财务欺诈和洗钱活动，通过 RICO 法案，政府成功追究了这些高管的刑事责任，并对安然公司的非法行为进行了严厉打击。2009 年"美国诉麦道夫案"^③，华尔街金融家麦道夫因实施庞氏骗局被控违反 RICO 法案，最终被判处 150 年监禁。

在 RICO 法案的实施过程中，各类典型案例反映出其在打击犯罪方面的广泛适用性，尤其是针对有组织犯罪、白领犯罪和政界腐败等领域。许多案件展示了 RICO 法赋予执法机构的打击力度，这一法律利器成为美国司法体系中不可或缺的一部分。在实践中，不论是针对传统的黑帮组织，还是对金融欺诈、政治贪腐的治理，RICO 都发挥了强有力的威慑和惩戒作用。

第二节　RICO 犯罪案例

案例一：法尔考犯罪家族

1972 年的"美国诉法尔考案"^④ 是美国司法部成功利用《反有组织犯罪和腐败组织法》的首次重大胜利，从此改变了美国打击有组织犯罪的策略。

法尔考（John Falcone）是纽约市布鲁克林区一名臭名昭著的黑手党成员，隶属于强大的甘比诺犯罪家族。甘比诺家族是纽约五大黑手党家族之一，以其涉足多种非法活动而闻名，包括敲诈勒索、毒品贩运、非法赌博和放高利贷等。在法尔考的领导下，甘比诺家族的一部分成员控制着纽约市的大部分非法赌博业务，并通过暴力手段维持其犯罪帝国。1970 年 RICO 法案正式生效，赋予检察官对其

---

① United States v. Ennis, 560 F.2d 1172 (5th Cir. 1977).
② United States v. Jannelli, 945 F.2d 61 (3d Cir. 1991).
③ United States v. Madoff, No. 09-CR-213 (S.D.N.Y. 2009).
④ United States v. Falcone, 311 U.S. 205 (1940).

成员的系统性犯罪行为进行综合追诉的权力。1971年，联邦调查局和美国司法部开始调查甘比诺家族的非法活动，并将目标锁定在法尔考身上。通过长时间的秘密监听和调查，执法人员掌握了大量关于法尔考及其同伙的犯罪证据。1972年，联邦检察官依据RICO法案对法尔考及其同伙提起诉讼，指控他们参与了多项有组织犯罪活动，包括敲诈勒索、非法赌博、放高利贷和暴力犯罪等。

在起诉过程中，检察官利用RICO法案中的"企业"概念，成功地将甘比诺家族的各类非法活动联系起来，构建了一个完整的犯罪网络。RICO法案的适用使检察官能够将法尔考及其同伙的多项犯罪行为视为一个整体进行追诉，而不仅仅是针对单一的犯罪行为。这样，法尔考等人所涉罪行的严重性被放大，增加了他们被定罪的概率和惩罚的严厉程度。在法庭上，检察官展示了大量的证据，包括监听录音、证人证词和书面文件，证明法尔考及其同伙长期从事有组织的非法活动，且这些活动都围绕着甘比诺家族的犯罪企业运作。法尔考被控多项罪名，包括敲诈勒索、非法赌博、暴力犯罪和违反RICO法案等。1972年，法尔考最终被联邦法院判定有罪，被判处40年监禁，并被命令赔偿受害者的损失。其他被告也分别被判处不同期限的监禁。

为了维持其犯罪网络的运作，法尔考及其同伙频繁使用暴力手段，包括袭击、绑架和谋杀等，来威胁或消灭反对者法尔考通过暴力和威胁手段，强迫当地商户支付"保护费"，以换取他们的安全。这种行为符合RICO法案中关于敲诈勒索的定义；甘比诺家族控制了纽约市大部分的非法赌博业务，通过操纵赌局和暴力手段维持其赌博帝国；法尔考等人以极高的利率向急需资金的人放贷，并通过暴力手段确保债务的偿还，此行为在RICO法案下被视为有组织犯罪活动的一部分。

"美国诉法尔考案"成为RICO法案实施初期的一个重要里程碑——不仅展示了RICO法案的强大法律效力，还深刻地影响了美国的执法策略与公众观念。在这次行动中，执法部门通过RICO法案，首次得以将复杂的犯罪网络作为整体打击，不再局限于单独的罪行处理。这种新的法律策略不仅使法尔考一类的黑手党核心人物受到重创，也让犯罪集团的各类非法活动被系统性揭露和打击。该案还促使执法机构大幅加强调查手段，秘密监听和线人网络的运用进一步扩大，让更多案件的证据链更加完善。

案例二：麦道夫诈骗集团

2009年，美国金融界爆发了一起震惊全球的重大金融诈骗案，主角是曾被誉为"华尔街之王"的麦道夫（Bernard Madoff）。麦道夫是纳斯达克证券交易所的前主席，创立了伯纳德·L. 麦道夫投资证券公司（Bernard L. Madoff Investment Securities LLC）。该公司自1960年成立以来，以其稳定且高回报的投资策略吸引了无数投资者，包括个人、慈善机构、退休基金和金融机构。

然而，麦道夫的成功背后隐藏着一个巨大的骗局——他实施了有史以来规模最大的庞氏骗局（Ponzi scheme）。庞氏骗局是一种投资欺诈形式，早期投资者的回报主要来源于后期投资者的资金，而非合法的投资收益。多年来，麦道夫通过伪造财务报表和虚假交易记录，使投资者相信他们的投资在不断增值，从而吸引更多资金注入其骗局。麦道夫的庞氏骗局运作长达数十年，涉案金额高达650亿美元。他承诺投资者每年约10%的稳定回报，利用新投资者的资金支付旧投资者的回报，从而维持骗局的运作。麦道夫精心设计了复杂的交易记录和账目，制造出一种他的公司通过合法投资获得高额利润的假象。为了掩盖骗局，麦道夫采用了一系列欺骗手段。他伪造交易记录，制造虚假的对账单和账户报表，使投资者相信他们的资金正在盈利。麦道夫还利用其在金融界的声望和影响力，吸引高净值投资者和知名机构的投资。这些投资者的信任和大规模投资进一步增强了麦道夫的欺骗性，使其骗局得以长期运行。

2008年12月，麦道夫向其两个儿子承认，公司实际上是一个庞氏骗局。其儿子立即向执法部门报告，联邦调查局迅速介入调查。2008年12月11日，麦道夫被逮捕并被指控多项罪名，包括证券欺诈、投资顾问欺诈、邮件欺诈、电汇欺诈、洗钱和伪造财务报表。2009年3月12日，麦道夫在纽约联邦法院出庭，面对11项重罪指控，他选择认罪。麦道夫承认，他的公司实际上并没有进行任何合法的投资活动，他通过伪造交易记录和虚假对账单，欺骗了无数投资者。在认罪过程中，麦道夫对其所犯下的欺诈行为供认不讳，承认其行为对投资者造成了巨大的财务损失和情感伤害。

在司法程序中，检察官利用RICO对麦道夫及其同伙提起诉讼。RICO最初是为了打击有组织犯罪集团而制定的，但其广泛的适用性使其成为打击各种犯罪活动的强大工具。检察官指控麦道夫通过其投资公司，组织和经营了一家持续多年的欺诈性企业，符合RICO中关于"企业"和"有组织犯罪"的定义。RICO的适用使检察官能够将麦道夫的多项犯罪行为统一纳入一个整体的法律框架下进行追诉，增加了案件的复杂性和惩罚力度。2009年6月29日，麦道夫被判处150年监禁，这是法律允许的最高刑罚。法官在宣判时表示，麦道夫的行为是"邪恶的、故意的且无情的"，并指出他对受害者造成的伤害是"深远且无法弥补的"。此外，法院还命令麦道夫赔偿所有受害者损失。

麦道夫案暴露了美国金融监管体系的漏洞，以及金融机构在反洗钱和欺诈监测方面的不足。麦道夫利用虚假的投资回报数据，欺骗投资者购买其公司的证券。证券欺诈是美国证券法（如《证券法》和《证券交易法》）严厉打击的犯罪行为；作为投资顾问，麦道夫的行为完全违背了"以投资者的最大利益为优先"这一义务，意即，其利用投资者的信任实施欺诈；麦道夫通过邮寄和电子通信手段实施其骗局，这涉及邮件欺诈和电汇欺诈的犯罪行为而违反了《邮件欺诈法》和《电汇欺诈法》；为了掩盖其非法所得，麦道夫进行了复杂的资金转移和洗钱操作，违反了《反洗钱法》和《银行保密法》；麦道夫伪造了大量财务报表和交易记录，以欺骗投资者和监管机构，从而违反了《反伪造法》和相关会计法规。

通过援引 RICO 罪名，司法部门不仅成功追究了麦道夫及其同伙的法律责任，还促使金融监管体系进行重大改革，加强了对金融犯罪的防范和打击力度，展示了 RICO 法案在打击金融欺诈和保护投资者方面的强大威力。

案例三：佐治亚州起诉特朗普

2021 年，佐治亚州富尔顿县地方检察官威利斯（Fani Willis）对前总统特朗普（Donald J. Trump）及其 18 名盟友提起诉讼，指控他们试图非法推翻 2020 年总统大选的结果。[①] 这起案件是 RICO 法案在州级别应用的一个典型示范。

佐治亚州的起诉书指控特朗普及其盟友非法密谋推翻 2020 年选举结果。起诉书详细描述了他们的努力和计划，试图说服佐治亚州和其他州官员拒绝他们对拜登的选举投票，并改派选举人投票给特朗普。这些努力包括向个别州官员和州立法机构发表虚假陈述、制作和传送虚假的选举人投票、骚扰选举工作人员并非法获取选民和选票数据、向政府和司法官员提交虚假文件、诱使美国司法部官员发表虚假陈述，以及诱使副总统彭斯违反其宪法职责。这些活动不仅发生在佐治亚州，还在全国范围内持续近两年。起诉书称，这些活动是一个有组织的犯罪企业的一部分，旨在非法改变选举结果以支持特朗普。

起诉书列出了 19 名被告的 41 项指控。大陪审团指控所有 19 名被告违反佐治亚州的 RICO 法案，最高可判处 20 年监禁。在剩下的 40 项州法律违反中，个别被告面临 2 到 13 项指控，处罚范围从 2 年半到 10 年监禁。前总统特朗普

---

① Alison Durkee, *RICO Charges: What to Know About the Organized Crime Law Used to Charge Trump And 18 Allies in Georgia*, Forbes News, https://www.forbes.com/sites/alisondurkee/2023/08/15/rico-charges-what-to-know-about-the-organized-crime-law-used-to-charge-trump-and-18-allies-in-georgia/

面临 13 项重罪指控。这些州法律违反包括一级伪造、诱使公职人员违反其誓言（截至 2024 年 3 月 13 日被驳回）、向政府机构发表虚假陈述、影响证人、伪证、合谋进行选举欺诈、合谋欺诈国家以及合谋进行计算机盗窃和侵入。被告成功对部分起诉书进行抗辩，使得 6 项"诱使公职人员违反誓言"的指控被驳回。[①]

佐治亚州的 RICO 法案以联邦 RICO 法案为蓝本，但其适用范围更广。佐治亚州的 RICO 法案规定，任何人通过敲诈活动模式参与犯罪企业，或密谋参与这种活动，都是犯罪行为。该法案涵盖的基础犯罪不仅包括暴力犯罪，如谋杀和纵火，还包括虚假陈述、伪造文件、计算机犯罪等。该州的 RICO 法案不仅限于打击黑帮和有组织犯罪，还在打击企业犯罪、政治腐败和其他复杂犯罪中发挥了重要作用。

特朗普的共同被告包括一些律师、竞选和选举官员、共和党领袖、一名保释经纪人、一名牧师和特朗普的朋友。一些最著名的共同被告包括：特朗普的私人律师朱利安尼（Rudy Giuliani），特朗普竞选团队的律师和顾问伊斯特曼（John Charles Eastman）、切塞布罗（Kenneth Chesebro）和埃利斯（Jenna Ellis），前特朗普律师鲍威尔（Sidney Powell），特朗普在亚特兰大的律师史密斯三世（Ray Stallings Smith III），特朗普的前白宫幕僚长梅多斯（Mark Meadows），以及美国司法部官员克拉克（Jeffrey Clark）。朱利安尼、伊斯特曼和史密斯与特朗普一样面临一些最严重的指控。[②]

此案在诉讼过程中已经经历了许多戏剧性的变化。几名被告已经达成了认罪协议，而其他人则继续提出各种与其涉嫌参与和指控有关的预审动议。富尔顿县地方检察官威利斯和特别检察官韦德（Nathan Wade）涉嫌不当行为的指控也使案件复杂化。以下是一些关键的动议和迄今为止做出的决定。几名被告寻求将他们的案件移交联邦法院，但均被一致拒绝。特朗普撤回了他的移交请求。朱利安尼和切塞布罗提出了对案件中起诉书和指控的法律挑战，要求法官驳回案件。特朗普的律师加入了这些动议，但切塞布罗的驳回动议被拒绝。两名被告（鲍威尔、切塞布罗）请求快速审判，法官同意将他们的案件与其他共同被告分开审理。他们原定于 10 月底共同受审，但在审判开始前，两人都认罪了。几名被告对起诉书质疑，并要求法院驳回与"诱使公职人员违反誓言"有关的

---

① Clare Hymes, *Trump faces a RICO charge in Georgia. What is the Racketeer Influenced and Corrupt Organizations Act?* CBS News, https://www.cbsnews.com/news/trump-georgia-indictment-what-are-rico-charges/

② Rebecca Pirius, *Understanding the Georgia RICO Case Against Trump,* https://www.nolo.com/news/understanding-the-georgia-rico-case-against-trump.html

六项指控。法官同意被告的观点，认为这六项指控未能提供足够的细节，使被告能够充分准备辩护（检察官可以重新提交这些指控给大陪审团）（2024 年 3 月 13 日）。特朗普的一名共同被告罗曼（Michael Roman）于 2024 年 1 月提交动议，要求法官取消威利斯及其办公室的起诉资格。动议指控威利斯雇用韦德担任特别检察官是不当的，因为两人有浪漫关系。法官没有发现足以取消整个地方检察官办公室资格的实际利益冲突，但麦卡菲法官还是以"不当行为的外观"要求韦德辞职或威利斯及其团队辞职。

　　本书初稿写作期间该案件还在继续，而 2024 年总统大选也在继续。到编辑审稿时，第 45 届美国总统特朗普在总统大选中战胜民主党候选人哈里斯（Kamala Harris），即将成为第 47 届美国总统。基于"在任总统不会成为刑事案件的被告"这一原则，该案在佐治亚州富尔顿县的发展可能会更加具有戏剧性。

第三节　RICO 犯罪的法律渊源

一、犯罪的"企业"

　　RICO 法案的适用对象是参与犯罪活动的"企业"，这一概念在法律上有明确的定义。根据 RICO 法案第 1961(4) 条，"企业"的定义包括任何个人、合伙、公司、协会，或者其他法律实体，以及任何联合体，即使没有法律上的实体存在。这意味着'企业'的定义非常广泛，涵盖了几乎所有的组织形式。

　　RICO 法案之所以将"企业"定义得如此广泛，是为了有效打击有组织犯罪。传统意义上的有组织犯罪集团，如黑手党或贩毒集团，显然是 RICO 法案的主要目标，但其适用范围远不止这些明显的犯罪组织。任何以非法手段牟利的组织或个人，只要符合"企业"的定义，都可能成为 RICO 法案的打击对象。在具体的司法实践中，法院也采纳了 RICO 法案对"企业"的广泛解释。例如，在"美国诉塔尔科案"[①]中，法院认为一个家庭也可以构成"企业"，因为塔尔科一家通过一系列敲诈勒索活动参与了有组织的犯罪活动。除此之外，非法企业还可以以合法企业为掩护进行犯罪活动。在"美国诉普莱斯特案"[②]中，尽管普莱斯特的企业在法律上是合法的，但由于其主要目的是进行非法的毒品交易和洗钱活动，因此也符合 RICO 法案中的"企业"定义。不仅如此，RICO

---

① United States v. Turkette, 452 U.S. 576 (1981).

② United States v. Priester, 646 F.3d 1134 (9th Cir. 2011).

法案中的"企业"还包括其他形式的实体。例如，在"美国诉帕特里克案"[①]中，法院裁定一个宗教组织可以被视为"企业"，因为该组织通过敲诈勒索和其他非法活动获取资金。法院认为，这种宗教组织虽然表面上是一个宗教团体，但实际上从事了大量的非法活动，因此符合RICO法案中的"企业"定义。

此外，RICO法案还适用于政府机构和政治组织。在"美国诉莫内尔案"[②]中，法院裁定一个市政府部门可以构成"企业"，因为该部门的官员通过滥用职权进行敲诈勒索。即使是政府机构，只要参与了有组织的犯罪活动，也可以被视为"企业"。RICO法案中的"企业"概念还包括非法的松散联盟或联合体。在"美国诉布莱克案"[③]中，法院裁定一个松散的犯罪联合体可以构成"企业"。布莱克和其他几个人通过共同策划和实施犯罪活动，形成了一个松散的联盟。法院认为，尽管他们没有正式的法律实体，但仍符合RICO法案中的"企业"定义，因为他们的行为模式显示出有组织的犯罪特征。

广泛的"企业"定义使得RICO法案可以打击各种类型的有组织犯罪，而不仅仅局限于传统的黑手党或贩毒集团。无论是家庭、合法企业、宗教组织、政府机构，还是松散的犯罪联合体，只要其行为模式符合有组织犯罪的特征，都可以被视为RICO法案中的"企业"。在司法实践中，法院经常根据具体情况解释"企业"的定义，以确保RICO法案能够有效地打击各种形式的有组织犯罪。例如，在"美国诉科斯塔案"[④]中，法院裁定一个以合法企业为掩护的非法赌博集团构成"企业"，因为该集团通过合法企业的外壳进行非法活动。法院认为，尽管这些合法企业表面上没有违法，但实际上它们是非法活动的工具，因此符合RICO法案中的"企业"定义。

RICO法案的"企业"定义之所以如此广泛，是因为其立法目的在于打击各种形式的有组织犯罪。通过广泛定义"企业"，RICO法案为执法机构提供了有力的工具，打击各种形式的有组织犯罪。这不仅有助于打击传统的犯罪集团，还能有效应对新型的犯罪形式，例如利用高科技手段进行的网络犯罪。

二、"州际贸易"作为联邦管辖权的连接点

在RICO法案中，"州际贸易"作为联邦管辖权的重要基础，使得联邦政府

---

① United States v. Patrick, 248 F.3d 11 (1st Cir. 2001).

② Monell v. Department of Social Services of the City of New York, 436 U.S. 658 (1978).

③ United States v. Blakey, 607 F.2d 779 (7th Cir. 1979).

④ United States v. Cosa Nostra, 782 F.2d 35 (2d Cir.1986).

能够有效地打击各类有组织犯罪。该法案要求被告的犯罪行为必须对州际贸易产生影响，而这种影响不局限于直接的跨州交易或活动，间接的影响也在适用范围内。法院对此条款采取宽泛的解释，认为凡是可能对跨州经济有潜在影响的行为，都符合"州际贸易"的要求。

首先，必须明确的是，州际贸易并不仅仅指实际的跨州交易或活动。任何影响到州际贸易的活动都可能满足这一要求。法院在解释这一条款时，采用了非常广泛的标准。例如，在"美国诉南方铁路公司案"[①]中，法院认为，即使被告的活动主要发生在一个州内，只要对跨州贸易有潜在的影响，就符合 RICO法案的州际贸易要求。在司法实践中，法院通常会从两方面考虑州际贸易的影响。一方面，直接影响是指被告的活动本身就是跨州的，如跨州运输毒品或武器。另一方面，间接影响是指被告的活动虽然在一个州内进行，但对跨州经济有潜在的影响，如一个州内的大规模赌博活动可能影响到跨州的金融体系。在"美国诉莫雷诺案"[②]中，法院认为一个州内的毒品分销网络，虽然主要在一个州内运作，但其毒品供应链和资金流动都涉及多个州，因此符合州际贸易要求。需要注意的是，州际贸易的影响并不需要是实际发生的事实，只需要有潜在的影响。例如，在"美国诉哈里斯案"[③]中，法院判定，被告在一个州内的欺诈活动，虽然没有直接跨州，但其行为模式可能导致跨州的金融交易受影响，因此符合州际贸易要求。

此外，RICO 法案中的州际贸易要求并不仅限于传统的商品和服务交易。法院在解释这一条款时，采用了广泛的定义，包括各种形式的经济活动。例如，在"美国诉科尔曼案"[④]中，法院判定被告的网络犯罪活动对跨州的金融交易和个人信息安全构成威胁，因此符合州际贸易要求。

RICO 法案中的州际贸易要求使得联邦政府能够介入和打击那些影响到全国经济和安全的有组织犯罪活动。这不仅有助于打击传统的跨州犯罪集团，还能应对新兴的、利用现代科技进行的复杂犯罪活动。例如，网络犯罪、金融欺诈和跨国犯罪集团都是 RICO 法案关注的重点。在实际操作中，执法机构需要证明被告的活动对州际贸易有实际或潜在的影响。虽然这一标准较低，但仍需提供足够的证据。例如，在"美国诉克莱因案"[⑤]中，法院判定，被告的洗钱活

---

①　United States v. Southern Railway Co., 364 U.S.1 (1960).

②　United States v. Moreno, 899 F.2d 465 (6th Cir. 1990).

③　United States v. Harris, 666 F.2d 780 (2d Cir. 1981).

④　United States v. Coleman, 78 F.3d 154 (5th Cir. 1996).

⑤　United States v. Klein, 476 F.3d 111 (2d Cir. 2007).

动涉及跨州资金流动，虽然资金流动的具体细节复杂，但只要能够证明其有潜在的跨州影响，就符合州际贸易要求。

三、敲诈勒索活动模式的认定

RICO 法案中的"敲诈勒索活动模式"是一个关键概念，它指的是通过连续、关联的犯罪行为来实现非法目的。根据该法案，必须证明存在两种或以上的"基础犯罪"（predicate acts），这些犯罪行为需要在 10 年内发生，并且相互关联以构成"模式"。

首先，敲诈勒索活动的认定需要满足时间上的连续性和逻辑上的关联性。时间上的连续性指的是这些犯罪行为在时间上相对接近，通常在 10 年内。逻辑上的关联性则要求这些犯罪行为在目的、结果、参与者、受害者或犯罪手段上存在一定的联系。这样才能证明这些犯罪行为不是孤立的事件，而是有组织、有计划的连续行动。其次，法院在判断是否存在"敲诈勒索活动模式"时，通常会考虑以下几个因素：犯罪行为的数量、犯罪行为的类型、犯罪行为的持续时间和犯罪行为的相似性。例如，如果一个企业通过暴力、恐吓、贿赂等手段反复实施犯罪行为，并且这些行为有共同的目的和受害者，那么这些行为可能被认定为构成敲诈勒索活动模式。此外，联邦最高法院在 1989 年的"H.J. 公司诉西北贝尔电话公司案"[①]中明确指出，敲诈勒索活动模式的认定不仅需要考虑犯罪行为的连续性和关联性，还需要证明这些行为构成了对社会的持续威胁。这意味着，单次或偶尔的犯罪行为不足以构成模式犯罪，必须是那些反复发生且有可能继续发生的行为，才能满足 RICO 法案的要求。

最后，RICO 法案还规定，敲诈勒索活动模式的证明责任在于原告。这意味着，原告必须提供充分的证据，证明被告的行为符合敲诈勒索活动模式的标准。这些证据可以包括犯罪行为的记录、证人的证词、书面文件等，目的是证明被告在一定时间内反复实施了关联的犯罪行为，并且这些行为对社会构成了持续的威胁。

四、关联要求

在援引 RICO 法案的过程中，"关联要求"是一个关键问题，它涉及被告的

---

① H.J. Inc. v. Northwestern Bell Telephone Co., 492 U.S. 229 (1989).

敲诈勒索行为与被指控的企业之间的联系程度。①根据《美国法典》第 18 编第 1962 节 (c)［18 U.S.C. § 1962(c)］，政府必须证明被告的敲诈勒索活动与企业的运作有直接关联。这一要求确保了 RICO 法案不仅针对独立的非法行为，也针对那些利用合法企业作为掩护进行犯罪活动的行为。

首先，为了满足关联要求，必须证明被告在企业中的角色不仅限于普通成员，而是对企业的运营或管理有实际影响。这一要求是在 1993 年的"雷夫斯诉安永会计师事务所案"②中被最高法院明确的。法院在该案中指出，只有那些"参与企业事务的运作或管理"的个人才会被认为符合第 1962 节 (c) 的要求。因此，简单的参与企业活动或执行命令不足以构成 RICO 的关联要求，被告必须在企业的决策和管理过程中发挥重要作用。其次，关联要求的复杂性在于如何界定被告的行为是否足够"关联"到企业的运营中。"雷夫斯案"明确了"操作或管理"测试，这意味着被告必须在某种程度上参与企业的管理或运作，才能被视为符合 RICO 的要求。这种参与可以是直接的，也可以是间接的。例如，高层管理人员显然符合要求，而那些虽然不是管理层但通过贿赂或其他手段对企业决策产生重大影响的人，也可能被认为符合关联要求。

此外，法院在判断关联要求时，会考虑犯罪行为的性质和被告的具体角色。例如，在"美国诉奥雷托案"③中，法院探讨了公司员工是否被视为企业运作的一部分。法院认为，只要这些员工在某种程度上参与了企业的关键决策或执行了重要任务，他们就可以被视为符合 RICO 的关联要求。这一判决强调了关联要求不仅限于高层管理人员，普通员工在特定情况下也可能符合这一要求。再者，在判定关联要求时，法院还会审查被告的犯罪行为是否与企业的整体活动紧密相关。例如，在"美国诉希夫曼案"④中，法院认定那些在执行企业活动中起关键作用的个人可以在 RICO 下承担责任。这表明，法院不仅关注被告是否参与了企业的管理，还关注这些行为是否对企业的运作产生了实际影响。最后，关联要求的复杂性还体现在如何区分"内部人员"和"外部人员"。在"雷夫斯案"中，法院指出，虽然外部人员如独立会计师或律师不直接参与企业管

---

① "关联要求"在 RICO 法案中被称为 "nexus requirement" 或 "relationship requirement"。它规定，检方必须证明被告的违法行为与"企业"有直接关联（direct relation），特别是在实施敲诈、勒索或其他有组织犯罪时，需要展示出这些活动与企业的运营或管理有紧密联系。这要求不仅适用于实际参与企业管理的个人，也可以适用于那些对企业运作产生影响的外部人员，例如通过贿赂或其他手段干预决策的人。

② Reves v. Ernst & Young, 507 U.S. 170 (1993).

③ United States v. Oreto, 37 F.3d 739 (1st Cir. 1994).

④ United States v. Shifman, 124 F.3d 31 (1st Cir. 1997).

理，但如果他们通过某种方式对企业的决策产生了重大影响，也可能被视为符合 RICO 的关联要求。例如，独立会计师如果通过不当行为影响了企业的财务决策，就可能被认为符合关联要求。

关联要求在 RICO 法案的执行中起着至关重要的作用。它不仅要求证明被告的犯罪行为与企业运营有直接关联，还要求这些行为在某种程度上对企业的决策和管理产生了实际影响。这一要求确保了 RICO 法案不仅打击独立的犯罪行为，也打击那些利用企业作为掩护进行的复杂犯罪活动。

五、RICO 共谋

在 RICO 法案中，针对"RICO 共谋"有一个独立的规定。根据《美国法典》第 18 编第 1962(d) 条，禁止共谋实施 (a)、(b) 或 (c) 节所述的行为。与《美国法典》第 18 编第 371 条中的一般共谋法不同，RICO 共谋并不要求共谋者同意实施具体的犯罪行为，甚至不需要同意进行欺诈。共谋的目标是违反 (a)、(b) 或 (c) 节中的禁止行为，尽管在某些情况下，共谋可能涉及这些条款中的多个规定。

在"美国诉艾略特案"[1]中，联邦第五巡回法院认为，"RICO 共谋的目标是违反实质性的 RICO 规定，即通过一系列敲诈勒索活动来经营或参与企业事务，而不仅仅是实施每一项必要的基础犯罪以证明敲诈勒索活动的模式。"法院指出，"本案中共谋指控的核心并不是每个被告同意实施纵火、从州际贸易中盗窃货物、妨碍司法和贩卖毒品，而是每个被告同意通过实施两项或更多的基础犯罪来直接或间接地参与企业事务"。法院表示，"无论每个被告是通过不同的甚至无关的犯罪参与企业事务，只要我们可以合理推断每项犯罪都是为了推进企业事务的目标，具体犯罪类型是无关紧要的"。在"美国诉亚当斯案"[2]中，联邦第三巡回法院认定"被告只需同意实施基础犯罪行为，而不需要亲自实施这些行为。"

与《美国法典》第 18 编第 371 条中的一般共谋法不同，RICO 共谋不需要明显的犯罪行为。在"萨利纳斯诉美国案"[3]中，最高法院认为 RICO 法比第 371 条中的一般共谋罪更为全面。在该案中，法院解释说，即使共谋者本人没有直接实施任何犯罪行为，只要他们同意并参与了整体共谋，他们仍然可以被

---

[1]　United States v. Elliott, 571 F.2d 880 (5th Cir. 1978).

[2]　United States v. Adams, 759 F.2d 1099 (3d Cir. 1985).

[3]　Salinas v. United States, 522 U.S. 52 (1997).

追究责任。这样的解释使得 RICO 法在打击有组织犯罪方面具有更强的适用性和灵活性，能够涵盖更多的犯罪行为和参与者。

在 RICO 共谋案件中，检方只需证明被告参与了共谋，并同意通过实施基础犯罪行为来推进共谋的目标，而不需要证明被告本人实施了具体的犯罪行为。这种法律框架使得检方能够更有效地打击有组织犯罪网络，将那些虽然没有亲自实施犯罪但在背后策划和指挥犯罪活动的人绳之以法。

第四节　对 RICO 犯罪的追诉

自 1970 年 RICO 法案通过以来，其在打击有组织犯罪中的作用日益显著。通过严格的法律条款和广泛的适用范围，RICO 法案不仅在联邦层面得到了广泛应用，也在州和地方执法中发挥了重要作用。然而，要成功起诉 RICO 案件，需要充分的证据和法律程序的支持，司法部也需要同组织犯罪斗智斗勇的智慧。本节将详细探讨 RICO 法案在司法追诉中的应用，包括起诉程序、证据要求、辩护策略及重要判例。

一、RICO 的刑事诉讼程序

RICO 法案的刑事诉讼程序旨在有效打击有组织犯罪，其独特之处在于允许检察官指控个体或组织参与犯罪企业。刑事诉讼程序的第一步是由联邦检察官根据调查结果起诉。起诉书中必须详细列明被告涉及的具体犯罪行为及其在犯罪企业中的角色。检察官通常依赖广泛的证据，包括电话监听、财务记录和证人证言，以证明被告参与了一个有组织的犯罪活动模式。这些证据的收集往往需要长时间的深入调查，涉及多个部门和执法机构的合作。在 RICO 案件的准备阶段，检察官需要进行大量的证据整理和分析工作。为了确保指控的准确性和完整性，检察官通常会与联邦调查局（FBI）、缉毒局（DEA）等执法机构合作。这些机构的专业调查能力和技术支持对于搜集和验证关键证据至关重要。此外，检察官还需要与金融机构和其他商业实体协作，追踪和确认被告的非法资金流动。这些财务证据往往能够揭示犯罪企业的运作模式和组织结构，为案件提供有力的支持。

接下来，RICO 刑事诉讼程序进入审前阶段。在这个阶段，检察官和辩护律师可以提出各种动议，如要求撤销指控、限制证据使用等。此外，检察官可能会与被告进行认罪协商，以换取被告提供更多的犯罪证据或作证反对其他共犯。审前阶段的准备工作对于案件的最终结果至关重要，检察官必须确保证据的合法性和充分性，而辩护律师则会尽一切努力为被告争取最有利的结果。在认罪协商过程中，检察官可能会提出减轻刑罚的建议，条件是被告愿意合作并提供关于犯罪企业的详细信息。在审前阶段，法庭还会举行听证会，以确定证据的可接受性和合法性。被告的辩护团队通常会质疑证据的来源和收集过程，尤其是在涉及电话监听和秘密调查的情况下。法官在这一阶段的裁决对于案件的走向至关重要。如果法官认定某些证据不合法或不相关，可能会严重影响检察官的起诉策略。此外，辩护律师还可以提出动议，要求法庭将案件驳回，理由是起诉书中没有足够的证据支持 RICO 指控。

最终，如果案件进入审判阶段，检察官必须在陪审团面前证明被告的犯罪行为及其在犯罪企业中的参与。RICO 法案要求检察官证明被告通过"敲诈勒索活动模式"进行犯罪，这意味着需要证明被告参与了两起或以上的相关犯罪活动。在审判过程中，检察官需要逐一展示证据，解释被告的具体行为如何构成有组织的犯罪模式。陪审团在听取了检察官和辩护律师的陈述后，将根据法律规定和证据作出裁决。审判过程中，辩方可以通过质疑检方证据、提出无罪辩护或展示被告的合法行为等方式进行抗辩。辩护律师可能会通过交叉询问检方证人，试图揭示证据中的漏洞或不一致之处。此外，辩方还可以提请自己的证人，提供相反的证据或解释，以证明被告并未参与有组织犯罪。对于陪审团来说，必须全面评估所有证据，确定检方是否达到了"无合理怀疑"这一刑事诉讼的证明标准。

如果被告被陪审团裁定有罪，案件将进入量刑阶段。根据 RICO 法案，被告可能面临严厉的刑罚，包括长期监禁和巨额罚款。法官在量刑时将考虑多个因素，如被告的犯罪历史、犯罪的严重程度以及对受害者的影响。在某些情况下，法官还可以考虑被告在审判过程中是否表现出悔意，以及是否有积极的改过表现。根据 RICO 法案，法庭还可以命令被告没收通过犯罪活动获得的财产。这一措施旨在剥夺犯罪企业的经济基础，防止其继续从事非法活动。通过这种机制，司法系统不仅能惩罚犯罪分子，还能削弱有组织犯罪的经济实力。

二、RICO 的民事诉讼程序

RICO 法案不仅适用于刑事案件，还广泛适用于民事诉讼。民事诉讼程序为受害者提供了一条重要的法律途径，以追讨因 RICO 犯罪行为所造成的损失。根据 RICO 法案第 1964 条，任何人因 RICO 违法行为而受到伤害，均可向联邦法院提起民事诉讼，并寻求三倍赔偿。这一规定大大增强了民事诉讼的威慑力和补偿性，为受害者提供了更为有力的法律保障。在实际操作中，受害者首先需要提交起诉书，详细列明被告的违法行为及其对原告造成的损害。这一步骤至关重要，起诉书中必须证明被告通过"敲诈勒索活动模式"进行的违法行为直接导致了原告的损失。

在民事诉讼的准备阶段，原告律师需要进行广泛的调查和证据收集工作。与刑事案件类似，原告律师可能会依赖财务专家、商业分析师和其他专业人员的协助，以追踪和确认被告的非法活动和资金流动。例如，在某些情况下，原告可能会使用财务记录、商业合同和证人证言等证据，来展示被告的违法行为如何导致了具体的经济损失。这些证据对于证明被告的 RICO 违法行为与原告的损失之间存在因果关系至关重要。此外，原告律师还需要与联邦调查局（FBI）、证券交易委员会（SEC）等执法和监管机构合作，确保证据的合法性和可采性。

案件进入审前程序后，双方律师可以提出各种动议，如要求撤销起诉、限制证据使用等。此外，双方还可以进行证据开示，交换各自掌握的证据材料。证据开示阶段是民事诉讼的重要环节，双方可以通过质询对方证人、查阅对方文件等方式，获取更多有利于自己的证据。原告律师在这一阶段需要特别注意收集能够证明被告 RICO 违法行为和原告损失之间因果关系的证据，而被告律师则会尽力质疑证据的合法性和关联性，以削弱原告的索赔请求。在这一过程中，法庭可能会举行听证会，以处理双方提出的各种动议，并决定哪些证据可以在庭审中使用。

如果案件进入审判阶段，双方律师将在法庭上展开激烈的辩论。原告律师需要在陪审团或法官面前证明被告的 RICO 违法行为及其对原告造成的损害。为了使陪审团或法官更好地理解案件，原告律师可能会使用图表、时间线和其他辅助工具，展示被告的犯罪活动模式和资金流动。例如，在某些复杂的商业交易和金融操作中，使用这些工具可以帮助陪审团或法官更直观地理解案件的具体细节，增加原告索赔成功的机会。在审判过程中，被告律师将通过质疑原告证据、提出反证等方式进行抗辩，试图说服陪审团或法官驳回原告的索赔请求。

如果原告在审判中胜诉，法院将根据 RICO 法案第 1964 条的规定，判决被告支付三倍赔偿。这一规定的目的是通过严厉的经济处罚，增加违法行为的成本，从而起到震慑作用。例如，法院还可以判决被告支付原告的律师费用和诉讼费用，进一步减轻原告的经济负担。三倍赔偿和律师费用的规定大大增强了 RICO 民事诉讼的补偿性和威慑力，鼓励更多受害者通过法律途径维护自己的合法权益。通过这一程序，受害者不仅可以追讨损失，还能对违法行为者形成强大的威慑作用。

在实践中，RICO 民事诉讼程序不仅能够有效地追讨因有组织犯罪造成的损失，还能起到预防和遏制犯罪的作用。例如，通过对违法企业的高额经济处罚，可以剥夺其继续从事非法活动的经济基础。此外，RICO 民事诉讼还可以促进企业内部的自我监管和合规建设。在实际操作中，原告律师必须高度谨慎，确保每一步骤都符合法律规定。对于被告来说，面临 RICO 民事诉讼不仅意味着可能的巨额赔偿，还可能面临巨大的声誉和经济压力。因此，在 RICO 民事案件中，律师的作用尤为重要。

三、RICO 的国际执法和国际合作

RICO 法案不仅在美国国内有效打击有组织犯罪，在国际执法和合作中也发挥了重要作用。随着全球化进程加快，跨国犯罪活动愈加猖獗，传统的国内法律手段难以应对。通过国际执法合作，RICO 法案有效地应对了跨国有组织犯罪的挑战。国际刑警组织（INTERPOL）和联合国毒品和犯罪问题办公室（UNODC）等机构与美国执法机构紧密合作，通过国际刑警组织，美国能够迅速获取其他国家的犯罪嫌疑人信息，并协助其他国家进行犯罪调查。这种跨国协作使得执法行动更加高效，犯罪分子难以逃避法律制裁。

美国司法部与多个国家签订了双边和多边执法合作协议，涵盖情报共享、人员培训和联合行动等方面。在实际操作中，美国执法机构与外国同行通过情报共享平台交换信息和数据，追踪跨国犯罪集团的动向。例如，在一次针对国际毒品贩运集团的行动中，美国执法机构通过与南美多个国家合作，成功破获了一条跨国贩毒通道。这种协作不仅提高了执法效率，也增强了各国之间的信任和合作关系。有效的国际引渡机制也是 RICO 法案的重要组成部分，美国与多个国家签订引渡条约，通过这些条约，美国能够要求将逃往其他国家的犯罪嫌疑人引渡回国接受法律制裁。

RICO 法案的国际合作还体现在反洗钱和金融监管领域。跨国有组织犯罪集团往往通过复杂的金融操作和洗钱手段掩盖非法收益。美国财政部和司法部与其他国家的金融监管机构合作，共同打击洗钱活动。例如，美国与欧洲、亚洲等地的多个国家签订反洗钱合作协议，建立跨国金融情报交换机制。这些机

制使得各国能够及时发现和阻止可疑资金流动，有效打击跨国洗钱活动。这些措施不仅提高了全球金融体系的透明度和安全性，也为打击跨国有组织犯罪提供了强有力的支持。

因为各国法律制度和执法标准存在差异，可能导致跨国执法合作中的法律冲突和操作障碍。某些国家也可能出于政治或外交考虑，拒绝合作或提供有限合作。跨国犯罪集团往往具备高度隐蔽性和灵活性，使得执法行动面临诸多困难。尽管如此，通过不断加强国际合作和法律协调，这些问题正在逐步得到解决。例如，美国执法机构通过加强与其他国家的法律交流和培训，帮助外国执法人员了解和掌握 RICO 法案的适用和操作方法。

虽然以 RICO 法案起诉的案件并不多见——正如佐治亚州富尔顿县地方检察官威利斯所说，该县起诉的 2 万件案件中，只有 11 件是基于 RICO 法案起诉的——但中国企业在美国投资经营时仍需注意企业合规，避免相关法律风险。

第七章 邮件欺诈

> 我们已经习惯性地称之为信托的大公司，是国家的产物，国家不仅有权控制它们，而且有责任在任何需要控制的地方控制它们。

> ——西奥多·罗斯福

邮件欺诈是涉及通过邮政系统或电子通信手段实施欺诈的行为。虽然邮件欺诈并不是新兴的犯罪类型，但随着科技的发展和互联网的普及，其手段和影响范围变得愈加复杂和广泛。从法律学者的角度来看，邮件欺诈不仅是一种利用邮政和电子通信系统实施的犯罪行为，更是联邦政府依据其管理全国邮政事务权力的管辖工具。邮件欺诈的主要特征在于通过发送虚假信息、伪造文件或其他欺骗手段，诱使受害者提供资金、个人信息或其他有价值的物品。

邮件欺诈犯罪不仅跨越地理界限，还利用了技术的复杂性，使得传统法律和执法手段难以应对。为了应对邮件欺诈的挑战，美国联邦政府通过一系列法律法规。《美国法典》第 18 编第 1341 条（18 U.S.C. § 1341）的相关规定，该条款专门打击利用邮政系统进行的欺诈行为。随着互联网的普及和电子邮件的广泛应用，该条款逐渐扩展其适用范围，涵盖了利用电子通信手段实施的欺诈行为。根据第 18 编第 1341 条，任何利用邮政或电子通信系统进行欺诈的行为均被视为联邦犯罪。这些行为包括发送虚假或误导性信息、伪造身份、伪造文件以及其他意图欺骗受害者的行为。然而，打击邮件欺诈并非易事。犯罪分子往往采取复杂的手段来隐藏其踪迹，并利用国际邮政和电子通信网络的复杂性来规避法律制裁。此外，由于邮件欺诈案件常涉及多个司法管辖区，跨部门和跨国合作成为关键。为了应对这一挑战，联邦和州执法机构不断加强合作，通过共享信息和资源，提高打击邮件欺诈案件的效率。同时，立法机构也在不断完善相关法律法规，以应对新型邮件欺诈手段的出现。

邮件欺诈的历史发展与演变展示了其在不同时期的社会影响和手法变化，从经典案例如庞氏骗局、"合众国诉卡朋特案"到霍姆斯的"血液检测公司"，这些实例生动反映了其对经济和法律领域的深远冲击。在法律框架部分，本章将重点分析邮件欺诈的法律渊源与重要概念，特别是无形权利与无形财产的界定与实际应用。通过与其他欺诈形式（如电信欺诈、银行欺诈和医疗欺诈）的比较，进一步揭示邮件欺诈在复杂性与法律适用上的独特挑战，以便为理解其运行模式与应对策略提供系统的知识框架。

第一节　邮件欺诈的历史

邮政系统最早起源于古代文明，用于政府和军事通信。在古罗马，政府使用信使网络传递信息，这种系统奠定了现代邮政的基础。随着时间的推移，邮政服务逐渐扩展到商业和私人通信，成为社会交流和商业活动的重要手段。邮件欺诈作为一种犯罪行为，其历史几乎与邮政系统本身一样悠久。随着邮政服务的发展，邮件欺诈逐渐演变成一种复杂且多样的犯罪形式。为了更好地理解邮件欺诈，回顾其历史背景和演变过程是十分必要的。

早在 19 世纪中期，利用邮政系统行骗就已经在美洲大陆流行。这些骗局通常包括承诺提供土地、彩票和礼物，但很少兑现。1866 年，康涅狄格州参议员詹姆斯·迪克森提出了一项法案，旨在保护公众和邮政系统免受邮件欺诈的侵害。1868 年，国会通过了这项立法，规定"寄送任何涉及彩票、所谓的赠品音乐会或以任何借口提供奖品的信件或传单"是非法的。不幸的是，这项法案效果甚微。然而，由于法案内容存在模糊之处，加之 1836 年的相关法律对非法扣留信件的邮政员工规定了严厉处罚，许多邮政员工在执法时踌躇不前，导致该法案在实践中效果有限。1872 年 6 月 8 日，第 42 届美国国会修订了法恩斯沃斯的法案，为邮政部门制定了第一部针对邮件欺诈的法规。这项新的邮件欺诈法规定，任何在美国境内或境外企图利用邮件进行欺诈的人，都将被指控为轻罪，并处以罚款或监禁。从此，邮政部门的特别探员（现为邮政检查员）首次获得了联邦起诉欺诈犯的权力。

邮件欺诈的演变可以追溯到 19 世纪末。邮件欺诈的发展经历了几个重要阶段：1. 绿货时代（1872—1900）：在这一时期，所谓的"绿货"（Green Goods）骗局广泛流行，犯罪分子向受害者承诺以低价兑换伪造的美元；2. 骗局时代（1900—1920）：犯罪分子利用各种新颖的手段进行欺诈，包括虚假投资和彩票骗局；3. 欺诈的黄金时代（1920—1940）：随着经济繁荣，欺诈行为变得更加复杂，涉及更多的跨国骗局；4. 邮件欺诈法规的编纂（1940—1960）：在此期间，邮件欺诈法规得到了进一步的完善和系统化，使执法机构能够更有效地打击欺诈行为；邮政检查员角色的扩展（1960—1980）：邮政检查员的职责不断扩大，涵盖更多类型的欺诈和犯罪活动；5. 现代邮件欺诈（1980 至今）：随着互联网和电子邮件的普及，邮件欺诈进入了一个全新的阶段，手段更加多样化，涉及范围也更加广泛。[①]

为了应对日益猖獗的邮件欺诈行为，美国政府在 19 世纪末和 20 世纪初加强了对邮政系统的监管。美国邮政检查局（United States Postal Inspection Service，USPIS）于 19 世纪 70 年代成立，成为负责调查和打击邮件欺诈行为的主要机构。USPIS 在全国范围内追查邮件欺诈案件，保护公众免受欺诈行为的侵害。

20 世纪中期，邮政服务逐渐走向自动化和电子化，邮件欺诈者也开始利用这些新技术实施更复杂的欺诈行为。例如，诈骗者开始利用打印机和复印机制造逼真的伪造文件，进行信用卡诈骗和贷款欺诈。1974 年，在"美国诉梅兹案"[②] 中，首席大法官伯格在反对意见中将邮件欺诈法描述为"应对新现象的临时措施，直到具体立法出台以直接解决这一问题"。1987 年，联邦最高法院在"麦克纳利诉美国案"[③] 一案中作出决定：邮件欺诈超越了 1909 年的"金钱或财产"修正案，涵盖了无形的诚实服务权。1994 年，《暴力犯罪控制和执法法案》增加了"或通过任何私人或商业州际承运人发送或交付任何物品"的语言，扩大了起诉范围。邮件欺诈法自诞生以来不断演变，成为联邦管辖白领犯罪的重要工具。2002 年《萨班斯 - 奥克斯利法案》通过第 18 编第 1349 节（18 U.S.C. § 1349），新增了关于企图和共谋的条款，进一步拓宽了法律适用范围，为打击复杂的欺诈行为提供了强有力的法律支持。

[①]　"History of the Mail Fraud Statute," U.S. Postal Inspection Service, https://www.uspis.gov/history-spotlight-2023/history-of-the-mail-fraud-statute

[②]　United States v. Maze, 414 U.S. 395 (1974).

[③]　McNally v. United States, 483 U.S. 350 (1987).

第二节　邮件欺诈案例

案件一：庞氏骗局

庞氏骗局无疑是邮件欺诈法历史上最具代表性的案件之一。庞兹（Charles Ponzi）是意大利移民，他以精心设计的骗局，成为 20 世纪初美国历史上最臭名昭著的诈骗犯之一。

庞兹于 1903 年移居美国，希望寻求经济上的成功。然而，早年的多次创业尝试都以失败告终。他曾在加拿大一家银行工作，但由于银行倒闭和他个人卷入伪造支票的丑闻，不得不离开加拿大。在美国，他零星打过一些工，但始终未能实现致富的目标。1919 年，庞兹声称发现了一种通过国际邮政回复券（IRC）获取巨额利润的方法。当时，各国邮票价格存在汇率差异，理论上可以通过在价格较低的国家购买邮票，再在价格较高的国家兑换，获得一定的利润。庞兹利用这一想法开始宣传一种投资计划，向投资者承诺在 90 天内可获得 50%的回报，而这一回报率远远超过了当时银行和其他合法投资的回报。然而，庞兹实际上从未进行大规模的邮政回复券交易。他所谓的"投资计划"完全依赖于后来投资者的资金来支付早期投资者的回报,这种模式被称为"庞氏骗局"。①

庞兹的公司名为"证券交易公司"（Securities Exchange Company），初期只吸引了一小部分投资者。但随着越来越多的人开始听说这一"稳赚不赔"的投资机会，他的客户迅速增加，资金流入呈指数级增长。他通过支付早期投资者承诺的高额回报来建立自己的声誉，进一步吸引更多的投资。短短几个月内，庞兹的公司吸引了数万名投资者，累计资金达到数百万美元（按今日价值计算，约为数亿美元）。他的个人生活也因骗局的成功而极尽奢华，他购买了豪宅、高档汽车，并在波士顿建立了极高的知名度。

尽管庞兹的计划表面上运转良好，但一些警惕的媒体和政府官员开始怀疑他的商业模式是否可持续。《波士顿邮报》的记者巴伦（Clarenz Barron）进行了深入调查，发现庞兹根本没有购买足够数量的国际邮政回复券以支持他的高回报承诺。与此同时，波士顿银行家们发现，庞兹的公司每天存入的资金远远高于可能通过合法投资获得的回报。最终，联邦政府决定介入调查。1920 年 8月，庞兹的骗局被彻底揭穿。

---

① 参见美国联邦调查局网站，https://www.fbi.gov/investigate/violent-crime/ponzi-schemes，2023 年 6 月 21 日访问。

庞兹的案件成为邮件欺诈罪的一个重要里程碑。联邦调查显示，他通过邮寄虚假信息和文件吸引投资者。这些行为符合当时邮件欺诈法的定义，即利用邮政系统传播虚假陈述或承诺以获取经济利益。最终，庞兹被判有罪，并被判处五年监禁。

庞兹案件的重要性不仅在于其揭示了一个规模宏大的骗局，还在于它促使立法者和执法机构加强了对邮政系统和金融市场的监管。数千名投资者遭受了财务上的毁灭性损失，总金额超过 2000 万美元。庞兹的名字从此成为金融诈骗的代名词，全球范围内类似骗局仍在持续发生。此案件推动了美国监管机构对金融市场和投资产品的更严格监管。例如，证券交易委员会（SEC）的设立部分是为了遏制庞兹这样的骗局。此外，邮政检查员的职责也因这一案件而大幅扩展，他们不仅负责调查邮件欺诈，还对其他形式的金融犯罪进行监控。近年来，随着互联网的普及，邮件欺诈和庞氏骗局的形式变得更加多样化。例如，加密货币领域中出现了一些伪装为投资机会的庞氏骗局，它们利用技术的复杂性迷惑投资者。

案例二：合众国诉卡朋特案

"合众国诉卡朋特案"① 是一起涉及内幕交易的邮件欺诈案件。被告威南斯（R. Foster Winans）是《华尔街日报》的一名记者，负责撰写广受欢迎的"赫德街"专栏。威南斯利用其职位，提前获取了关于公司股票的机密信息，这些信息一旦发布，通常会对相关公司的股票价格产生显著影响。

此案件名称为"美国诉卡朋特案"，是因为被告之一威南斯的同伙布莱恩特（Peter Brant）使用假名卡朋特（Kenneth S. Carpenter）进行非法交易。这起案件的正式名称由主被告名命名，因此即便主要涉及威南斯，案件仍以卡朋特为名。威南斯与菲利斯（Kenneth Felis）和布莱恩特两名同伙达成了一个内幕交易计划。他们在威南斯的文章发布前，利用其尚未公开的信息进行股票交易，以此获利。威南斯通过复杂的隐蔽手段协调和隐藏他们的非法交易行为，包括通过邮寄方式传递交易指示和资金，从而试图规避法律监管。他们利用《华尔街日报》的内部信息，采取了精心设计的策略，以确保他们的交易在正式公布前完成，从而最大化获利。

1987 年，美国政府以邮件欺诈和证券欺诈罪名起诉威南斯及其同伙。起诉书援引联邦邮件欺诈法指控他们利用邮寄系统传递非法获得的内幕信息和交易

---

① United States v. Carpenter, 484 U.S. 19 (1987).

指示。在审判过程中，检方出示了大量证据，包括邮件记录和交易记录，证明威南斯及其同伙利用《华尔街日报》的未公开信息进行股票交易，以牟取私利。检方强调，尽管威南斯获取信息的初始手段并非违法，但他滥用了职务之便，将机密信息用于个人及同伙的金融利益，这构成了邮件欺诈。审判的关键证据之一是威南斯与同伙之间的通信记录，这些记录显示了他们如何计划和执行这些非法交易。检方还展示了涉及的银行记录，证明了非法收益的流动。被告的辩护团队则试图将焦点转移到威南斯的行为是否真正违反了邮件欺诈法的技术细节上，但未能成功。

联邦最高法院在对"卡朋特案"的判决中，确认了邮件欺诈的广泛适用性。法院在其判决中指出，邮件欺诈法的适用范围不仅限于直接的欺诈行为，还包括通过邮寄系统实施的任何欺骗性计划，即使这些计划涉及复杂的金融交易和内幕信息。这一判决扩展了"邮件欺诈"犯罪的适用范围，使其成为打击金融欺诈的有力工具。可以看出，邮件欺诈罪名是执法管辖的"万金油"。

案件三：霍姆斯的"血液检测公司"

桑诺斯公司成立于 2003 年，创始人霍姆斯宣称公司开发了一种革命性的血液检测技术，只需少量血液样本即可进行广泛的医学检测。这项技术被宣传为快速、便宜且精确，吸引了大量投资者和媒体的关注。然而，实际情况是桑诺斯公司的技术从未实现过其所承诺的功能。内部员工和外部调查揭露，桑诺斯公司使用传统的血液检测设备进行大部分测试，并且其技术存在严重的准确性问题。尽管如此，霍姆斯和公司高层继续通过邮件和其他通信手段向投资者和合作伙伴传递虚假信息，声称他们的技术已经得到验证，并在市场上广泛应用。

2018 年 6 月 14 日，美国司法部对霍姆斯及桑诺斯公司前总裁巴尔瓦尼（Ramesh "Sunny" Balwani）提起诉讼，指控他们犯有多项邮件欺诈和电信欺诈罪。[①] 检方指控霍姆斯和巴尔瓦尼共谋实施电信欺诈，鼓励医生和患者使用桑诺斯的血液检测服务，尽管他们知道技术无法提供准确的检测结果。检方展示了大量证据，包括内部邮件和文件，证明霍姆斯和巴尔瓦尼知晓技术缺陷，却继续对投资者和公众做出虚假陈述，声称血液分析仪能够提供准确、快速且便宜的测试结果，隐瞒技术问题。同时，桑诺斯通过虚假财务报表和市场预测维持公司形象，吸引投资，声称 2014 年收入超过 1 亿美元，2015 年预计达 10 亿

---

① 参见美国司法部网站，https://www.justice.gov/usao-ndca/pr/theranos-chief-operating-officer-ramesh-sunny-balwani-found-guilty-conspiracy-wire，访问时间：2024 年 5 月 3 日。

美元，然而实际收入远远不足。检方指出，霍姆斯和巴尔瓦尼使用虚假信息欺骗投资者，包括虚假声称使用自家分析仪，实际却依赖第三方设备。

霍姆斯因为通过使用邮件和其他通信手段传播虚假信息，成功地欺骗了大量投资者，联邦政府以邮件欺诈罪名获得该案管辖权，并追诉其犯罪行为。2022年1月3日，经过长时间的审判，霍姆斯被判有罪，面临多项邮件欺诈和电信欺诈罪的指控。法院判决显示，霍姆斯和巴尔瓦尼通过虚假陈述骗取了数亿美元的投资和商业合约，对投资者和医疗机构造成了严重的经济损失。2022年11月18日，霍姆斯被判处135个月（11年3个月）的联邦监禁，并在出狱后接受三年的监督。巴尔瓦尼因类似的欺诈行为被判处155个月（12年11个月）的联邦监禁，并在出狱后接受三年的监督。法院还将安排听证会以确定他们需支付的赔偿金额。

第三节 法律渊源和重要概念

一、邮件欺诈的概念

"邮件欺诈"是一个不断发展的概念。最初，相关法规主要关注的是邮政系统的欺诈使用。早期的邮件欺诈案件，如"美国诉克拉克案"[①]，认为邮件必须是犯罪计划的核心部分，单纯作为附属或附带的邮件是不足以构成欺诈的。法院采用主观测试来判断行为人在使用邮件时的意图。随着时间的推移，邮件的使用已经成为指控的重要依据，但其在案件中的地位已大大降低。最高法院指出，只要邮件是"计划的一个重要组成部分"或"阴谋的一步"，就足以构成邮件欺诈。如今，法院采用客观测试，侧重于分析计划与邮件之间的实际关联。

通常认为，邮件欺诈犯罪涉及邮寄行为，或通过私人或商业州际承运人发送物品。该邮寄必须由被告亲自完成或由其安排完成，且必须是为了推进欺诈计划实施。邮件可以作为确定起诉地点的依据。因为邮寄是犯罪的司法管辖依据，所以检方需证明确实有邮寄发生。即便是无辜各方之间的例行邮寄，也可能构成犯罪的邮寄要素。如果未能证明邮寄行为，则会被视为证据不足。法院允许使用办公室惯例和程序的间接证据来证明邮寄行为。但一些法院认为，依靠标准商业惯例的证据推论，而未具体提及相关邮件，是不够的。如果未遵循通常的办公惯例，通过间接证据证明邮寄行为将被质疑。1994年，《暴力犯罪控制和执法法案》修订了邮件欺诈法规，增加了"或导致存放任何私人或商业

---

① United States v. Clark, 646 F.2d 1259 (8th Cir. 1981).

州际承运人发送或交付的任何物品"的措辞，该补充旨在确保使用联邦快递或 UPS 的邮件不会因未通过美国邮政系统而被排除在起诉之外。私人商业承运人的定义以及该新条款是否基于商业条款而非国会的邮政权力，尚需决定。

除有邮寄行为外，邮寄必须由被告人或由其安排邮寄。联邦最高法院在"佩雷拉诉美国案"[1]中裁定，当一个人在知道邮件使用将在正常业务过程中发生，或合理预见到此类使用的情况下，即使没有实际意图，也会"促使"使用邮件。极少有案件表明政府未能证明被告邮寄了物品或导致其被邮寄。在"美国诉史密斯案"[2]中，联邦第十一巡回法院提出，检方未能证明史密斯知道或应预见邮件会被实际使用。在"美国诉沃尔特斯案"[3]中，联邦第七巡回法院认为，检察官必须证明邮件的使用是可预见的，而不是依赖司法直觉来修复不确定的案件。但在"美国诉皮门塔尔案"[4]中，联邦第一巡回法庭表示，合理预见邮件在计划实施过程中使用，而不是具体的邮寄行为，才满足邮件欺诈罪的因果要素。

邮寄行为是否可以作为确定起诉地点的依据，法院对此持不同态度。一些法院强调邮件在确定地点时的使用，并要求邮件必须经过起诉地区。在"美国诉伍德案"[5]中，联邦第六巡回法院认为，邮件欺诈案的审理地点仅限于邮件存放、接收或通过的地区，即使欺诈行为发生在其他地方。另一种观点认为，只有在邮件欺诈实际发生的地区才允许对邮件欺诈提起诉讼。例如，在"美国诉布伦南案"[6]中，联邦第二巡回法庭指出，邮件欺诈案的审理地点应限于被告实际进行邮寄或安排邮寄的地区。

除了邮寄行为外，邮件还必须用于促进欺诈计划的实施。历史上，法院通常认为，邮件必须与欺诈计划直接相关，否则不被视为促进计划的行为。例如，邮寄如果是国家强制执行的职责命令，或发生在计划开始之前或实现之后，则不被视为促进欺诈计划。在"美国诉坎恩案"[7]中，邮寄发生在欺诈之后，因此不能作为邮件欺诈的基础。"帕尔诉美国案"[8]涉及的邮件因国家法律强制要求

---

① Pereira v. United States, 347 U.S. 1 (1954).

② United States v. Smith, 934 F.2d 270 (11th Cir. 1991).

③ United States v. Walters, 997 F.2d 1219 (7th Cir. 1993).

④ United States v. Pimental, 380 F.3d 575 (1st Cir. 2004).

⑤ United States v. Wood, 364 U.S. 492 (1960).

⑥ United States v. Brennan, 183 F.3d 139 (2d Cir. 1999).

⑦ United States v. Kann, 323 U.S. 88 (1944).

⑧ Parr v. United States, 363 U.S. 370 (1960).

而不被视为促进欺诈。"美国诉梅兹案"① 中，邮寄发生在欺诈之后且与被告目的相冲突，因此也不被视为促进欺诈。邮件欺诈的关键在于邮寄行为必须由被告安排并用于推进欺诈计划实施。最高法院的判决表明，邮件在计划实现之后或与计划相冲突的邮寄行为不被视为促进计划实施的行为。这一原则在多个案件中得到了确认，并被下级法院普遍遵循。

二、无形权利和无形财产

（一）无形权利

从 20 世纪 40 年代开始，无形权利相关的起诉逐渐出现，并在 20 世纪 70 年代和 80 年代得到了更广泛的应用。在这些案件中，检察官并不需要证明受害者遭受了金钱或财产损失。当欺诈计划或手段涉及违反信托责任时，邮件欺诈成为一个重要的法律工具。所谓的"诚实服务"或"良好治理权利"的剥夺构成了欺诈计划的基础。

在联邦最高法院大法官史蒂文斯与奥康纳共同撰写的"麦克纳利诉美国案"② 的反对意见中，这一理论得到了详细阐述，该案也最终终结了这种起诉做法。在"麦克纳利案"中，检方指控被告参与自我交易赞助计划，违反邮件欺诈法规的案件。检方声称，这种赞助保险计划剥夺了"肯塔基州公民和政府的某些无形权利，比如公正处理州事务的权利"。不仅起诉书基于无形权力的理论，陪审团指控也采用了这一理论。陪审团裁定被告的邮件欺诈及共谋罪名成立，上诉法院驳回了被告就邮件欺诈罪提出的论点。然而，最高法院在推翻这一判决时，审查了邮件欺诈法规的历史，特别是 1909 年国会修正案，增加了"金钱或财产"的字样。法院认为，"邮件欺诈法规的最初目的是保护人们免受剥夺金钱或财产的阴谋"。由于被告并未被指控涉及金钱或财产的欺诈，陪审团的指控也未涉及此方面，因此判决应予推翻。联邦最高法院还引用了宽严相济的原则，即"当刑事法规有两种合理解读，一种比另一种更为严厉时，只有当国会用明确的语言表达时，我们才会选择更为严厉的一种"。在本案中，政府承认如果邮件欺诈罪名不能成立，那么共谋罪名也不能成立。持不同意见的法官则认为法规中的"或"字应作选言解释。他们列举了下级法院中一系列支持无形权利理论的案件。

联邦最高法院在"麦克纳利案"中判定邮件欺诈不能基于"无形权利"，使

---

① United States v. Maze, 414 U.S. 395 (1974).

② McNally v. United States, 483 U.S. 350 (1987).

得许多案件面临推翻的风险。法院审查了这些案件，以决定"麦克纳利案"的判决是否应追溯适用。多数法院认为该裁决可以追溯适用，并研究了个别案件，以确定指控和指示是否仅关注无形权利。由于一些被告已服完刑期，但仍面临刑事定罪的后果，因此提出了 Coram Nobis 令状[①]，以减轻定罪的附带后果。

尽管"麦克纳利案"确立了"金钱或财产"的要求，但法院并未明确界定什么构成金钱或财产。后来的案例进一步区分了无形财产和许可证等概念。新的理论试图扩展邮件欺诈法规下的财产定义。多个涉及"回扣方案"的案件探讨了这个问题，其中有些案件涉及基于忠实服务的回扣方案。例如，"麦克纳利案"中史蒂文斯法官的异议指出，回扣方案剥夺了雇主"依赖员工无利益冲突的忠实服务所支付的工资和福利"。还有一些案件中，政府认为，如果雇主知道供应商愿意支付回扣，可能会利用这一信息在谈判中争取更有利的条件。最后，还有一些以"推定信托"为基础的回扣方案，认为通过滥用信托关系获得的利润，即回扣，应归属于委托人而非腐败的代理人。

（二）无形财产

在联邦最高法院发布"麦克纳利案"的裁决，认定无形权利不在邮件欺诈法规的范围内之后的几个月内，法院受理了"卡彭特案"，该案认为无形财产被涵盖在法规的欺诈计划语言中。"麦克纳利案"限制了《美国法典》第18编第1341条的使用，而"卡朋特案"则限制了"麦克纳利案"的裁决，允许根据该法规进行更多的起诉。

卡彭特是被告温恩斯的室友，温恩斯是《华尔街日报》的雇员和专栏作家。温恩斯是《华尔街日报》"听闻"专栏的两位作者之一，该专栏向读者提供关于不同股票的信息。温恩斯与他的室友和其他几人，包括与一家经纪公司有关的两人，决定在信息发表前进行交易。这违反了《华尔街日报》的官方政策和惯例。他们从这些交易中获利约69万美元。在美国证券交易委员会（SEC）开始调查后，温恩斯和卡彭特向证监会如实坦白了交易过程。

联邦最高法院在审理"卡彭特案"中面临两个问题：在证券欺诈案中使用挪用理论是否合适，以及这种行为是否符合邮件和电信欺诈的"欺诈计划"要

---

① Coram nobis 是一种拉丁语法律术语，意思是"在我们面前"。在现代法律体系中，coram nobis 令状（writ of coram nobis）是一种用于纠正已经定案的刑事案件中因某些事实错误而导致的判决错误的法律救济手段。具体来说，coram nobis 令状允许已经完成刑期的被告在定罪后发现新的证据或事实，从而请求法院重新审查和撤销先前的判决。

求。法院以势均力敌的方式确认了证券违法行为。① 关于"欺诈计划"问题，联邦最高法院指出，《华尔街日报》有一项官方政策，该政策认为在出版前，"听闻"专栏的内容是该报的机密信息。尽管文章中的信息是真实的，并且没有以任何方式进行修改以确保获利，但法院认为这是一个诈骗"金钱或财产"的计划，而财产是无形财产。法院重申了其在"麦克纳利案"中的立场，即无形权利不在邮件欺诈法规的范围内。然而，法院指出，这里的情况是，"《华尔街日报》作为温恩斯的雇主，被诈骗的不仅仅是其对温恩斯诚实和忠实服务的合同权利，这种利益本身太虚无缥缈，不属于邮件欺诈法规的保护范围，该法规'起源于保护个人财产权利的愿望'"。"卡彭特案"为允许以剥夺无形财产为前提的诈骗计划打开了大门，但很快就出现了"构成无形财产"由何构成的问题。一些学者对"卡彭特案"的影响展开了辩论，其中包括对这一判决范围的质疑，以及对该案将此类行为定性为犯罪可能带来的潜在法律后果的担忧。

地方法院和联邦巡回法院都在努力解决许可证② 是否属于财产的问题。联邦最高法院选择了一个涉及视频扑克牌许可证的案件，就许可证是否可以成为邮件欺诈法规中的财产这一问题提供指导。在"克利夫兰诉美国案"③ 中，法院研究了邮件欺诈法规是否适用于在申请州级视频扑克执照时的虚假陈述。当时的路易斯安那州法律允许某些企业经营视频扑克机，但需要有州的许可证。因为被告被指控在申请许可证时作了虚假陈述。检方辩称，"国家为每个许可证收到了一大笔钱，只要许可证仍然有效，就会继续从被许可人那里收到付款。"检方指出，"政府对许可证的发放、更新、暂停和撤销有很大的控制权。"法院指出，根据"麦克纳利案"，就邮件欺诈法规而言，无形的权利不是财产。相反，根据"卡彭特案"，无形财产可以成为违反邮件欺诈的充分证据。然而，在这里，法院指出，"政府的核心问题是监管。"在拒绝将这一利益作为财产时，法院在克利夫兰案中指出："我们拒绝检方的财产权理论，不只是因为它们偏离了传统的财产概念。我们反对政府对第1341条的解读，因为它要求我们在国会没有明确声明的情况下批准联邦刑事管辖权的全面扩张。将发放执照或许可证等同于剥夺财产，将使传统上由州和地方当局监管的广泛行为受到联邦邮件欺诈起诉。""克利夫兰案"中，下级法院的定罪被推翻，认为"第1341条要求欺诈的对象

---

① 参见美国联邦最高法院网站，https://supreme.justia.com/cases/federal/us/484/19/，访问时间：2024年5月3日。
② 如出租车许可证、赌博许可证、武器出口许可证和保释金许可证。
③ Cleveland v. United States, 531 U.S. 12 (2000).

是受害者手中的'财产'，而根据第 1341 条，国家手中的路易斯安那州视频扑克执照不是'财产'"。

在"帕斯宽提诺诉美国案"[①] 中，法院审查了电信欺诈法规的财产范围，该法规在欺诈计划方面与邮件欺诈的作用相同。被告被指控向加拿大走私酒类以逃避加拿大的税收。本案的一个问题是：欺骗外国政府税收的计划是否可以作为电信诈骗法的诈骗计划要素。法院认为，"与条约和反走私法规不同，电信欺诈法规惩罚的是利用国内电汇的欺诈行为，无论这种行为是否构成走私，是否发生在船上，是否逃避外国税收"。

（三）无形财产权利条款

在"麦克纳利案"中，法院曾指出，"如果国会希望走得更远，它必须比现在表达得更清楚"。国会在同一年回应了这一建议。在 1988 年《反毒品滥用法》的框架下，国会通过了《美国法典》第 18 卷第 1346 条，该条文规定："为了本章的目的，'欺诈的计划或诡计'包括剥夺他人诚实服务的无形权利的计划或诡计。"这一法规被广泛用于起诉公职人员和私营部门的人员。然而，由于该法规没有明确定义"诚实服务"，因此被一些人指责为含糊不清。例如，在"美国诉格雷案"[②] 中，贝勒大学的男子篮球教练组成员因涉嫌"执行欺诈计划以使五名转学生在 1993—1994 学年有资格参加篮球比赛"而被起诉。几名被告认为第 1346 条违宪模糊，但联邦第五巡回法院驳回了这一论点，认为该条文在适用于这些被告时并不模糊。

在"索里奇诉美国案"中[③]，斯卡利亚大法官在对拒绝受理该案的决定提出的异议中表示，"鉴于各巡回法院之间的冲突，对法规范围的长期混淆，以及本案所体现的刑事责任扩大的正当程序和联邦主义利益，我将批准诉讼请求，正视第 1346 条的含义和合宪性。"在"美国诉雷比奇案"[④] 中，第二巡回法院的异议中提到了许多关于第 1346 条的问题需要解决。异议法官认为，各巡回法院在基本问题上存在分歧，包括犯罪意图、是否需要实际的有形损害、责任的来源及其违反情况等。这种缺乏一致性的情况导致了"一个在每个司法巡回区都有不同实质效力的非常规法规"。

2010 年，联邦最高法院对三起涉及第 1346 条——"诚信服务"的案件

---

① Pasquantino v. United States, 544 U.S. 349 (2005).

② United States v. Gray, 96 F.3d 769 (5th Cir. 1996).

③ Sorich v. United States, 555 U.S. 1204 (2009).

④ United States v. Rybicki, 354 F.3d 124 (2d Cir. 2003).

作出了裁决,即"斯基林诉美国案"①、"布莱克诉美国案"②和"韦赫劳赫诉美国案"③。主要的决定是在"斯基林案"中做出的,该案涉及安然公司的前首席执行官斯基林。最高法院在该案中处理了两个主要问题:一是审前宣传和社区偏见是否妨碍了公正审判,二是他是否因违反第1346条而被不当定罪。关于第一个问题,法院认为斯基林没有证明陪审团存在偏见,因此驳回了这一论点。然而,在关于第1346条的论点上,斯基林获得了成功。法院认为,斯基林没有实施诚信服务欺诈。在"斯基林案"的上诉中,被告辩称第1346条违宪,或者他的行为没有违反该法规。最高法院未认定该法规违宪,但决定对其进行解释,明确将其范围限定在涉及贿赂和回扣的案件中。法院指出,大多数诚信服务案件涉及违反信托责任、参与贿赂或回扣计划的罪犯。因此,参与贿赂或回扣计划的刑事被告不能以模糊性为由对根据第1346条的起诉提出异议。

在"布莱克案"中,最高法院撤销了对康拉德·布莱克的定罪,并将案件发回重审,原因是与"斯基林案"一样,定罪应建立在对第1346条的不当解释之上。最高法院还指出,被告无需同意特别质询,以保留对陪审团指示的反对意见。同样,在"韦赫劳赫案"中,法院撤销了判决,并根据"斯基林案"的决定将案件发回重审,没有提供进一步的具体裁决。在"斯基林案"的重审中,尽管涉及诚信服务欺诈的指示被认为是无害的错误,但被告仍然因合谋实施证券欺诈而被定罪。在"布莱克案"中,第七巡回法院发现没有因诚信服务欺诈而对金钱欺诈和妨碍司法造成影响,但认为某些指控需要推翻。政府最终放弃了"韦赫劳赫案",但被告认罪并接受了较轻的处罚。"斯基林案"之后,法院在审查相关案件时重点考虑了是否涉及诚信服务欺诈,并根据"斯基林案"的标准进行评估,确保刑事责任的明确性和正当程序的保障。

第四节　与邮件欺诈类似的欺诈

邮件欺诈作为一种常见且多样化的欺诈形式,其实施手段和法律规制与其他多种类型的欺诈有着密切联系。本节将详细探讨电信欺诈、银行欺诈和医疗欺诈三种与邮件欺诈密切相关的欺诈形式。邮件欺诈与这三种欺诈在法律上有许多相似之处,主要表现在它们都涉及通过虚假陈述或欺骗手段获取财物或其

---

① Skilling v. United States, 561 U.S. 358 (2010).

② Black v. United States, 561 U.S. 465 (2010).

③ Weyhrauch v. United States, 561 U.S. 476 (2010).

他利益。尽管它们在具体实施手段和目标对象上有所不同，但这些欺诈形式往往会交叉使用类似的诈骗手法，例如伪造文件、虚假陈述和非法获取个人信息等。这些欺诈手段都受到《联邦法典》中的相关条款严格规制。此外，在司法实践中它们具有交叉性和重叠性。例如，一起邮件欺诈案件可能同时涉及电信欺诈和银行欺诈，甚至扩展到医疗欺诈领域。在实际操作中，司法部门也常常需要综合运用不同的法律条款来全面应对这些复杂的欺诈行为。

一、电信欺诈

《美国法典》第 18 卷第 1343 条规定：电信欺诈是利用电话、互联网等电信手段进行的欺诈行为。与邮件欺诈不同，电信欺诈涉及更快速和广泛的传播手段，常见案件类型包括网络钓鱼和电话诈骗。

电信欺诈在 1952 年被美国国会正式纳入联邦法律体系中，其核心要素和具体要求与邮件欺诈法的规定基本一致，主要区别在于其采用"通过有线、无线电或电视通信"的方式进行。1956 年，国会对该法进行修订，增加了"国际商业"的内容。与邮件欺诈一样，当欺诈行为涉及金融机构时，电信欺诈的处罚也提升至 30 年监禁。此外，卡特里娜飓风之后，该刑期也适用于涉及"总统宣布的重大灾难或紧急情况"的欺诈计划。根据《美国法典》第 18 编第 1343 节（18 U.S.C. §1343），任何人设计或意图设计欺诈计划，通过虚假或欺骗手段获取金钱或财产，并通过有线、无线电或电视通信在州际或国际商业中传输或促使传输任何形式的信息，用以实施该计划，均可被罚款或判处不超过 20 年的监禁，或两者兼施。如果该违法行为涉及总统宣布的重大灾难或紧急情况，或影响到金融机构，则处罚提高至罚款不超过 100 万美元或监禁不超过 30 年，或两者兼施。电信欺诈通常涉及电话、传真传输和电子传输。由于计算机的普及，互联网传输的白领犯罪中电信欺诈指控也很常见。

对于州际和国际商业的电信欺诈，纯粹的州内通信不足以满足联邦管辖要求。政府需要证明存在州际传输，这是联邦起诉的管辖基础。例如，在"美国诉菲利普斯案"[①] 中，法院驳回了检方的论点，认为仅仅使用州际商业综合系统的工具并不能证明州际传输，必须明确证明通信在州际或国际商业中进行。国会也拒绝了扩展法律以涵盖州际工具简单使用的修正案，这使得通过互联网连接的案件更加复杂。

---

① 　United States v. Phillips, 376 F. Supp. 1233 (D.C. Kan. 1974).

在"美国诉谢弗案"①中，联邦第十巡回法院认定，电信传输必须实际跨越州界，单独使用互联网不足以证明通信跨越州界。然而，在"美国诉基弗案"②中，法院认为不同州的终端用户和互联网的特性使得即使没有明确证据表明只有一台主机服务器在两个州提供内容，这种推断也是合理的。"基弗案"确认，被告在没有执照或法律学位的情况下从事刑法实践，利用州际电信足以构成电信欺诈。

电信欺诈还需要检方证明被告的欺诈计划和欺诈意图。在"美国诉布拉戈耶维奇案"③中，联邦第七巡回法院指出，电信欺诈需要特定的欺诈意图，而不需要故意或其他法律知识代理。有时，电信的使用会带来独特的问题。例如，在"美国诉楚宾斯基案"④中，被告利用职务之便访问机密信息，超出了他的职责范围。尽管被指控访问了社交熟人和政治竞选者的文件，但法院认为没有证据表明他利用这些信息进行了进一步的非法活动。总体来看，尽管电信欺诈涉及的手段和技术不断变化，但其核心法律要素和司法管辖基础仍然保持不变。

二、银行欺诈

银行欺诈是通过利用银行系统（如银行账户、信用卡、贷款等）实施的欺诈行为，受《美国法典》第18卷第1344条管辖。常见的银行欺诈的行为包括伪造支票和信用卡欺诈。

1984年，美国国会通过了《银行欺诈法》，该法是仿照邮件和电信欺诈法而制定的。其目的是"保护由联邦担保的金融机构的金融诚信，并确保联邦政府能起诉那些通过欺诈计划使这些银行受害的人"。这一立法的通过，部分是对最高法院在"威廉姆斯诉美国案"⑤中的判决的回应。联邦最高法院在该案中推翻了一项根据虚假陈述法的有罪判决，认为该法不适用于银行资金滥用和空头支票诈骗行为。银行欺诈常常是白领犯罪中的主要指控罪名之一。根据《美国法典》第18卷第1344条规定，任何人故意实施或企图实施欺骗金融机构的计划，或通过虚假或欺诈性手段获取金融机构的金钱、资金、信贷、资产、证券或其他财产的行为，均可被处以最高100万美元罚款或最长30年监禁，或两者兼施。该法规已被两次修订，将罚款提高到目前的最高30年监禁，并将适用范

---

① United States v. Schaffer, 529 F.2d 673 (10th Cir. 1976).

② United States v. Kiefer, 694 F.2d 1109 (8th Cir. 1982).

③ United States v. Blagojevich, 794 F.3d 729 (7th Cir. 2015).

④ United States v. Czubinski, 106 F.3d 1069 (1st Cir. 1997).

⑤ Williams v. United States, 458 U.S. 279 (1982).

围扩大到所有金融机构，而不仅限于"联邦特许或保险的金融机构"。

　　法院一直在探讨什么构成了欺诈计划的"执行"，以及这种行为是独立的执行还是"仅仅是计划的组成部分"。在"美国诉德拉马塔案"①中，联邦第十一巡回法院认为，"为金融机构造成单独金融风险的方案的每一部分，均构成单独的执行"。多个案例在探讨这一问题时，使用了诸如"方案的最终目标、方案的性质、预期的利益、行为的相互依存性以及所涉当事人的数量"等因素来进行评估。法院还指出，"诈骗阴谋"一词没有精确的定义。例如，在"美国诉戈德布拉特案"②中，联邦第三巡回法院指出，欺诈在具体案件中衡量的是该计划是否背离了基本的诚实、品德正直或公平竞争和公平交易的原则。该法规的两项规定分别涵盖了"欺骗金融机构"和"通过虚假或欺诈性的伪装、陈述或承诺获取金融机构的财产"。这两项规定均要求欺诈行为是针对银行的，并且银行必须是一家联邦保险银行。"金融机构"一词在《美国法典》第18卷第20条中有详细定义，包括"受保险的储蓄机构""拥有由全国信用社（credit union）股份保险基金承保账户的信用社"和"受保险机构控股公司"等十种不同类型的机构。此外，该法规还涵盖了企图实施损害银行利益的计划的行为。例如，在"美国诉布莱克蒙案"③中，联邦第二巡回法院参考了参议院和众议院通过该法规时的报告，这些报告均强调了立法的有限意图，即受害者是由联邦创建、控制或投保的金融机构。

　　法院在一些案件中还对该法规的适用范围表示了关切。例如，在"美国诉奥尔案"④中，联邦第四巡回法院推翻了一项银行欺诈的定罪，因为该案中银行并非欺诈的受害者。法院认为，该案涉及的只是一个简单的空头支票案件，应该在州法院中进行刑事起诉。然而，当涉及伪造行为时，法院则区分了简单的坏支票案件和更复杂的欺诈行为。在"美国诉布兰登案"⑤中，联邦第四巡回法院允许对伪造支票签名的个人定罪，指出授权签名的支票与伪造签名或更改的支票有明显区别。最后，法院在"肖诉美国案"⑥中澄清了关于欺诈计划的法律适用问题。法院驳回了被告关于其仅欺骗银行存款人而非银行的论点，认为欺诈性地从银行存款账户获取资金的计划，实际上也是从"金融机构"获取财产

---

①　United States v. De La Mata, 266 F.3d 1275 (11th Cir. 2001).

②　United States v. Goldblatt, 813 F.2d 619 (3d Cir. 1987).

③　United States v. Blackmon, 839 F.2d 900 (2d Cir. 1988).

④　United States v. Orr, 932 F.2d 330 (4th Cir. 1991).

⑤　United States v. Brandon, 17 F.3d 409 (1st Cir. 1994).

⑥　Shaw v. United States, 580 U.S. ___, 137 S. Ct. 462 (2016).

的计划。法院指出，法规不要求显示最终的经济损失或造成经济损失的意图。尽管第九巡回法院被要求重新审视陪审团的指示，但法院明确表示，计划剥夺银行客户存款账户中的资金，即是剥夺银行"有价值的东西"。

三、医疗欺诈

近年来，医疗欺诈案件一直是美国司法部和联邦卫生与公众服务部（HHS）的重点打击对象。2022 年，司法部开展了一次全国性执法行动，在 13 个联邦地区起诉了 36 名被告，涉及的欺诈金额超过 12 亿美元。这些案件主要涉及远程医疗、基因检测和耐用医疗设备等领域。医疗欺诈涉及多种联邦法规，包括医疗虚假索赔法规、反回扣法规等。其中，《健康保险可携性和问责法》（Health Insurance Portability and Accountability Act）于 1996 年颁布，并在 2010 年进行了修订，其医疗欺诈条款（18 U.S.C. § 1347）对任何故意实施或试图实施欺诈医疗福利计划的行为都规定了严厉的处罚。该法规规定，如果违反行为导致严重人身伤害，最高可判处 20 年监禁；如果导致死亡，最高可判处终身监禁。

尽管医疗欺诈案件的数量每年有所波动，司法部对这类案件的打击力度仍在不断加大。例如，在"美国诉鲍德温案"[①] 中，法院裁定国会的立法目的是"无限制地打击医疗欺诈"。在另一案件中，一名被告因提交虚假的医疗保险索赔，要求赔偿从未交付的轮椅而被起诉。不正当的计费行为通常是违反第 1347 条的依据，并且常与其他罪名一起使用。

在一些案例中，法院还需要判断是否存在足够的欺诈意图。例如，在"美国诉华莱士案"[②] 中，法院研究了是否有足够证据证明被告故意参与欺诈计划，并最终判定被告犯有邮件欺诈和医疗欺诈罪。账单代码可能成为医疗欺诈案件的一个方面，被告可能会辩称代码或规则不明确，从而没有足够的犯罪意图。然而，法院通常会根据具体证据，裁定是否存在欺诈意图并给予相应处罚。在美国，医疗欺诈案件层出不穷，佛罗里达州迈阿密的一起案件尤为引人注目。在"美国诉埃斯福姆斯案"中，医生埃斯福姆斯（Philip Esformes）利用其拥有的 30 家护理和辅助生活设施，通过向医疗保险和医疗补助项目提交不必要的服务账单，骗取了联邦政府 13 亿美元。在审判期间，有证据表明，埃斯福姆斯医生及其同伙不仅不正当地收取医疗保险和医疗补助费用，还向来访的检查员和

---

① United States v. Baldwin, 774 F.3d 711 (11th Cir. 2014).

② United States v. Wallace, 578 F.2d 735 (8th Cir. 1978).

监管机构行贿回扣。[①] 助理司法部长本茨科夫斯基在审判中表示，这是"美国历史上最大的医疗保健欺诈计划之一"。最终，埃斯福姆斯医生在 2019 年被判有罪，其同伙卡穆兹医生（Arnaldo Carmouze）和医疗行政人员巴尔查（Odette Barcha）也分别因共谋医疗欺诈和违反反回扣法律被判刑。

为了应对日益猖獗的医疗欺诈行为，美国政府依靠《联邦虚假申报表法》（或称"林肯法"）来打击这种犯罪行为。该法律最早于 1863 年通过，最初旨在防止政府被军事承包商欺骗。随着保险欺诈的增加，自 20 世纪 90 年代以来，执行《虚假申报表法》的重点已从军事转移到医疗保健。《联邦虚假申报表法》规定，故意向政府提交虚假申报表是一种犯罪行为，实质上是为政府从未履行的服务开票。在医疗领域，这意味着医生和诊所可能会为从未提供过的服务收费，或者为不存在或已经死亡的病人提出索赔，从而欺骗政府。这种欺诈行为不仅给政府带来了数十亿美元的损失，也增加了纳税人的负担。在打击医疗欺诈方面，举报人发挥了至关重要的作用。根据《联邦虚假申报表法》，绝大多数使用该法律的案件都是由于举报人提交的文件引发的。《虚假申报法》是美国法律中保护举报人最有力的法律之一，因此举报人可以在较少担忧报复的情况下，勇敢地揭发欺诈行为。

在"美国诉辛格案"[②] 中，联邦第二巡回法院通过调查间接证据，如医生对其工作人员的指示，找到足够的意图证据，但在另一案件中，由于政府使用了不同的理论指控计费实践中的有罪行为，联邦第二巡回法院认为有必要撤销对医疗保险计费欺诈的定罪。此外，在"美国诉汉考克案"[③] 中，联邦第六巡回上诉法院认为，如果患者使用非法麻醉品是被告医生犯罪行为的可预见和自然结果，则该患者不属于打破近因链的介入原因，进而认为有足够证据支持对被告加强处罚。

---

① United States v. Esformes, No. 16-20549-CR, (S.D. Fla. 2019).

② United States v. Singh, 390 F.3d 168 (2d Cir. 2004).

③ United States v. Hancock, 231 F.3d 557 (6th Cir. 2000).

第八章　证券欺诈

　　财富和权力的集中是我们社会面临的一大问题，这导致了经济不平等的加剧。我们必须采取措施来减轻这种不平等，包括对富人和大企业进行适当的监管，以确保他们遵循道德原则。

——伯尼·桑德斯

　　证券欺诈在美国是一个日久弥新的主题。1987 年，由好莱坞影星迈克尔·道格拉斯主演的内幕交易题材电影《华尔街》，给当时的国人留下了深刻印象。2010 年，该电影又拍摄了续集《华尔街 2：金钱永不眠》。而现实生活中，证券欺诈的案件屡见不鲜。例如，2024 年初，英籍投资者和亿万富翁商人刘易斯（Joseph Lewis）因内幕交易计划认罪。刘易斯利用他在公司董事会中的地位，通过获取的未公开信息为朋友、员工和女友提供消息进行内幕交易，从而获取巨额利益。①

　　根据美国量刑委员会发布的数据，证券和投资欺诈犯罪在美国有其独特的犯罪构成与量刑特征。在 2022 财年，共报告了 64142 起案件，其中涉及盗窃、财产毁坏和欺诈的案件有 5208 起，而证券和投资欺诈则占这类案件的 4%。证券欺诈犯罪的犯罪者多为中年男性，平均年龄为 52 岁，且 92% 为美国公民。76% 的犯罪者为白人。值得注意的是，这些犯罪者普遍缺乏犯罪历史，82.0% 的犯罪者属于几乎没有或只有轻微的犯罪记录。从经济损失的角度来看，证券欺诈的中位损失额高达 300 万美元，其中 29% 的案件损失超过 950 万美元。对于证券欺诈案件的量刑，法院通常会根据受害人数或受害程度、使用复杂手段实施或掩饰犯罪、以及是否违反证券法等因素增加刑罚。例如，76% 的案件因

---

　　① 参见司法部网站，https://www.justice.gov/usao-sdny/pr/british-investor-and-billionaire-businessman-joseph-lewis-pleads-guilty-insider，2024 年 5 月 2 日访问。

受害者数量或受害程度严重而加重处罚，38% 的案件因使用复杂手段而加重处罚。此外，23% 的案件涉及上市公司高管、经纪人或投资顾问违反证券法的情况，这进一步加剧了对市场秩序的损害。美国司法系统对证券欺诈的严厉打击也体现在刑罚的严苛程度上。证券欺诈犯罪者平均被判处 47 个月的监禁，91% 的犯罪者被判处监禁。此外，司法机关高度重视并严格执行相关法律规定，尽管仅有 1% 的犯罪者面临强制最低刑期，但其中无一人获得豁免。

美国《证券交易法》（Securities Exchange Act of 1934）和《投资公司法》（Investment Company Act of 1940）是打击证券欺诈的重要法律基础。上述法律规定了证券欺诈的各种行为，包括内幕交易、市场操纵和虚假陈述等。此外，美国证券交易委员会（SEC，即"证监会"）在监管和执法方面发挥了关键作用，其通过调查、起诉和制裁等手段，有效遏制了证券市场中的违法行为。本章探讨证券欺诈犯罪特点、法律应对及处罚情况，以及美国《证券交易法》和《投资公司法》等法律在打击证券欺诈中的作用，并重点分析美国证监会在执法过程中采取的具体措施和策略。

第一节　证券市场发展和监管的历史

证券市场的历史可以追溯到数百年前，从最早的荷兰东印度公司股份交易到现代电子交易系统，金融市场经历了巨大的变革。在早期，证券交易主要集中在一些实体交易所，随着技术的发展和全球化的推进，证券市场逐渐走向电子化和国际化。这一演变使得证券交易变得更加便捷和高效，但同时也带来了更复杂的监管挑战。早期的证券交易主要集中在少数几个发达国家，尤其是欧洲国家。1602 年，荷兰东印度公司发行了世界上第一只股票，这标志着现代证券市场的开端。投资者通过购买公司股份，成为公司股东，并分享公司的利润。随着时间的推移，股票市场逐渐扩展到其他国家，特别是在工业革命期间，资本市场的发展极大地促进了经济的繁荣。在美国，证券市场的早期发展也与欧洲相似。18 世纪末至 19 世纪初，美国逐渐建立起自己的证券市场，费城证券交易所于 1790 年成立，随后纽约证券交易所（NYSE）于 1792 年成立，成为美国乃至全球最重要的证券交易所之一。这些早期的证券市场主要服务于大型工业和铁路公司，通过发行股票和债券筹集巨额资本。

美国的证券市场监管最初由各州负责，这种早期的监管方式被称为"蓝天法"，目的是防止欺诈和保护投资者利益。然而，随着证券市场规模和复杂性的增加，仅靠州级监管已不足以应对各种问题。1929 年华尔街股市崩盘和随之而来的大萧条暴露了市场监管的严重不足，促使联邦政府介入并实施更全面的监管措施。"蓝天法"起源于 20 世纪初的堪萨斯州，旨在打击各种证券欺诈行为。这些法律被称为"蓝天法"的原因是，当时有一位法官指出，某些证券欺诈行为是如此露骨，以至于这些骗局似乎在向投资者出售"空中的蓝天"。"蓝天法"的出台在一定程度上遏制了证券欺诈，但由于各州法律不统一，且执法力度参差不齐，效果有限。1929 年股市崩盘是美国证券市场历史上的重大事件。这场灾难性的经济危机导致大量企业破产，数百万投资者蒙受巨额损失，引发了广泛的社会和经济动荡。股市崩盘暴露了证券市场监管的严重漏洞，尤其是市场操纵、内幕交易和虚假陈述等问题。

为了应对大萧条，富兰克林·罗斯福总统推行了一系列新政（New Deal），其中包括对证券市场的全面改革。1933 年和 1934 年，美国国会分别通过了《证券法》（Securities Act of 1933）和《证券交易法》（Securities Exchange Act of 1934），奠定了现代证券市场监管的基础。这些法律的出台标志着联邦政府在证券市场监管中的核心地位。《1933 年证券法》主要针对新发行的证券，要求发行公司在公开发行股票之前必须向投资者提供充分和真实的信息，以防止欺诈行为。该法案还规定，所有证券发行必须在证券交易委员会注册，证监会负责审核公司的披露材料并确保其真实性和完整性。《1934 年证券交易法》则进一步扩展了监管范围，涵盖了证券的二级市场交易。该法案设立了证券交易委员会，赋予其广泛的监管权力，包括监管证券交易所、经纪商和自营商，打击市场操纵和内幕交易，维护市场秩序和投资者权益。证监会的成立标志着联邦政府对证券市场的监管进入了一个新的阶段。《1934 年证券交易法》的核心内容包括信息披露、反欺诈规定和内幕交易的规制。该法案要求上市公司定期提交财务报告和其他重要信息，确保投资者能够获得及时、准确的信息。此外，该法案还禁止任何形式的市场操纵行为，并对内幕交易进行严格监管，确保市场公平和透明。①

二战结束后，美国经济迅速复苏，证券市场也迎来了新的发展机遇。20 世纪 50 年代至 70 年代，随着经济的持续增长和技术的不断进步，证券市场规模不断扩大，金融工具和交易方式日益多样化。然而，市场的快速发展也带来了新的问题和挑战。20 世纪 60 年代，金融创新层出不穷，各种新的金融工具如

---

① 参见纽约证券交易所网站，https://www.nyse.com/publicdocs/nyse/regulation/nyse/sea34.pdf，2024 年 6 月 2 日访问。

期货、期权和互换交易相继出现。这些金融创新在丰富投资选择、提高市场效率的同时，也增加了市场的不稳定性和复杂性。为了应对这些变化，证监会不断加强监管措施，出台了一系列法规和指引，确保金融创新在规范的环境下进行。70年代初，股市经历了一次严重的熊市，加上石油危机和经济滞胀的影响，证券市场面临严峻考验。为了应对市场波动和维护投资者信心，证监会进一步加大了对市场操纵和内幕交易的打击力度。同时，证监会还推出了新的信息披露要求，提高了上市公司的透明度和信息披露的质量。

进入21世纪，全球化和信息技术的迅猛发展对证券市场产生了深远影响。全球资本市场的联系日益紧密，跨国证券交易变得更加频繁。然而，全球化也使得市场监管面临新的挑战，特别是跨境监管和国际合作的问题。全球化带来的一个重要问题是如何应对跨境证券犯罪。随着资本流动的自由化和国际投资的增加，证券犯罪的跨国性日益显著。犯罪分子可以利用不同国家之间的法律和监管差异，逃避法律制裁。为了解决这一问题，各国监管机构加强了国际合作，签订了一系列双边和多边协议，开展联合调查和执法行动。此外，信息技术的进步也深刻改变了证券市场的交易方式和监管模式。电子交易和高频交易的兴起，使得市场交易速度和规模大幅提高，同时也增加了市场的复杂性和风险。为了应对这些变化，证监会和其他监管机构不断更新监管技术和方法，加强对市场的实时监控和分析。2008年全球金融危机的爆发，再次暴露了金融市场监管的诸多问题。这场危机导致大量金融机构倒闭，全球经济陷入严重衰退，促使各国政府和监管机构反思现有的监管框架和制度。为了应对危机，美国出台了《多德-弗兰克华尔街改革和消费者保护法》(Dodd-Frank Wall Street Reform and Consumer Protection Act)，对金融监管进行了大幅度改革。《多德-弗兰克法案》于2010年通过，其主要目标是提高金融系统的透明度和稳定性，保护消费者权益，并防止系统性风险的发生。该法案对证监会和其他监管机构赋予了更多的监管权力和责任，要求金融机构加强风险管理和信息披露，设立了金融稳定监督委员会(FSOC)负责监控系统性风险。法案的核心内容之一是对场外衍生品市场的监管。金融危机中，复杂的衍生品交易被认为是危机的重要诱因之一。为了防范类似风险，《多德-弗兰克法案》要求场外衍生品交易在中央交易平台上进行，并通过中央清算机构清算，提高市场透明度和安全性。此外，法案还加强了对信用评级机构的监管。信用评级机构在金融危机中被指责未能及时发现和披露金融产品的风险。为此，《多德-弗兰克法案》设立了新的监管要求，提升了信用评级机构的透明度和问责性。①

证券市场的演变与监管是一部不断发展的历史。从早期的蓝天法到现代的《多德-弗兰克法案》，美国证券市场的监管框架经历了多次重大变革。每一次变革既是对市场问题的回应，也是对监管挑战的应对。

第二节　证券欺诈案例

案例一：安然公司丑闻

安然公司曾是美国最大的能源公司之一，因其复杂的财务操作和欺诈行为在 2001 年倒闭，成为美国历史上最大的公司丑闻之一。安然丑闻不仅是单纯的财务欺诈或证券欺诈，还涉及一系列复杂的欺诈行为。通过虚假陈述和文件误导银行和金融机构，安然从这些机构获得了大量贷款和融资。此外，在调查过程中，安然及其审计公司安达信销毁了关键文件，妨碍了司法公正。安然丑闻不仅导致公司破产，还影响了数千名员工和投资者，引发了对公司治理和会计标准的广泛反思。

安然公司于 1985 年由莱（Kenneth Lay）和斯基林（Jeffrey Skilling）创立，主要从事能源、商品和服务的交易和运输。通过创新的交易和财务技术，安然迅速崛起，成为一家财富 500 强企业。然而，公司内部存在大量财务不透明和欺诈行为，这些问题在 2001 年秋天逐渐暴露。2006 年 1 月，莱和斯基林因参与安然丑闻而接受审判，起诉书长达 65 页，包含 53 项罪名，包括银行欺诈、向银行和审计师作虚假陈述、证券欺诈、电汇欺诈、洗钱、共谋和内幕交易。尽管莱和斯基林曾提出分开审判和将案件移出休斯敦的请求，认为当地的负面舆论会影响公平审判，但被法官莱克（Sim Lake）拒绝。2006 年 5 月 25 日，陪审团对莱和斯基林的审判结果公布，斯基林被判证券欺诈和电汇欺诈等 19 项罪名成立，其余 9 项罪名，包括内幕交易，则无罪。他被判处 24 年零 4 个月的监禁，2013 年，美国司法部与斯基林达成协议，将其刑期减少了 10 年。

莱对 11 项刑事指控不认罪，声称自己被误导，主要责任在于安然的首席财务官法斯托（Andrew Fastow）。莱被判证券欺诈和电汇欺诈等 6 项罪名成立，总刑期可能高达 45 年。然而，在宣判前的 2006 年 7 月 5 日，莱突然去世。美国证监会当时正试图向莱追讨超过 9000 万美元的罚款。安然丑闻牵涉的人员众

① 参见美国国会网站，https://www.congress.gov/111/plaws/publ203/PLAW-111publ203.pdf，2024 年 6 月 2 日访问。

多，包括科珀（Michael Kopper）和考西（Rick Causey）。科珀是第一位认罪的安然高管，而考西则因伪造公司财务状况被判七年监禁。共有 16 人认罪，5 人被定罪，其中包括 4 名前美林证券员工（其中 3 人的判决后来被推翻）。安然员工和股东在公司破产前四年内损失了 740 亿美元，其中 400 亿—450 亿美元归因于欺诈行为。2004 年，安然的前员工赢得了一场 8500 万美元的诉讼，赔偿因养老金损失的 20 亿美元。次年，投资者又从几家银行获得了 42 亿美元的和解金。2008 年，安然股东在一场涉及 400 亿美元的诉讼中获得了 72 亿美元的和解金。①

安然丑闻暴露后，美国国会在 2001 年 12 月至 2002 年 4 月期间举行了一系列听证会，探讨公司治理和投资者保护问题。这些听证会及随后的公司丑闻促使《萨班斯 - 奥克斯利法案》（Sarbanes-Oxley Act）于 2002 年 7 月 30 日通过。该法案的主要条款包括设立公众公司会计监督委员会，制定审计报告标准，限制审计公司提供非审计服务，要求公司高管签署财务报告，以及加强财务披露等。② 此外，美国证监会在 2002 年 2 月 13 日建议修改证券交易所的规章，纽约证券交易所在 2002 年 6 月宣布了新的治理提案，并于 2003 年 11 月获得证监会批准。主要规定包括公司必须有多数独立董事，独立董事需具备财务知识，且审计委员会至少有一名具备会计或相关财务管理经验的成员。

莱长期支持小布什总统（George W. Bush）总统，并为其各种政治活动捐款。批评者试图将布什政府与安然丑闻联系起来。《经济学人》在 2002 年 1 月的一篇文章中称，莱与布什家族关系密切，并从 1978 年小布什竞选国会失败以来一直支持他。小布什政府的一些任命与安然有关，包括白宫副幕僚长罗夫（Karl Rove）、陆军部长怀特（Thomas E. White）和证监会主席皮特（Harvey Pitt）。司法部长阿什克罗夫特（John Ashcroft）在开启刑事调查后，由于被指控接受安然 2.5 万美元的竞选捐款而回避了案件。

安然丑闻对公司的员工、股东及整个市场造成了深远影响，成为美国公司治理和会计标准改革的催化剂。通过《萨班斯 - 奥克斯利法案》和其他监管措施，安然丑闻推动了公司治理和财务透明度的提高，警示企业高管和投资者遵守法律和市场规则的重要性。

---

① 参见美国司法部网站，https://www.justice.gov/archive/index-enron.html，访问时间：2024 年 5 月 9 日。

② 参见美国国会网站，https://www.congress.gov/bill/107th-congress/house-bill/3763，访问时间：2024 年 5 月 9 日。

案例二：斯图尔特内幕交易案

斯图尔特（Martha Stewart）是玛莎·斯图尔特生活传媒（Martha Stewart Living Omnimedia）公司的创始人，以其在家庭装饰和生活方式领域的影响力而闻名。案件涉及她在 2001 年 12 月抛售生物技术公司"艾姆克隆系统（ImClone Systems）公司"的股票。

斯图尔特得知艾姆克隆系统公司的一些重要信息，这些信息尚未公开。具体来说，消息来自她的经纪人巴卡诺维克（Peter Bacanovic）。巴卡诺维克告诉斯图尔特，艾姆克隆系统公司 CEO 韦克斯尔（Sam Waksal）正在抛售大量公司股票。巴卡诺维克在美林制药（Merrill Lynch）工作，是斯图尔特的长期经纪人和顾问。2001 年 12 月 27 日，巴卡诺维克得知韦克斯尔正在试图通过家族成员和朋友迅速抛售其持有的艾姆克隆系统公司股票。这一异常行为引起了巴卡诺维克的注意，因为韦克斯尔作为公司 CEO，对公司未来业绩有着敏感的非公开信息。斯图尔特获悉，艾姆克隆系统公司的一种新药 Erbitux 在美国食品和药物管理局（FDA）的审批过程中遇到了问题。这个消息被认为是重大非公开信息，因为食药监局的决定会直接影响艾姆克隆系统公司的股票价格。Erbitux 是艾姆克隆系统公司寄予厚望的一种抗癌药物，其商业前景被广泛看好。然而，食药监局对该药物的审批程序出现了重大问题，预示着药物的上市将被推迟甚至可能被拒绝。这一信息在公开市场尚未披露时，被视为对艾姆克隆系统公司股价有着重大影响的关键因素。

在得知这一消息后，斯图尔特在 2001 年 12 月 27 日抛售了她所持有的所有 3928 股艾姆克隆系统公司股票，从而避免了因为股价下跌而带来的损失。次日，食药监局宣布不受理艾姆克隆系统公司的新药申请，导致该公司股价暴跌。斯图尔特在接到巴卡诺维克的电话后，迅速决定抛售她的艾姆克隆系统公司股票。她指示巴卡诺维克以每股 58 美元的价格卖出其持有的全部股票。这一交易行为在市场开盘前完成，避免了次日食药监局公告发布后股价暴跌带来的重大损失。事实证明，这一决定为她避免了约 4.5 万美元的损失。

2002 年，美国证监会和联邦检察官对斯图尔特的交易行为展开调查。2003 年 6 月，斯图尔特被正式指控证券欺诈、妨碍司法和作伪证。证监会的调查发现，斯图尔特与巴卡诺维克之间的通话记录和交易行为存在异常。调查人员查阅了斯图尔特和巴卡诺维克的电话记录、电子邮件以及交易记录，试图确定斯图尔特是否基于内部消息进行交易。此外，调查还发现斯图尔特在调查过程中可能提供了虚假信息，试图掩盖其交易行为的真实动机。①

经过审判，2004 年 3 月，斯图尔特被判有罪，罪名包括妨碍司法、作伪证和共谋。虽然她并未被直接指控内幕交易，但妨碍司法和作伪证的指控与她试图掩盖内幕交易行为有关。审判过程中，检方提出了大量证据，证明斯图尔特在交易完成后试图隐瞒她与巴卡诺维克之间的联系，并指使他人提供虚假证词。辩护律师则试图证明斯图尔特的交易决策是基于市场传闻和公开信息，而非内幕消息。然而，陪审团最终采纳了检方的观点，认定斯图尔特故意误导调查人员，妨碍司法公正。斯图尔特被判处 5 个月监禁，随后是 5 个月的在家监禁，以及 2 年的缓刑。她还被罚款 3 万美元，并且在服刑期间暂时退出了玛莎·斯图尔特生活传媒公司的董事会和 CEO 职位。法院在判决中指出，斯图尔特的行为严重破坏了市场的公平性和透明度，必须对其进行严惩以示警诫。判决后，斯图尔特表示对陪审团的裁决表示失望，但决定接受判罚并服刑。

斯图尔特案是美国证券市场打击内幕交易的标志性案例之一。案件提醒公司高管和其他内部人员，利用未公开信息进行交易是违法的，将面临严厉的法律制裁。

案例三：伽利恩集团内幕交易案

伽利恩（Galleon）集团由拉贾拉南（Raj Rajaratnam）于 1997 年创立，专注于科技和医疗保健领域的对冲基金管理。作为一家初创公司，伽利恩凭借其高额回报和丰富的人脉资源，在华尔街迅速崭露头角。到 2009 年，伽利恩集团管理的资产规模已达到 70 亿美元，成为华尔街最成功的对冲基金之一。然而，伽利恩集团的成功背后，却隐藏着一系列严重的内幕交易行为，最终导致了其创始人和多名高层管理人员的刑事起诉。

拉贾拉南及其同伙利用他们在金融界和企业界的深厚人脉关系，获取了大量未公开的公司财务信息和交易细节，从而进行内幕交易。这些内幕信息不仅涉及公司财务状况和业绩预测，还包括敏感的股东大会决策、并购交易等重大事件。这些信息通常是在公开披露前通过非法渠道传递给伽利恩集团，成为拉贾拉南获取非法利润的工具。其中，阿努巴夫·康萨尔（Anil Kumar），麦肯锡公司高级合伙人，成为伽利恩集团获取内幕信息的重要来源之一。康萨尔利用自己在麦肯锡的高层地位，向拉贾拉南透露了包括高通、英特尔和 IBM 在内的多家公司未公开的财务和经营信息。另一个关键人物是拉贾特·古普塔（Rajat

---

① 　United States of America v. Martha Stewart and Peter Bacanovic, S1 03 Cr. 717 (MGC).

Gupta），曾任高盛集团董事会成员，他向拉贾拉南提供了高盛的内部财务信息。古普塔的行为尤为严重，因为作为一家全球顶尖投资银行的董事，他的职责是保护公司的商业机密，而他却将这些信息用于非法利益的获取。

拉贾拉南及其团队通过将这些内幕信息转化为股市交易策略，迅速采取行动，进行大量股票买卖，从中获取了巨额非法利益。例如，拉贾拉南通过从康萨尔处获取关于某家科技公司季度财报的信息，在该公司正式发布财报前，便大量购买或卖出该公司股票，成功避免了巨额亏损，甚至赚取了数千万美元的非法利润。与此同时，拉贾拉南还通过与其他对冲基金经理和金融高管的密切合作，扩展了内幕信息的获取网络，形成了一个庞大的非法交易联盟。

2009 年 10 月，美国联邦调查局（FBI）和证券交易委员会（SEC）对伽利恩集团展开了大规模调查，揭露了这一内幕交易网络。调查表明，拉贾拉南与康萨尔、古普塔等人通过电话、电子邮件等渠道交换内幕信息，并利用这些信息进行交易。在调查过程中，执法部门通过电话窃听和电子邮件监控等现代科技手段，收集了大量的证据，证明了伽利恩集团的内幕交易行为。[1] 2011 年，拉贾拉南被联邦法院判定犯有 14 项证券欺诈和内幕交易罪。他被判处 11 年监禁，并罚款 9200 万美元，这也是当时因内幕交易被判处的最长刑期之一。除了拉贾拉南，案件还涉及了多名关键人物，包括康萨尔和古普塔等。康萨尔在案件中承认自己向拉贾拉南提供了内幕信息，并达成认罪协议，避免了长期监禁。古普塔则在 2012 年被判定犯有阴谋罪和三项证券欺诈罪，判处两年监禁，并被罚款 500 万美元。古普塔的案件尤其引人注目，因为他是一个备受尊敬的商界领袖，曾在多个国际组织中担任重要职务。

此外，拉贾拉南案件的判决也引发了关于跨国企业合规的重要讨论，特别是对于中国企业而言，熟悉美国证券法律并强化合规审查和风险控制机制，已经成为其在全球市场中立足的必备条件。在美国这样拥有复杂证券法律体系的国家，企业应当建立严格的信息保护机制，并加强对员工和高管的法律培训，确保其在合法合规的框架下进行投资和交易。美国证券法律体系的复杂性要求中国企业必须特别关注其在美国市场的投资行为。企业应通过建立合规管理体系、制定严格的信息保护政策、定期对员工进行法律法规培训等措施，确保合法合规经营，防止陷入内幕交易的法律风险。

---

[1] United States v. Raj Rajaratnam, 09 Cr. 1184 (RJH) (S.D.N.Y. 2009).

第三节　证券的定义与分类

一、证券的基本定义

证券作为现代金融市场的重要组成部分，其定义和分类是理解证券市场运作的基础。在法律和金融实践中，证券的定义可以从多个角度来理解。根据《1933 年证券法》和《1934 年证券交易法》，证券的定义包括了广泛的金融工具和投资契约。《1933 年证券法》第 2 条明确列举了证券的各种形式，包括股票、债券、认股权证、票据、投资合同等。这一定义为联邦政府对证券市场的监管奠定了法律基础。广义上，证券可以被视为一种代表所有权（如股票）或债权（如债券）的金融资产，持有人有权从中获得经济利益，如股息、利息或资本增值。

在众多类型的证券中，股票和债券是最为常见和基础的形式。

股票是代表公司所有权的证券，持有人即为公司股东。股票持有人可以通过股息和资本增值两种主要方式获得回报。股息是公司利润的一部分，按比例分配给股东；资本增值则是股票价格上涨带来的收益。根据股东权利的不同，股票可分为普通股和优先股。普通股股东享有公司剩余收益的分配权和投票权，但在公司清算时，其偿还顺序位于债权人和优先股股东之后。优先股股东则通常享有固定股息，并在公司清算时优先于普通股股东获得偿还，但一般不具备投票权。

债券是一种债务证券，发行者向投资者借款，并承诺在未来的某个日期偿还本金并支付利息。债券持有人不拥有公司股权，但享有固定的利息收益和在公司清算时优先于股东的偿还权。债券按发行主体可分为政府债券、公司债券和市政债券等；按期限可分为短期、中期和长期债券；按利率结构可分为固定利率债券和浮动利率债券等。

除了股票和债券，现代金融市场上还有一些其他类型的证券，如：认股权证和期权、投资基金、资产支持证券（ABS）、金融衍生品等，每种证券都有其独特的特点和功能。

认股权证是公司发行的一种证券，赋予持有人在特定时间内按预定价格购买公司股票的权利。期权则是一种金融衍生工具，包括认购期权和认沽期权，持有人可以选择在未来某个时间以特定价格买入或卖出标的资产。期权交易增加了市场的灵活性，但也带来了更高的风险和复杂性。投资基金是一种集合投资工具，通过向投资者发行份额或股份，集中资金进行专业化投资。根据投资标的和策略的不同，投资基金可以分为股票基金、债券基金、货币市场基金和混合基金等。投资基金通过分散投资风险，提高了普通投资者的投资效率和收益稳定性。资产支持证券是一种基于特定资产池的证券化产品，通常由抵押贷款、信用卡应收账款、汽车贷款等资产支持。ABS 将这些资产池中的现金流打包，转化为可以在市场上交易的证券。这种证券化过程提高了资产的流动性，同时也分散了风险。金融衍生品包括期货、期权、互换等，通常用于对冲风险或投机。金融衍生品的价值取决于标的资产的价格变化，可以为投资者提供灵活的风险管理工具，但也增加了市场的复杂性和不确定性。

二、证券的法律定义与"豪伊测试"

证券的法律定义不仅限于《1933 年证券法》和《1934 年证券交易法》中的条文，许多重要的司法判例也对证券的定义和适用范围进行了细化和补充。最著名的判例之一是 1946 年的"豪伊测试"（Howey Test），该测试确立了判断某种投资契约是否构成证券的标准。豪伊测试源自美国联邦最高法院在"美国证券交易委员会诉 W.J. 豪伊公司案"中的判决，判决指出，某项交易是否构成投资合同（即证券）取决于以下四个要素：资金的投资、一个共同企业、利润的期望、他人的管理努力。如果这四个要素同时满足，则该交易即为证券交易，受联邦证券法的管辖。

"豪伊测试"在美国证券法中具有重要地位，它不仅适用于传统的证券形式，还适用于各种新型的金融产品和投资计划。例如，在判断 ICO（初始代币发行）是否构成证券时，证监会就使用了"豪伊测试"来确定其性质。

三、证券的分类标准与实践应用

证券的分类标准多种多样，主要包括按性质、按期限、按收益类型等进行分类。不同的分类标准有助于投资者和监管者更好地理解和管理证券市场。

按性质分类：证券可以分为权益证券和债务证券。权益证券包括普通股、优先股等，持有人拥有公司的一部分所有权；债务证券包括公司债、政府债券等，持有人对发行主体享有债权。按期限分类：证券按期限可以分为短期证券和长期证券。短期证券（如商业票据、国库券）期限一般在一年以内，主要用于满足短期资金需求；长期证券（如长期债券、股票）期限较长，适合长期投资。按收益类型分类：证券按收益类型可以分为固定收益证券和浮动收益证券。

固定收益证券（如定期存单、债券）收益固定且确定，适合风险承受能力较低的投资者；浮动收益证券（如股票、期权）收益不确定且波动较大，适合风险承受能力较高的投资者。

证券的定义与分类是证券市场运作和监管的基础。通过明确证券的性质和分类，投资者可以更好地理解不同证券的特点和风险，从而做出更为理性的投资决策。与此同时，监管机构也能够根据不同类型证券的特性，制定相应的监管措施。

四、新型证券与金融创新

随着金融市场的发展和技术的进步，新型证券和金融创新不断涌现。这些新型证券不仅丰富了投资选择，也带来了新的监管挑战。加密货币和数字资产：近年来，加密货币（如比特币）和数字资产（如NFT）迅速崛起，成为新型投资工具。尽管其法律地位和监管框架尚未完全明确，但加密货币和数字资产已吸引了大量投资者的关注。证监会在这一领域也逐步加强监管，防范潜在的市场风险和欺诈行为。

绿色债券和社会责任投资（SRI）：随着社会对环境保护和可持续发展的关注日益增加，绿色债券和社会责任投资（SRI）成为重要的投资趋势。绿色债券是用于资助环保项目的债务证券，而SRI则是考虑环境、社会和治理（ESG）因素的投资策略。这些新型证券和投资策略不仅有助于推动社会可持续发展，也为投资者提供了新的投资机会。

证券化产品和结构性金融工具：证券化产品（如抵押贷款支持证券MBS）和结构性金融工具（如担保债务凭证CDO）在金融危机前后广泛应用。这些金融工具通过将基础资产打包、分层和再分配，满足了不同投资者的风险和收益需求。然而，它们的复杂性也带来了系统性风险并增加了监管。

第四节　证券欺诈规制的法律渊源

一、证券欺诈的概述

证券欺诈是指通过虚假陈述、隐瞒重要事实或其他欺骗手段，诱使投资者买卖证券，导致投资者遭受经济损失的行为，危及金融市场的健康发展。美国法律对证券欺诈行为制定了严格的监管和惩罚措施。

证券欺诈的形式多种多样，但主要包括以下几种类型：①虚假陈述：这是最常见的证券欺诈形式之一，指在证券发行或交易过程中故意提供虚假或误导性的信息，诱导投资者做出错误的投资决策。虚假陈述包括夸大公司业绩、伪造财务数据或隐瞒负面信息等。②内幕交易：内幕交易是指利用未公开的重大信息进行证券交易，从而获得非法收益的行为。内幕信息通常是指公司尚未向公众披露的重大事件，如并购、财务状况变化或重大合同签订等。内幕交易不仅违反了公平交易原则，也损害了公众对市场的信任。③市场操纵：市场操纵是指通过人为操控证券价格或交易量，误导市场和投资者，从中牟取非法利益的行为。市场操纵的手段包括虚假交易、散布虚假信息、拉抬股价等。这些行为严重破坏了市场的公平性和透明度。④庞氏骗局：庞氏骗局是一种典型的证券欺诈形式，指通过不断吸纳新投资者的资金来支付早期投资者的高额回报，制造虚假的高收益假象，吸引更多投资者加入。当新投资者的资金无法满足回报支付时，骗局即告破裂，投资者往往血本无归。

二、主要法律渊源

美国的证券欺诈法律框架由多个重要法律构成，其中最为核心的法律包括《1933 年证券法》《1934 年证券交易法》《萨班斯 - 奥克斯利法案》（SOX 法案）以及《多德 - 弗兰克法案》。这些法律共同构建了严密的法律体系，旨在防止证券欺诈、保障投资者权益，并通过有效的监管和严厉的惩罚措施维护金融市场的健康稳定。

《1933 年证券法》是美国证券市场中最早的证券法律之一，其核心目标是确保证券发行时的信息公开透明，以保护投资者免受欺诈行为的侵害。该法案的第 11 条规定，若在证券发行的注册声明中存在虚假陈述或重大遗漏，相关责任方，包括发行人、董事、签署人以及承销商，都将承担民事责任。具体来说，第 11 条允许投资者在证券注册声明中出现虚假信息或重要信息遗漏时，提出诉讼，并要求相关方赔偿损失。此条款对于防止公司在证券发行过程中隐瞒关键信息、虚假夸大公司业绩具有重大意义。例如，在历史上曾有案件表明，通过夸大公司前景或隐瞒负面财务信息，部分发行人能够操控市场，导致投资者遭受巨大经济损失。此外，《1933 年证券法》第 12 条进一步强化了对证券销售过程中欺诈行为的防范，规定如果证券销售过程中存在虚假陈述或遗漏，买方有权要求退还购买价格并获得损失赔偿。该条款有效促进了投资者保护的法律机制，强化了市场的诚信性和透明度。

《1934 年证券交易法》主要关注证券市场的二级市场，尤其是证券交易的监管，旨在防止市场欺诈行为，如内幕交易和市场操纵。该法案的第 10(b) 条是美国证券法中的核心条款之一，授权美国证券交易委员会（SEC）制定必要的规则以禁止证券交易中的欺诈行为。在此框架下，SEC 发布了第 10b-5 条规则，明确规定禁止与证券交易相关的欺诈行为，涵盖了虚假陈述、隐瞒事实、市场操纵等多种形式。第 10b-5 规则的广泛适用，极大地增强了对证券市场的监督和保护。例如，依据此条款，任何公司或个人在证券交易过程中，若进行虚假陈述或隐藏关键信息，都会遭遇民事责任或刑事处罚。此外，市场操纵行为如虚假交易、散布误导性信息等，也会根据第 9(a) 条受到严格打击。法院在相关案件中会要求证明，被告的行为是为了故意影响市场价格，而非基于合理的经济交易目的。例如，在美国诉穆勒伦案中，法院要求政府证明被告通过人为操控股价进行市场操纵，进而影响了市场的正常运作。

2002 年通过的《萨班斯 - 奥克斯利法案》是对公司治理结构和财务报告监管的一项重大改革，特别是针对财务舞弊行为和证券欺诈案件的防范。该法案在美国证券法律框架中占据重要地位，旨在加强公司财务报告的透明度，并对公司高层管理人员提出了更为严格的责任要求。《萨班斯 - 奥克斯利法案》第302 条要求公司首席执行官（CEO）和首席财务官（CFO）对公司的财务报告的真实性和准确性承担责任。如果他们未能履行这一责任，可能会面临刑事处罚。此外，法案第 404 条规定，公司必须建立并执行有效的内部控制机制，确保财务报告的可靠性和透明度。对于未能履行财务报告义务的公司高管，法案规定了严厉的刑事惩罚，包括监禁和罚款等。这些规定有助于打击公司高层管理人员在证券欺诈中扮演的角色，并有效提高了公司内部控制的合规性。

2010 年通过的《多德 - 弗兰克法案》是对美国金融市场监管进行全面改革的一项立法，特别是在金融危机之后，旨在加强对金融系统的监管，避免未来的系统性风险。该法案不仅对衍生品市场和信用评级机构实施更严格的监管，还成立了金融消费者保护局，进一步加强对投资者的保护。一个重要的创新是《多德 - 弗兰克法案》设立了"举报奖励机制"（Whistleblower Program），鼓励公司内部人员举报证券欺诈行为。根据该法案，举报人如果能够提供有价值的信息并成功帮助政府打击证券欺诈，将获得从处罚金额中提取的奖励。此项措施旨在激励更多的知情人士揭露公司违规行为，提高证券市场的透明度和公正性。此外，法案还加强了对金融消费者的保护，要求金融机构更加透明地披露产品信息，以确保消费者能够做出知情决策。

这些法律法规构成了美国证券欺诈防范的法律框架，并为投资者提供了法律保障。通过严厉的规定和有效的监管，政府能够减少证券市场中的不当行为，维护市场的公平性和透明度，保护投资者的利益。

三、证券欺诈的法律责任与处罚

在美国，证券欺诈是一项严重的违法行为，法律对其规定了严厉的民事和刑事责任。首先，在民事领域，《1933 年证券法》和《1934 年证券交易法》赋予了受害者通过法律途径追究责任人的权利。这些受害者可以是个别投资者，也可以是代表一群投资者的集体诉讼的发起人。民事诉讼制度安排的核心目的是弥补受害者的损失，试图恢复因欺诈行为而受损的市场秩序。

但法律不仅仅止步于民事赔偿。在许多情况下，证券欺诈还会触犯刑法，涉案人员将面临严厉的刑事指控。美国司法部在这方面承担了重要角色，负责追究证券欺诈的刑事责任。刑事处罚的形式多样，包括高额罚款、监禁、甚至没收非法所得。这样的刑罚不仅旨在惩罚已经发生的违法行为，更在于震慑那些潜在的违法者。通过这样的手段，法律意图传达一个明确的信息：任何试图破坏市场秩序、损害投资者利益的人都将付出沉重的代价。

与此同时，除了民事和刑事责任，证券欺诈还会招致行政处罚。证监会（SEC）等监管机构拥有广泛的权力，可以对涉嫌欺诈的个人或机构提起行政诉讼。证监会的制裁手段灵活多样，包括罚款、禁令、吊销执照等。行政处罚的目的是迅速有效地制止违法行为，防止进一步损害投资者利益。例如，在某些重大案件中，证监会可能会对涉及欺诈的金融机构施以巨额罚款，或者禁止其高管在未来担任任何上市公司的职务。

四、证券欺诈的防范措施

所有在美国上市的中资背景公司都面临美国监管机构的证券欺诈潜在指控。美国证券交易委员会及其他监管机构通过定期审查财务报告、监控异常交易及开展市场调查，能够及时发现和打击证券欺诈行为。《1934 年证券交易法》第9(a) 条款明确规定了市场操纵的行为，包括虚假交易、散布虚假信息、洗售交易[①]和配对交易等。法院在处理市场操纵案件时，要求政府提供证据证明被告的

---

① 洗售交易（wash sale）指的是投资者在亏损的情况下卖出某证券，并在短时间内重新购买相同或相似的证券。此类交易通常旨在创造可税前扣除的损失，或人为制造市场活动的假象。根据美国《税收法》第 1091 条，洗售交易在税务上是被禁止的，如果投资者在卖出证券后 30 天内重新购买相同或类似的证券，则该交易无法用来抵消资本利得税。洗售交易还可能被用于市场操纵，通过虚假买卖活动误导其他市场参与者对证券真实供需情况的认知。

"唯一目的是人为地影响市场价格"。例如，在"美国诉穆勒伦案"①中，法院认定被告实施市场操控，目的在于通过虚假交易来误导投资者。对于中资公司而言，密切配合监管机构并提高财务透明度至关重要。建立完善的合规机制、加强对公司财务状况的审计，以及主动披露所有重大信息，不仅有助于避免违法行为，也能提升投资者对公司的信任。

此外，中资公司还需要强化内部控制和治理结构，确保所有交易和信息披露符合法律要求。美国证券法对公司治理有严格的要求，特别是《萨班斯 - 奥克斯利法案》（SOX 法案）规定，公司高管对财务报告的真实性和准确性负责。设立独立的董事会和审计委员会，建立高效的风险管理和内部审计机制，能有效防止公司内部人员的欺诈行为。例如，通过完善的内部审计机制，可以及时发现财务数据中的不规范之处，并采取纠正措施。通过这些内部控制措施，中资公司能够大大减少证券欺诈的风险，确保公司在美国资本市场中的合规性和透明度，从而提高市场对其的信任。

中资公司在防范内幕交易和市场操纵方面需要更加严格地遵循美国的法律框架。根据《1934 年证券交易法》第 10(b) 条和 SEC 规则 10b-5，禁止利用未公开的重大信息进行证券交易以获得非法利益，这些法律条款是维护市场公平性和投资者利益的重要工具。法院在"证监会诉德州硫磺公司案"②中明确了"弃权或披露"规则，要求公司内部人员在利用未公开的重大信息进行证券交易前，必须披露该信息或放弃交易。这些法律条款的实施对中资公司提出了更高的要求，公司必须加强对内幕信息的管理，确保所有涉及未公开信息的交易行为符合法规要求。同时，市场操纵行为，如虚假交易、拉抬股价等，也需严格防范。公司可以通过建立完善的信息安全和数据披露机制，防止内幕交易和市场操控行为的发生。

---

① United States v. Mullaney, 4 F.3d 929 (9th Cir. 1993).

② SEC v. Texas Gulf Sulphur Co., 401 F.2d 833 (2d Cir. 1968).

第九章　网络犯罪

只有当那些不受影响的人像那些受影响的人一样愤怒时，正义才会得到伸张。

——本杰明·富兰克林

　　网络犯罪，乍一听就像是科幻小说里的情节，但如今已成了现实中的困扰。想象一下，一位黑客深夜坐在昏暗的房间里，将全球的银行账户、企业机密、甚至政府的秘密一一窃取，这样的场景并不只存在于电影中。网络犯罪的复杂性和隐蔽性，使其成为现代社会的重大威胁。从计算机病毒到黑客攻击，从网络诈骗到数据泄露，无一不在挑战我们的法律体系和社会秩序。无论是公司、律师事务所，还是政党和政府机构，都在努力应对这一问题，力求在信息时代的洪流中稳住阵脚。在现代社会，信息技术的普及使得网络犯罪不仅限于传统的黑客攻击和病毒传播，越来越多的网络犯罪手段层出不穷。勒索软件攻击、钓鱼诈骗、身份盗窃等新型网络犯罪对个人隐私、企业利益和社会秩序造成了前所未有的挑战。网络犯罪的跨国性和隐蔽性，使得单靠一国之力难以应对这一挑战。国际社会已经意识到这一点，并通过各种合作机制，共同打击网络犯罪。跨国执法合作、情报共享以及法律援助成为打击网络犯罪的重要手段。这不仅有助于追踪和抓捕犯罪分子，也推动了全球范围内网络安全法律体系的完善和协调。

　　网络犯罪不仅限于黑客攻击和病毒传播，还涉及复杂的商业间谍活动。对于中国法学院的学生和跨国投资律师来说，理解和应对网络犯罪具有重要的实际意义。近年来，美国多次利用《计算机欺诈及滥用法》（CFAA）起诉外籍员工和外资背景公司，指控他们从事知识产权盗窃和商业间谍活动。例如，几名中国工程师因涉嫌窃取美国风力发电公司的商业秘密而被起诉。他们被指控利用在美国公司的职位，非法获取核心技术信息，并将这些信息传回中国，帮助中国公司提升技术水平。这些案件不仅揭示了网络犯罪的复杂性和多样性，也凸显了国际在知识产权保护和商业竞争中的法律冲突。通过深入研究这些跨国案件，学生可以更好地了解全球法律体系如何应对网络犯罪，以及这些法律在国际合作和执法中的实际应用。这不仅有助于未来法律工作者应对复杂的国际法律环境，也为他们提供了在全球化背景下保护国家和企业利益的法律工具和思路。中国作为全球信息技术的重要参与者和受害者，必须积极参与国际合作，完善自身的法律体系，以应对日益复杂的网络犯罪威胁。本章我们将详细探讨网络犯罪的起源与演变，分析美国如何利用CFAA等法律工具打击网络犯罪和商业间谍，研究应对策略。

第一节　网络犯罪的历史

回顾计算机犯罪的历史，从最初的电话线盗窃（phreaking）[①]和简陋的恶作剧[②]，到今天复杂的跨国网络犯罪团伙，计算机技术的发展与犯罪手段的升级如影随形。没有哪一个时代像今天这样，信息技术如此深入人心，互联网已成为每个人生活中不可或缺的一部分，同时也为犯罪分子提供了无数的新机会和新手段。计算机犯罪的历史则包括一些标志性的事件，例如1988年的"莫里斯蠕虫"（Morris Worm），这是首例广泛传播的计算机蠕虫病毒，造成了巨大的网络破坏，引起了社会对网络安全的高度关注。[③]2000年，"爱虫病毒"（I LOVE YOU）再次凸显了网络病毒的威胁。近年来，黑客组织的活动愈发猖獗，如2014年的索尼影业攻击事件，暴露了企业网络安全防护的薄弱。在探讨网络犯罪历史的过程中，不仅要关注法规的演变和具体案例的分析，还要理解技术发展对犯罪形式的影响。网络犯罪从最初的简单数据盗窃，发展到如今的复杂网络攻击和跨国犯罪，技术的进步既带来了便利，也带来了前所未有的挑战。全球化和互联网的普及，使得犯罪行为更加隐蔽和难以追踪，网络犯罪已经成为

[①] phreaking 是一种利用技术手段盗用电话服务的行为，通常是通过破解电话系统来免费拨打长途电话。这种行为可以追溯到20世纪60年代，当时一些技术爱好者通过研究电话系统的工作原理，找到了利用信号和音调操控电话网络的方法，以获取免费通话服务。

[②] 通常由业余爱好者或青少年实施，利用计算机系统的漏洞进行一些小规模的破坏或捣乱。例如，通过发送简单的计算机病毒、恶意代码或操控计算机屏幕显示一些恶作剧信息等。

[③] 莫里斯（Robert Tappan Morris）在1989年被起诉并定罪，成为首个根据《计算机欺诈和滥用法》（CFAA）被判刑的人。他被判处三年缓刑、400小时社区服务和1万美元罚款。

全球法律和执法机构共同面对的难题。

1984 年，美国通过了首部专门针对计算机犯罪的法律——《计算机欺诈及滥用法》（Computer Fraud and Abuse Act，简称 CFAA）[1]，这一法律的出台，是对日益猖獗的计算机犯罪的正式回应。CFAA 位于《美国法典》第 18 编第 1030 条，重点关注不当的计算机访问行为，而非其他不当行为，如计算机使用。该法案定义了几种计算机犯罪行为，包括未经授权访问计算机、损害计算机数据、窃取信息等。

由于技术和犯罪手段的不断演变，该法案在实施过程中暴露出一些明显的不足之处。因此，1986 年，国会对 18 U.S.C. § 1030 进行了修订，形成了《1986 年计算机欺诈及滥用法案》[2]。修订内容包括扩大犯罪行为的定义范围，增加对计算机犯罪的刑罚力度，并明确了联邦政府在打击计算机犯罪方面的职责。随着计算机技术的进一步发展和网络的普及，该法案仍未能完全满足实际需要。为此，国会在 1996 年再次对 18 U.S.C. § 1030 进行了修订。这次修订作为国家信息基础设施保护计划（NIPPA）的一部分，进一步扩大了该法案的适用范围，涵盖到七种不同类型的犯罪行为，包括重罪和轻罪。此外，修订后的法案规定，屡犯者将面临加重处罚。[3]

通过这些修订，计算机欺诈及滥用法案不再仅限于与计算机访问相关的犯罪行为。《2001 年爱国者法案》（U.S. Patriot Act）对 CFAA 进行了进一步修改，[4]将计算机欺诈列为特定的非法洗钱活动，并赋予该法规域外适用性。这意味着，美国可以根据该法案追究在国外实施的计算机犯罪行为，从而提升了打击跨国计算机犯罪的能力。

司法实践在推动法律完善方面发挥了重要作用。司法部下属的计算机犯罪和知识产权科（CCIPS）在全球范围内打击计算机和知识产权犯罪的过程中发挥了重要作用。CCIPS 编写的《起诉计算机犯罪》（Prosecuting Computer Crimes）手册，为检察官处理计算机相关案件提供了明确的指导，涵盖了计算

---

[1] 参见美国司法部网站，https://www.congress.gov/bill/98th-congress/senate-bill/2864/text，访问时间：2024 年 5 月 27 日。

[2] 参见美国国会网站，https://www.congress.gov/bill/99th-congress/house-bill/4718，访问时间：2024 年 5 月 27 日。

[3] 参见美国国会网站，https://crsreports.congress.gov/product/pdf/R/R46536，访问时间：2024 年 5 月 27 日。

[4] 参见美国刑事辩护律师协会网站，https://www.nacdl.org/Content/CFAABackground，访问时间：2024 年 5 月 27 日。

机欺诈法规及其他网络犯罪,如身份盗窃和访问设备欺诈。①CCIPS 手册还包含了多个附录,例如"与公司合作的最佳实践"和"受害者响应和报告的最佳实践",这些内容为检察官在实际操作中提供了宝贵的参考。

不仅联邦层面在积极打击计算机犯罪,州检察官也在各自的管辖范围内对实施计算机犯罪的个人提起诉讼。许多州现在都有明确保护计算机信息和禁止滥用计算机的法律。这种双重打击机制确保了无论犯罪行为发生在联邦还是州级层面,都能受到相应的法律制裁。美国的计算机欺诈立法还注重国际合作。随着全球化进程的加速,跨国计算机犯罪日益猖獗,单靠一国之力难以应对这一挑战。为此,美国与多个国家和国际组织建立了广泛的合作机制,通过情报共享、联合行动和法律援助等方式,共同打击跨国计算机犯罪。例如,美国司法部与国际刑警组织、欧洲刑警组织等机构密切合作,成功破获了多个跨国计算机犯罪团伙。

第二节 网络犯罪案例

案例一:诺萨尔窃取商业机密案

诺萨尔(David Nosal)是光辉国际(Korn/Ferry International)公司的一名前高管,这家公司是一家全球知名的猎头公司,专门从事高端人才的招聘和推荐工作。诺萨尔在离职后,策划了从光辉国际窃取商业机密的计划,以便在建立自己的竞争性业务时使用这些信息。这一计划涉及他与仍在光辉国际工作的几名员工合作,通过这些员工的合法访问权限,非法获取公司的数据库信息。诺萨尔和同伙们打算利用这些信息建立自己的竞争性企业,从而直接与光辉国际竞争。

诺萨尔在离职后,与几名仍在光辉国际工作的员工保持联系,并策划了一系列行动来获取公司的商业机密。这些信息包括客户名单、候选人资料以及其他专有信息。通过这些员工的合法访问权限,他们可以轻松获取这些重要的商业数据。然而,这些行为显然超出了合法使用的范围。诺萨尔和同伙们通过这种方式,试图为新成立的竞争性公司获取不正当的优势。司法部依据《计算机欺诈和滥用法》(CFAA)对诺萨尔提起诉讼。②CFAA 规定,未经授权访问计算

---

① 参见美国司法部网站,https://www.justice.gov/d9/criminal-ccips/legacy/2015/01/14/ccmanual_0.pdf,访问时间:2024 年 5 月 27 日。

② United States v. Nosal, 676 F.3d 854 (9th Cir. 2012)

机系统并获取、复制或传输数据的行为属于违法行为。Nosal 和他的同伙虽然是通过合法访问权限获取数据，但其行为超出了授权范围，因此违反了 CFAA。这一点成为案件审理过程中的一个关键点，因为它涉及对"未经授权访问"的法律定义和适用范围的解释。

诺萨尔最初被起诉包括 CFAA 在内的多项指控。司法部指控他和同伙通过超出授权范围的行为非法获取公司的商业机密。在初审中，诺萨尔的辩护律师提出，由于他的同伙们是通过合法访问权限获取信息，不能算作"未经授权"的访问。因此，诺萨尔的行为不应构成 CFAA 所定义的犯罪行为。初审过程中，这一辩护理由成为争议的焦点，辩护律师试图以此减轻诺萨尔的责任。在初审中，法庭需要决定诺萨尔和同伙的行为是否符合 CFAA 中"未经授权访问"的定义。辩护方认为，这些员工拥有合法的访问权限，因此他们的行为不应被视为"未经授权"。然而，法庭最终判定，即使是通过合法访问权限获取信息，但如果行为超出了原本授权的范围，仍然属于"未经授权"的访问，违反了 CFAA。诺萨尔和他的同伙因超出授权范围获取商业机密而被判有罪。

此案上诉至联邦第九巡回上诉法院。上诉法院在 2012 年作出判决，确认了初审法院的判决，认为即使通过合法访问权限获取信息，但超出授权范围的行为仍然违法。法院判定诺萨尔的行为违反了 CFAA，诺萨尔最终被定罪，包括违反 CFAA 在内的多项指控。法院判处他一段时间的监禁，并要求支付罚款。诺萨尔的定罪对商业间谍行为的打击具有重要意义。通过这一案件，司法系统进一步明确了 CFAA 的适用范围，特别是"未经授权访问"的定义。法院明确指出，即使是拥有合法访问权限的员工，如果其行为超出了授权范围，依然属于违法行为。这一判决不仅对诺萨尔本人形成了严厉的法律制裁，也对其他试图通过类似手段获取商业机密的人形成了强大的法律震慑。

案例二：LockBit 勒索软件案

LockBit 是一种"勒索软件即服务"（RaaS）模式的勒索软件，自 2019 年起对全球多个行业的公司进行大规模勒索攻击。2023 年，美国司法部对多名俄罗斯国民提起诉讼，其中霍罗舍夫（Dmitry Yuryevich Khoroshev）被指控为主要开发者和操纵者。根据起诉书，LockBit 自 2019 年起攻击了至少 2500 个目标，目标包括医院、学校、非营利组织、关键基础设施和政府及执法机构，涉及 120 多个国家，其中包括 1800 个美国目标。这些攻击导致受害者支付了至少 5 亿美元的赎金，造成了数十亿美元的经济损失。攻击者通过加密受害者的数据，要求支付赎金以换取解密密钥，并威胁如不支付赎金将公开被盗数据。勒索金额从几千美元到数百万美元不等。霍罗舍夫作为 LockBit 的开发者和管理者，通常从每笔赎金中提取 20% 的份额，而负责实际攻击的附属机构则获取剩余的 80%。[①]

LockBit 勒索软件的技术特点包括其高度自动化的攻击流程和强大的加密算法，使得受害者很难在不支付赎金的情况下恢复数据。LockBit 还采用"勒索软件即服务"的商业模式，开发者提供技术支持和软件更新，附属机构负责实际的攻击行动，赎金按比例分成。根据美国法律，霍罗舍夫和其同伙被控多项罪名，包括《计算机欺诈和滥用法》（Computer Fraud and Abuse Act, 18 U.S.C. § 1030）、《有组织犯罪控制法》（RICO, 18 U.S.C. § 1962）和《银行欺诈法》（Bank Fraud, 18 U.S.C. § 1344）。具体指控包括：1. 计算机欺诈和滥用：攻击者未经授权访问受害者的计算机系统，实施数据加密并要求赎金；2. 有组织犯罪控制：由于 LockBit 采用组织化的犯罪模式，利用多个附属机构进行勒索攻击，检方指控其构成有组织犯罪。3. 银行欺诈：在某些案件中，攻击者通过伪造和虚假交易从银行账户中提取资金，进一步加重了受害者的经济损失。

在全球执法机构的合作下，2024 年 2 月，美国和英国等多个国家成功瓦解了 LockBit 的运作网络，查封了其服务器并逮捕了部分嫌疑人。此次行动涉及跨国合作，包括情报共享、法律协助和联合行动。美国司法部特别指出，此次行动需要得到多国执法机构的支持，特别是涉及域外证据的收集和引渡程序。根据《国际引渡条约》和《互助法律协定》，美国和其他国家的执法机构能够顺利协调行动，成功打击了这一跨国犯罪网络。包括霍罗舍夫在内，共有六名个人因参与 LockBit 勒索软件活动被指控，其中部分已被捕，一些仍在逃。执法机构继续追踪逃犯，并通过国际合作进一步打击相关的网络犯罪活动。

LockBit 案件的法律处理涉及多个关键点。首先是跨国司法管辖权：美国司法部在起诉书中详细说明了适用《计算机欺诈和滥用法》的跨国司法管辖权，特别是在犯罪行为涉及多个国家的情况下。根据该法，任何在美国境内或对美国公民造成影响的网络犯罪行为都可以受到美国法律的制裁。其次是证据收集和保全：在跨国执法过程中，证据的收集和保全至关重要。执法机构必须确保在不同法域内收集的证据符合美国联邦证据规则的要求，以确保在法庭上具有可采性。最后是量刑指南，根据《美国联邦量刑指南》（Federal Sentencing

---

① 参见美国司法部网站，https://www.justice.gov/opa/pr/us-charges-russian-national-developing-and-operating-lockbit-ransomware，访问时间：2024 年 5 月 27 日。

Guidelines），针对网络犯罪的量刑标准需要综合考虑犯罪的严重性、受害者的损失、犯罪者的角色和犯罪的组织化程度。LockBit 案件中，由于其涉及大规模的跨国犯罪活动，量刑可能会更加严厉。

案例三：GoDaddy 数据泄露案

GoDaddy 是一家全球知名的域名注册和网络托管公司。自 2020 年以来，该公司一直遭受持续的网络攻击，几乎每年都有一次重大入侵事件。这些入侵导致了超过 100 万 GoDaddy 用户的数据受损。攻击的频繁发生表明，攻击者可能因 GoDaddy 与全球数百万企业的广泛联系而将其视为理想目标，使其成了一个具有吸引力的目标。

在 2022 年，GoDaddy 公布了一起长达数年的数据泄露事件，揭示了其在应对长期潜伏攻击中的脆弱性。自 2021 年起，黑客便悄无声息地入侵 GoDaddy 的服务器，窃取源代码并植入恶意软件，导致超过 120 万客户的个人信息遭到泄露。[①] 尽管没有明确的责任方公开承认此次攻击，然而这一事件暴露了企业在面对长期渗透性攻击时的防御薄弱。此次入侵过程可谓层层递进。最初，黑客在 2020 年 3 月通过攻击 GoDaddy 员工及 2.8 万名托管客户的账户，获取了相关的登录信息。随后，2021 年 11 月，黑客进一步获得了对 GoDaddy 托管的 WordPress 服务的访问权限，影响了 120 万客户的数据安全。最近的一次入侵发生在 2022 年 12 月，黑客通过在 GoDaddy 的托管服务器上植入恶意软件，周期性地将用户重定向至恶意网站。这一系列攻击不仅揭示了托管服务行业的普遍问题，也凸显了大型供应商如 GoDaddy 在面对网络攻击时成为黑客主要目标的风险。更为严重的是，这种供应链攻击使得黑客能够间接破坏企业组织，即使这些组织本身已经采取了严格的安全措施。被重定向至恶意网站的无辜用户可能会因此丧失对受影响企业的信任，从而对企业的声誉和运营造成深远损害。与此同时，受到攻击的托管服务不仅为黑客提供了大量重要数据，还扩大了他们的攻击网络，进一步加剧了安全威胁的蔓延。

从法律角度来看，根据《通用数据保护条例》（GDPR）和《加州消费者隐私法案》（CCPA），企业在发生数据泄露后必须及时通知受影响的用户。[②] GoDaddy 在向加利福尼亚总检察长提交的数据泄露通知中，履行了其信

---

① 路透社，*GoDaddy Security Breach Exposes WordPress Users' Data*，https://www.reuters.com/technology/godaddy-security-breach-exposes-wordpress-users-data-2021-11-22/，访问时间：2024 年 5 月 27 日。

② 参见加州政府网站，https://www.oag.ca.gov/privacy/ccpa，访问时间：2024 年 5 月 27 日。

息披露义务。然而，频繁的数据泄露事件可能导致 GoDaddy 面临集体诉讼。受影响的客户可以起诉公司未能保护他们的数据，要求经济赔偿和其他补救措施。如果调查发现内部员工或第三方合谋导致数据泄露，相关人员可能会面临刑事指控。数据泄露事件中的故意行为可以被视为计算机欺诈和滥用行为，根据《计算机欺诈和滥用法》（CFAA），这是联邦犯罪。公司在发现数据泄露后应立即与执法部门合作，以追踪攻击者并防止进一步的损害。GoDaddy 在 2021 年 11 月 17 日发现未经授权的第三方访问其 Managed WordPress 托管环境后，立即与 IT 取证公司合作并通知执法部门。

定期进行安全审计，检测和修补安全漏洞、加强对员工的培训，特别是关于网络安全和数据保护的知识，减少内部泄密风险，这些对于企业网络安全来说都非常重要。为企业提供相关服务的律师也应定期审查和更新公司数据保护政策和措施，确保符合最新的法律法规要求，对任何潜在的安全事件进行及时的调查和报告，以减少法律风险。

第三节　网络犯罪的法律渊源

一、使用通用法规进行计算机欺诈起诉

尽管 1984 年通过了专门的计算机欺诈法规，但许多与计算机相关的起诉仍然基于通用法规，例如《电信欺诈法》（18 U.S.C. § 1343）、《国家被盗财产法》（18 U.S.C. § 2314）（NSPA）和《经济间谍法》（18 U.S.C. § 1832）（EEA）。[①]

检察官还通过创设性地使用其他法规来起诉计算机犯罪，例如《版权侵权法》（17 U.S.C. § 506）、《共谋》（18 U.S.C. § 371）、《非法拦截设备和设备》（18 U.S.C. § 2512）以及《非法访问存储的通信》（18 U.S.C. § 2701）。在某些情况下，当犯罪行为涉及在线或计算机活动时，法规可能会特别规定起诉。例如，18 U.S.C. § 1465 将为销售或分销而生产和运输淫秽物品定为犯罪，18 U.S.C. § 1084 将通常通过计算机传输的投注信息定为犯罪，18 U.S.C. § 1037 涉及与电子邮件相关的欺诈和相关活动。

犯罪活动也可能源于刑事调查期间的不当程序行为。例如，窃听法（Title III）对执法人员及其他人规定了刑事处罚，以禁止非法拦截、披露或使用有线、口头或电子通信。该法位于 18 U.S.C. § 2511，并于 1986 年修订以包括"电子通信"。

---

① 参见美国国会网站，https://uscode.house.gov/view.xhtml?path=/prelim@title18/part1&edition=prelim，访问时间：2024 年 5 月 27 日。

二、《计算机欺诈及滥用法案》

（一）计算机犯罪概述与相关定义

《美国法典》第 18 编第 1030(a) 节包含了七种可被起诉的行为类型，每种行为类型都有各自独特的管辖权和犯罪意图要求，此外，这些行为的处罚也有所不同，除监禁外，该法规还规定了罚款和没收财产的处罚方式。计算机访问的行为通常可能同时符合多个条款，而第 1030(b) 条则允许对合谋和企图实施第 (a) 部分规定行为的人追究刑事责任。受保护的计算机是指专供金融机构或美国政府使用的计算机，或者尽管不是专供这些用途但由金融机构或美国政府使用并受到影响的计算机，还包括用于或影响州际或国外商业或通信的计算机。法院已确认，使用互联网符合州际商业的要求。虽然该法规位于刑法中，第 1030(g) 条在某些情况下为民事诉讼当事人提供了诉讼依据。任何因违反本节而遭受损害或损失的人，可以对违法者提起民事诉讼，以获得补偿性损害赔偿、禁令救济或其他衡平救济。不过，民事诉讼的时效期与刑事案件中的时效期不同。此外，美国特勤局也可以根据本法调查犯罪，而联邦调查局拥有调查涉及间谍活动、外国反间谍活动、因国防或外交关系受到保护的信息未经授权披露等案件的主要权力。

（二）具体计算机犯罪行为与处罚

《美国法典》第 18 编第 (a)(1) 款规定了未经授权访问计算机获取机密国家安全信息并传达给无权接收者的行为，这一电子间谍条款最高可判处十年监禁，屡犯者可被判处二十年监禁。第 (a)(2) 款适用于未经授权访问计算机获取金融机构或发卡机构的财务信息、美国政府部门或机构的信息或受保护计算机的信息，若犯罪是为了私人或商业利益或信息价值超过五千美元，最高可判处五年监禁，屡犯者可被判处十年监禁。在"美国诉德鲁案"[①] 中，加利福尼亚州中部地区法院裁定，若根据 §1030(a)(2) 的指控完全基于被告未能遵守网站的服务条款，该指控则无法成立。第 (a)(3) 款涉及未经授权访问联邦部门或机构的非公共计算机，这类行为最高可判处一年监禁，屡犯者最高可判处十年监禁。第 (a)(4) 款主要针对受保护计算机的盗窃行为，最高可判处五年监禁，屡犯者可再追加五年刑期。第 (a)(5) 款分为三个部分，针对对计算机造成损害的行为，最高可判处十年监禁，重犯者最高可判处二十年监禁，甚至无期徒刑。第 (a)(6) 款规定了跨州贩卖密码的刑事责任，最高可判处一年的监禁，重犯者最高可判

---

① United States v. Drew, 259 F.R.D. 449 (C.D. Cal. 2009).

处十年徒刑。第 (a)(7) 款将勒索行为定为犯罪，最高可判处五年监禁，重犯者最高可判处十年监禁。

（三）计算机犯罪中的特殊规定

《美国法典》第 18 编 §1030(a)(1) 将未经授权访问计算机获取国家安全信息并传达给无权接收者的行为定为刑事犯罪，最高可判处十年监禁，屡犯者可被判处二十年监禁。§1030(a)(2) 款适用于未经授权访问计算机获取金融机构或发卡机构的财务信息、美国政府部门或机构的信息或受保护计算机的信息，若犯罪是为了私人或商业利益或信息价值超过五千美元，最高可判处五年监禁，屡犯者可被判处十年监禁。§1030(a)(3) 款涉及浏览政府计算机，这类行为最高可判处一年监禁，屡犯者最高可判处十年监禁。§1030(a)(4) 款主要针对受保护计算机的盗窃行为，最高可判处五年监禁，屡犯者可再追加五年刑期。§1030(a)(5) 款针对"对计算机造成损害的行为"，分为三个部分，最高可判处十年监禁，重犯者最高可判处二十年监禁，甚至无期徒刑。§1030(a)(6) 款规定了跨州贩卖密码的刑事责任，最高可判处一年的监禁，重犯者最高可判处十年徒刑。§1030(a)(7) 款将勒索行为定为犯罪，最高可判处五年监禁，重犯者最高可判处十年监禁。

三、计算机访问权限与法律解释

计算机访问权限在法律解释中一直是一个复杂且充满争议的话题。在《计算机欺诈及滥用法案》（18 U.S.C. §1030）的框架下，访问权限的定义及其适用范围常常成为法律争论的焦点。该法案明确规定了未经授权访问计算机的行为构成犯罪，但如何界定"未经授权"却在实际操作中引发了广泛的讨论。司法实践中，法院需要在技术和法律之间找到平衡，以确保法律解释符合实际需求，同时防止滥用或误用法律。

在计算机欺诈及滥用法案中，未经授权的计算机访问被定义为"有意未经授权或超出授权访问权限访问计算机"。这一定义涵盖了多种行为，包括完全未经许可的访问和超越授权范围的访问。前者较为明确，如黑客攻击未经许可进入他人计算机系统；后者则较为复杂，例如员工利用公司计算机系统进行未经授权的操作。在具体案件中，法院往往需要详细审查访问行为的背景和细节，以确定是否构成超出授权的访问。例如，在"美国诉德鲁案"中，法院裁定，若根据 §1030(a)(2) 的指控完全基于被告未能遵守网站的服务条款，该指控则无法成立。这一判例显示出法院在解释访问权限时的谨慎态度，避免因过于严格的解释而对正常的互联网使用行为造成不必要的限制。

在审理计算机访问权限相关案件时，法院通常会考量被告的行为是否超出其合法授权范围。一个典型的案例是"美国诉诺萨尔案"①，该案涉及一名前雇员利用其余未被禁用的账号访问前雇主的计算机系统，获取商业秘密。在此案中，联邦第九巡回法院明确指出，违反公司政策并不等同于非法访问，只有在明确违反授权协议的情况下，才能构成计算机欺诈。这一判决强调了授权协议的重要性，明确授权协议在界定计算机访问权限中的法律效力。然而，这也引发了关于授权协议适用范围的讨论，尤其是在涉及复杂商业环境和动态授权协议的情况下。

除了前述案例，法院在处理计算机访问权限问题时，还需考量技术环境的快速变化。互联网和计算机技术的快速发展，使得许多传统的法律概念和条款难以适应新的技术环境。例如，涉及云计算和远程访问的案件往往面临更为复杂的授权问题，因为这些技术使得访问权限的界定更加模糊。在"范布伦诉美国案"② 中，联邦最高法院就计算机欺诈及滥用法案中关于"超出授权访问"的解释进行了详细讨论。法院最终裁定，仅因违反使用条款而访问计算机信息，并不构成刑事犯罪，这一判决在一定程度上缓解了对普通用户和商业活动的法律风险，但同时也引发了关于如何有效打击滥用计算机行为的新问题。

对计算机访问权限的法律解释不仅影响具体案件的判决，还对整个法律体系和执法实践产生深远影响。处理计算机欺诈案件时，法院需综合考虑法律条文的原意、技术发展的实际情况，在技术和法律之间找到平衡。

四、计算机犯罪的犯罪意图与损害认定

计算机犯罪的犯罪意图与损害认定在司法实践中一直是复杂且具有挑战性的议题。犯罪意图，或称为主观故意，是指行为人在实施犯罪行为时的心理状态，而损害认定则涉及评估行为对受害方的实际影响。这两个要素在计算机犯罪案件中尤为重要，因为计算机技术的特殊性和复杂性使得意图和损害的判断更加困难且多变。

在计算机犯罪中，犯罪意图通常通过行为人对计算机系统的访问方式、所采取的具体操作以及其背景和动机来判断。例如，在"美国诉莫里斯案" ③ 中，

---

① United States v. Nosal, 676 F.3d 854 (9th Cir. 2012).

② Van Buren v. United States, 593 U.S. _ (2021).

③ United States v. Morris, 928 F.2d 504 (2d Cir. 1991).

被告莫里斯（Robert Tappan Morris）因释放互联网蠕虫病毒而被控违反计算机欺诈及滥用法案。法院需要确定莫里斯是否具有恶意意图，即是否故意试图破坏或非法获取信息。尽管莫里斯辩称他无意造成广泛的破坏，但法院最终认为他的行为显示了明显的鲁莽和不负责任，从而认定其具有犯罪意图。法院在判断犯罪意图时，不仅考虑被告的主观陈述，还重视其行为本身的后果和潜在风险。

计算机犯罪的犯罪意图还涉及对授权的理解和使用。在"美国诉瓦列案"[①]中，被告瓦列（Gilberto Valle）因利用警察数据库搜索女性信息而被控"计算机欺诈及滥用"。该案的核心问题是瓦列是否具有超出授权的犯罪意图。尽管他确实访问了合法授权范围内的信息，但其目的是出于非法动机。法院在此案中探讨了被告对授权的主观理解，以及这种理解是否与其实际行为相符。最终，法院认定被告的行为违反了授权协议，且其动机具有明显的犯罪性质，从而确认其具有犯罪意图。

损害认定在计算机犯罪的定罪中同样重要。损害不仅限于物理或财务上的直接损失，还包括数据泄露、系统中断和声誉损失等间接影响。在"美国诉米特拉案"[②]中，被告米特拉（Rahul Mitra）因攻击威斯康星州的公共安全无线电系统而被起诉。法院需要确定他的行为对公共安全系统造成的实际损害，包括系统中断的时间、恢复成本以及对公共安全的影响。法院在认定损害时，不仅考虑了直接的修复费用，还评估了系统中断对公共服务的广泛影响。

在涉及金融损失的计算机犯罪案件中，损害认定尤为复杂。例如，在"美国诉诺萨尔案"[③]中，诺萨尔（David Nosal）因从前雇主处获取机密信息而被起诉。法院需要评估其行为对公司造成的经济损失，包括市场竞争力的影响和商业机密的价值。法院通过详细审查被告获取和使用信息的方式，确定了其行为对公司经济利益的实质性损害。这一判决强调了法院在评估计算机犯罪损害时，不仅关注直接的财务损失，还考虑信息泄露对企业长期竞争力的潜在负面影响。

此外，计算机犯罪的损害认定还涉及对受害者权益的全面保护。在"美国诉福勒案"[④]中，被告因非法访问他人电子邮件账户并泄露隐私信息而被起诉。

---

① United States v. Valle, 807 F.3d 508 (2d Cir. 2015).
② United States v. Mitra, 405 F.3d 492 (7th Cir. 2005).
③ United States v. Nosal, 676 F.3d 854 (9th Cir. 2012).
④ United States v. Fowler, 749 F.3d 1010 (11th Cir. 2014).

法院需要评估此行为对受害者个人隐私和心理健康的影响。通过综合分析被告的行为方式、泄露信息的内容以及受害者的反馈，法院最终认定被告的行为对受害者造成了重大损害。在实践中，计算机犯罪的犯罪意图和损害认定需要结合具体案例中的多重因素进行综合评估。法院不仅需要明确被告的主观意图，还需全面分析行为所造成的实际和潜在损害。

五、网络犯罪的国际法渊源

计算机犯罪是一个全球性问题，因为全球网络的互联特性使得一个国家的犯罪行为可以轻易扩展到另一个国家。正如前总检察长珍妮特·里诺所说，"黑客不需要护照，也无需经过检查站"。关于国际法和网络冲突的主要参考资料是《塔林手册》，现已更新至第二版，即《塔林手册 2.0》，探讨适用于网络行动的国际法。这本不具约束力的手册由北约合作网络防御卓越中心发起起草，为众多网络问题提供指导，主要侧重于网络战争。

此外，还有若干促进计算机相关调查合作的国际倡议。美国在打击计算机犯罪方面一直处于国际前沿，并参与了《欧洲委员会网络犯罪公约》（又称《布达佩斯公约》）[①] 的起草和签署。美国于 2001 年签署该公约，2006 年批准，并于 2007 年接受其生效。美国对该公约有若干保留和声明。例如，2007 年 1 月，美国宣布，对于公约第 2 条规定的非法获取罪行，美国法律有"附加要求，即必须具备获取计算机数据的意图"。[②] 此外，美国还保留了一些可能与美国宪法不一致的权利。例如，涉及分发可能在美国法律下被视为或不被视为淫秽物品的犯罪，可能引发第一修正案问题。美国不愿签署可能被美国宪法禁止的国际协议，因此在这些领域保留了权利。

《网络犯罪公约》的主要目标是"通过采取适当的立法和促进内部合作，推行一项旨在保护社会免受网络犯罪侵害的共同刑事政策"。该公约涵盖的领域包括计算机术语的定义、应在国家层面采取的措施、各种形式的计算机相关犯罪以及公司的责任。它还涵盖了有关计算机犯罪的程序法，包括与起诉计算机犯罪相关的证据问题。公约规定了国际合作的一般原则，包括互助和引渡等方面的考虑。《网络犯罪公约》并未设立起诉计算机犯罪的国际法庭，也未明确规定

---

① 参见欧洲联盟网站，https://www.europarl.europa.eu/cmsdata/179163/20090225ATT50418EN. pdf，访问时间：2024 年 5 月 27 日。

② 参见美国国会网站，https://www.congress.gov/treaty-document/108th-congress/11/document-text，访问时间：2024 年 5 月 27 日。

在起诉这些罪行时应具有优先管辖权的主体。公约第 22 条规定："当不止一个缔约方对根据本公约确立的被指控犯罪主张管辖权时，有关缔约方应酌情协商，以确定最适当的管辖权以供起诉。"[①]

第四节 网络犯罪与《经济间谍法》

一、经济间谍与商业秘密盗窃的法律框架

经济间谍和商业秘密盗窃在全球经济中一直是个大问题，尤其在技术和信息化高度发达的今天。美国在 1996 年颁布了《经济间谍法》（Economic Espionage Act，EEA），成为打击经济间谍和商业秘密盗窃的重要法律工具。[②]《经济间谍法》不仅在国内发挥了重要作用，还在国际法律框架中产生了广泛影响。这部法律的制定背景主要源于 20 世纪 90 年代末，美国企业和政府机构频繁遭遇外国势力的经济间谍活动，严重威胁了美国的经济安全和技术优势。于是，美国政府通过立法手段，严厉打击经济间谍行为，《经济间谍法》的通过标志着美国在打击经济间谍和保护商业秘密方面迈出了重要一步。

根据《经济间谍法》，经济间谍主要指外国政府、外国机构或其代理人从事的、以窃取商业秘密为目的的活动。该法案规定了两类犯罪行为：第一类是经济间谍行为，即外国政府、外国机构或其代理人为获取商业秘密而进行的间谍活动；第二类是商业秘密盗窃行为，即任何个人或组织为个人利益、商业利益或经济利益而进行的商业秘密盗窃活动。两类行为虽然有所区别，但都严重侵犯了企业的合法权益和国家的经济安全。在具体规定方面，《经济间谍法》第 1831 条明确了经济间谍的定义和惩罚措施。根据该条款，任何人若为外国政府、外国机构或其代理人窃取商业秘密，将面临最高 15 年的监禁和高达 500 万美元的罚款。如果犯罪行为是由组织实施的，罚款最高可达 1000 万美元。此外，该条款还规定，重复犯罪者将面临更严厉的刑罚。第 1832 条则针对商业秘密盗窃行为，规定了最高 10 年的监禁和高达 250 万美元的罚款。对于组织实施的犯罪行为，罚款最高可达 500 万美元。

《经济间谍法》的实施过程中，术语定义和起诉考虑是两个关键环节。商业

---

① 参见美国国会网站，https://www.congress.gov/treaty-document/108th-congress/11/document-text，访问时间：2024 年 5 月 27 日。

② 参见美国国会网站，https://www.congress.gov/104/plaws/publ294/PLAW-104publ294.pdf，访问时间：2024 年 5 月 27 日。

秘密的定义在 EEA 中被明确界定为所有形式和类型的财务、业务、科学、技术、经济或工程信息，只要这些信息不为公众所知，且企业采取了合理的保密措施。在起诉过程中，检察官必须证明被告窃取的确实是商业秘密，并且该商业秘密确实未被公开。为了有效实施《经济间谍法》，美国政府设立了专门的机构和部门来负责相关案件的调查和起诉。联邦调查局和司法部在打击经济间谍和商业秘密盗窃方面发挥了核心作用。联邦调查局设有专门的经济间谍调查小组，负责监控和调查涉及外国势力的经济间谍活动。司法部则通过其国家安全司和刑事司，负责对相关案件进行起诉和法律处理。

《经济间谍法》还注重国际合作。在应对跨国经济间谍和商业秘密盗窃时，美国政府与其他国家的执法机构和情报部门保持密切合作。通过签订双边和多边协定，美国能够获取其他国家的协助，共同打击跨国犯罪活动。在实际操作中，《经济间谍法》不仅适用于传统的商业秘密盗窃行为，还涵盖了通过网络手段进行的商业秘密窃取。随着信息技术的发展，网络成为经济间谍活动的重要途径。为此，美国政府加强了对网络空间的监控和保护，通过技术手段和法律手段相结合，打击网络上的经济间谍行为。政府通过与网络安全公司和技术专家的合作，更有效地识别和应对网络威胁，确保商业秘密和国家经济安全。

《经济间谍法》在实施过程中也面临一些挑战。首先，商业秘密的界定和保护措施的合理性往往成为法律争议的焦点。在一些案件中，被告可能会质疑所窃取的信息是否构成商业秘密，或者企业的保密措施是否足够合理。其次，跨国经济间谍案件的取证和司法管辖问题也是一大难题。由于涉及多个国家的法律和司法体系，如何有效协调和合作，确保案件的顺利推进，是执法机构需要面对的重要问题。尽管如此，《经济间谍法》作为一部重要的法律工具，在打击经济间谍和保护商业秘密方面取得了显著成效。

二、域外适用与实际案例分析

《经济间谍法》的域外适用是其独特之处之一，这使得美国在应对跨国经济间谍和商业秘密盗窃时具备了更强的法律工具。域外适用意味着即使犯罪行为发生在美国境外，只要对美国企业或国家安全造成威胁，美国就可以依据《经济间谍法》对涉案人员进行起诉。

2018 年，美国司法部对几名俄罗斯籍黑客提起诉讼，指控他们通过网络攻击窃取美国金融机构的商业秘密。这些黑客通过复杂的网络攻击手段，入侵了多家美国金融机构的系统，获取了大量客户信息和金融数据，并将这些数据出售给地下市场。[①] 案件的侦破过程中，美国与俄罗斯的执法机构进行了多次磋商和合作，成功获取了重要证据，最终使得这些黑客被引渡到美国接受审判。

然而，《经济间谍法》的域外适用也存在一些争议问题。首先是司法管辖权问题。虽然美国法律允许对在境外发生的行为进行起诉，但如何有效行使这一权利，往往需要与其他国家的司法机构进行复杂的协调和谈判。其次是取证难度。跨国案件中，证据可能分散在多个国家和地区，如何合法获取这些证据，并确保其在法庭上的可采性，是执法机构面临的一大难题。第三是外交关系的影响。经济间谍案件往往涉及多个国家的利益，如何在维护国家利益与保持外交关系之间取得平衡，是执法机构需要慎重考虑的问题。

三、商业秘密的保密与保护机制

商业秘密的保密与保护机制在现代企业运营中占据重要地位，特别是对于有意拓展国际市场，尤其是进入美国市场的中国企业而言，商业秘密的保护不仅关乎企业的竞争力，也涉及规避法律风险、避免成为美国政府起诉对象的关键问题。商业秘密通常包括一切未公开的、能够为企业带来经济利益的信息，如技术诀窍、制造工艺、配方、客户名单、营销策略等。在全球化竞争日益加剧的今天，如何有效保护这些信息不被泄露和盗用，已经成为企业持续发展的核心任务之一。

在美国，商业秘密受《经济间谍法》和《统一商业秘密法》（Uniform Trade Secrets Act，简称 UTSA）的保护。美国的《经济间谍法》针对跨国经济间谍和商业秘密盗窃行为设定了严厉的刑事处罚，最高可处以 20 年监禁以及巨额罚款。若中国企业未能充分了解并遵守美国相关法律，可能会因泄露商业秘密或被认为盗用美国公司商业秘密而面临严重的法律后果。美国的《统一商业秘密法》为商业秘密的定义和保护提供了统一的法律框架，各州根据此框架制定了具体规定，企业若未严格按照这些规定采取保护措施，同样可能受到诉讼。

为避免在美国遭遇法律风险，企业应通过签订"保密协议"（Non-Disclosure Agreement，简称 NDA）来强化法律保护。这些协议要求员工、供应商及合作伙伴在接触商业秘密时承担保密义务，若违反保密条款，相关人员将面临法律责任。尤其是当中国企业与美国公司合作或向美国市场提供产品和服务时，签订强有力的保密协议显得尤为重要。

---

① United States v. Morenets et al., No. 18-cr-215 (W.D. Pa. 2018).

技术措施是商业秘密保护的关键手段之一。企业可以通过加密技术、访问控制、防火墙和入侵检测系统等措施，防止商业秘密被未经授权的人获取和使用。特别是在数字化和网络化日益普及的今天，技术手段可以有效保障信息的安全性。例如，通过加密技术，只有授权人员才能解密和访问敏感信息；访问控制系统可以通过设置不同权限，限制员工对信息的访问；防火墙和入侵检测系统能够有效防止外部攻击及内部违规行为。此外，企业还应定期进行网络安全审计和漏洞扫描，及时发现并修补潜在的安全漏洞，以提高整体信息安全水平。

除了法律和技术措施，管理制度同样是商业秘密保护中的重要一环。企业应建立健全的内部管理制度，明确商业秘密的范围、保密责任、保密程序和违规处罚。通过员工培训、定期审查和更新保密措施等手段，企业可以提高员工对商业秘密保护的意识和能力。此外，企业还应定期检查和优化保密措施，确保其适应日新月异的技术发展和日益严峻的安全威胁。尤其对于打算进入美国市场的企业，提前了解并遵循美国的保密法律和管理规范，将有效避免不必要的法律诉讼风险。

内部审计和监督机制是企业管理制度的补充措施。企业可以设立专门的审计部门，定期对商业秘密保护措施的执行情况进行检查，及时发现潜在的泄密风险并进行整改。此外，建立举报机制，鼓励员工举报内部泄密行为，并保护举报人权益，能够进一步加强企业内部的保密管理。通过这些内部管理措施，企业不仅可以有效预防泄密风险，还能够在发生问题时迅速采取补救措施，避免损害公司的声誉和市场地位。

供应链管理也是企业商业秘密保护的一个重要领域。在全球化的商业环境中，许多企业都依赖外部供应商和合作伙伴，如何确保供应链中的商业秘密不被泄露，是保护商业秘密的又一挑战。企业应对供应商和合作伙伴进行严格筛选，选择那些有较高保密意识和信誉的合作对象。与供应商签订保密协议，明确双方在信息保护方面的责任和义务，对合作项目中的信息交换和存储进行严格管理，确保供应链中的每个环节都能够严格遵守保密规定。此外，企业还应评估供应链中的信息安全风险，制定应对预案，以确保在出现安全事件时能够及时反应，最大限度地减少损失。

商业秘密的保护不仅关乎企业自身的竞争力，也涉及国家经济安全和技术创新能力。尤其对于希望进入美国市场的中国企业而言，了解并遵守美国的商业秘密法律，是避免在美国涉诉并成为美国政府起诉对象的关键。

第十章　环境犯罪

如果人民容忍私人权力的增长，以至于它变得比他们的民主国家本身更加强大，那么民主的自由是不安全的。在本质上，这就是法西斯主义——政府被个人、团体或任何其他控制性的私人权力所占有。

——富兰克林·D. 罗斯福

环境犯罪的形式多样，包括非法倾倒、破坏财产或野生动物、非法排放、不当处置危险废物等。这些行为不仅对环境本身造成严重破坏，也对人类健康和社会经济活动产生深远影响。[1] 根据奥黑尔教授的分类，环境犯罪的危害包括因接触有害产品而造成的直接身体伤害、未来的身体伤害、精神困扰、社会经济活动的干扰及修复费用。[2] 世界卫生组织估计，每年约有 400 万人因暴露于室外空气污染而死亡。

环境污染也加剧了全球物种灭绝。根据政府间生物多样性和生态系统服务科学政策平台（IPBES）发布的《全球生物多样性和生态系统服务评估报告》，世界正面临前所未有的自然衰退，物种灭绝的速度正在加快。报告指出，全球约有 100 万种动植物面临灭绝的威胁，除非采取行动减少生物多样性丧失的驱动力，否则这一趋势将进一步加速。[3]

环境犯罪不仅会造成广泛的损害和痛苦，其后果往往具有不可逆转的性质。在应对环境灾难时，政府往往更倾向于采取反应措施而非预防措施，这与处理大多数白领犯罪的方式类似。本章将深入探讨环境犯罪的各个方面，包括其定

---

① 参见邱秋、涂罡:《第十九章　美国环境法》，载王树义等:《外国环境法》，中国社会科学出版社 2023 年版，第 490—505 页。

② Michael M. O'Hear, *Sentencing the Green-Collar Offender: Punishment, Culpability, and Environmental Crime*, Journal of Criminal Law and Criminology, vol. 95, no. 1, 2004, pp.133-276.

③ 参见联合国环境规划署网站，https://www.unep.org/news-and-stories/press-release/natures-dangerous-decline-unprecedented-species-extinction-rates，访问时间：2024 年 6 月 7 日。

义、历史背景、法律框架和具体案例，以揭示其在美国白领犯罪中的地位和特征。通过详细的分析，希望能为读者提供全面了解环境犯罪的视角。

第一节　环境犯罪的历史

环境犯罪在美国的历史可以追溯到 19 世纪末期。当时为了应对日益严重的工业污染问题，政府开始制定相关法规。最早的环境法律之一是 1899 年的《河流和港口法》，该法的《垃圾法》部分禁止未经许可向通航水域倾倒垃圾。这一法律的制定标志着美国联邦政府首次对工业污染采取严格责任的态度，政府开始重视环境保护的重要性。然而，尽管有《河流和港口法》和其他早期法规的存在，真正系统化的环境犯罪法律框架直到 20 世纪中叶才逐步成形。司法部对环境刑法历史发展的评论也表明，早期的环境法更多是为了应对工业时代的特定污染问题，而非全面的环境保护。① 随着时间的推移，环境法律的制定逐渐完善，特别是在 20 世纪下半叶，多项重要的环境刑事法规相继通过。例如，1948 年的《水污染控制法》为后来的《清洁水法》奠定了基础，进一步规范了水污染问题。

1970 年，理查德·尼克松总统签署成立联邦环保署（EPA）的立法，揭开了现代环境保护的序幕。联邦环保署的使命是制定和执行环境保护标准，研究污染的影响及控制方法，提供防止污染的联邦援助，并协助制定环保政策。自成立以来，联邦环保署不断发展，始终是刑事和民事环境法的主要执行者，与联邦和州其他机构合作，调查违反《清洁水法》（Clean Water Act, CWA）、《资源保护和回收法》（Resource Conservation and Recovery Act, RCRA）等法规的行为，确保对环境犯罪的严肃处理。

自 20 世纪 70 年代以来，美国联邦政府通过了一系列保护空气和水道的法规和行政命令。然而，环保主义者与亲商利益之间的斗争一直持续，影响了环境法律的制定与实施。环保主义者认为，忽视环境污染会对所有物种造成灾难性后果，而亲商利益派则担心过度关注环境问题会扼杀经济增长。在这种背景下，立法者往往被夹在中间，试图平衡双方利益。此时，也催生了相关的科学研究，例如"绿色犯罪学"采用多学科方法研究环境犯罪对人类和野生动物基本需求的影响，并致力于为这些需求创造防御机制。根据梅什科（Gorazd

---

① Robinson Meyer, *How the U.S. Protects the Environment, From Nixon to Trump*, The Atlantic, March 29, 2017.

Meško）和伊曼（Katarina Eman）的定义，环境犯罪是指任何经（国家间）立法确定和界定为越轨的行为或活动，对包括空气、水、土壤、矿物、人类物种、动物物种、植物物种和微生物在内的自然环境造成任何形式的损害。[①] 历史上，人类对环境的巨大影响始于工业化时代，卡森（Rachel Carson）在《寂静的春天》中警告了杀虫剂和化学品的广泛使用对人类和环境的威胁。现代社会依赖于塑料和化学品，但这些发明带来了严重的环境问题。[②]

为了应对环境污染问题，各州制定了一系列防止非法倾倒有毒物质的法律，并对故意违反环境法规的行为采取了严厉的惩罚措施。1976年通过的《资源保护和恢复法》则对废物管理提出了严格要求。这些法规的出台，不仅填补了早期法律在环境保护方面的不足，还反映了社会对环境问题认识的深化。此外，1900年的《莱西法案》（Lacey Act）作为"非法获取动植物时联邦刑事执法的基石"，也在环境刑法发展史上占有重要地位。今天，美国的大多数环境监管计划都包含了执行条款，这些条款通常要求刑事处罚，以此作为阻止非法行为的一种有效手段。[③] 通过实施这些法律，美国在环境保护和环境犯罪打击方面取得了显著进展。

第二节　环境犯罪案例

案例一：大众汽车排放作弊丑闻[④]

2006年，大众汽车公司（Volkswagen AG，以下简称"大众"）开始设计一种新的柴油发动机，旨在符合即将在美国生效的更严格的氮氧化物（NOx）排放标准。这项新发动机的设计被认为是大众在美国市场上销售"清洁柴油"汽车的战略重点。然而，当大众的工程师们意识到无法同时设计出既符合严格排放标准又具有市场吸引力的柴油发动机时，他们决定使用一种软件功能来作弊美国的标准排放测试。大众的工程师团队在多伦坎普（Richard Dorenkamp）和

---

① Gorazd Meško and Katarina Eman, *Crime, Criminal Justice and Criminology in Post-Communist Countries*, Crime and Transition in Central and Eastern Europe. Springer, 2010, pp. 157-176.

② Rachel.Carson, *Silent Spring*, Houghton Mifflin, 1962, p. 3.

③ 参见司法司法部网站，*Historical Development Of Environmental Criminal Law*, https://www.justice.gov/enrd/environmental-crimes-section/historical-development-environmental-criminal-law，访问时间：2024年6月7日。

④ 参见美国海关和边境保护局网站，*Volkswagen Diesel Emissions Scandal (2015)*，https://www.cbp.gov/newsroom/spotlights/cbp-joins-doj-fbi-and-epa-announcing-settlement-against-volkswagen-result-their，访问时间：2024年6月10日。

哈德勒（Jens Hadler）的领导下，开发并实施了一种能够识别车辆是否在美国进行标准排放测试的作弊软件。该软件通过识别标准的行驶周期来判断车辆是在测试中还是在正常行驶。如果软件检测到车辆在进行测试，车辆将以满足美国氮氧化物排放标准的模式运行；如果软件检测到车辆在正常行驶，排放控制系统将被大幅度减少，导致车辆的氮氧化物排放量高达美国标准的 40 倍。

大众的高层领导对这一作弊行为知情并批准实施。在项目初期，多伦坎普和哈德勒等人不断向联邦环保署和加州空气资源委员会（CARB）隐瞒作弊软件的存在，同时还对美国公众和客户进行虚假宣传，声称其柴油车辆是"清洁柴油"和环保的。尽管在 2012 年某些柴油车辆出现硬件故障，大众工程师怀疑是由于车辆在"测试模式"下运行时间过长导致的，他们仍继续隐瞒作弊软件的存在。2014 年 3 月，西弗吉尼亚大学的一个研究中心在国际清洁交通委员会（ICCT）的委托下发布了一项研究报告，揭示了某些大众车辆在道路测试中氮氧化物排放量远高于实验室测试的标准。尽管此时大众仍试图通过提供虚假信息和数据掩盖事实，但联邦环保署和加州空气资源委员会最终通过反复测试和调查揭示了大众的作弊行为。[①]

大众的作弊行为最终在 2017 年曝光，大众公司被控三项重罪：阴谋诈骗美国、进行电信欺诈及违反《清洁空气法》，妨碍司法，以及通过虚假陈述进口商品。大众同意认罪并支付 28 亿美元的刑事罚款，同时接受独立的企业合规监督。大众的多名高管，包括纽瑟（Heinz-Jakob Neusser）、戈特韦斯（Bernd Gottweis）、施密特（Oliver Schmidt）等，也因其在作弊行为中的角色被起诉和判刑。除了刑事罚款，大众还面临超过 250 亿美元的赔偿和修复费用。这笔赔偿金包括 100.3 亿美元用于回购车辆、终止租赁合同或修改受影响的车辆，并赔偿消费者；27 亿美元用于资助全国范围内的减排项目，以减少氮氧化物的排放；20 亿美元用于改善零排放车辆的基础设施、提高公众的使用和教育水平。[②]

这一案件的广泛影响和深远教训，对于中国的企业和法律从业者来说，提供了重要的法律和商业教训。跨国公司必须严格遵守所在国的法律法规，尤其

---

① 参见美国海关和边境保护局网站，*CBP Joins DOJ, FBI, and EPA in Announcing Settlement Against Volkswagen Result of Their Emission Violations*，https://www.cbp.gov/newsroom/spotlights/cbp-joins-doj-fbi-and-epa-announcing-settlement-against-volkswagen-result-their，访问时间：2024 年 6 月 10 日。

② 参见美国司法部网站，*Volkswagen to Spend Up to $14.7 Billion to Settle Allegations of Cheating Emissions Tests and Deceiving Customers on 2.0 Liter Diesel Vehicles*，https://www.justice.gov/opa/pr/volkswagen-spend-147-billion-settle-allegations-cheating-emissions-tests-and-deceiving，访问时间：2024 年 6 月 10 日。

是环境保护法规。任何企图通过非法手段规避法律的行为都将面临严厉的法律制裁。企业应建立有效的内部监督和合规机制，确保高管和员工的行为符合法律和道德标准。在面临潜在法律风险时，企业应主动配合调查，及时纠正错误行为，而非试图掩盖事实。投资者在评估企业时，应特别关注企业的合规历史和管理层的诚信度，以避免因企业违法行为导致的投资风险。

案例二：英国石油公司墨西哥湾泄漏案

2010 年 4 月 20 日，美国墨西哥湾发生了一场震惊世界的环境灾难——英国石油公司（British Petroleum，简称 BP）"深水地平线"钻井平台爆炸，造成 11 名工人不幸遇难，并引发了美国历史上最严重的漏油事件。这次灾难造成 1.34 亿加仑原油泄漏，污染面积超过 4 万平方英里，相当于弗吉尼亚州的面积，并污染了 1300 多英里的海岸线。此次事故不仅对生态环境造成了严重破坏，还揭示了企业在追求利润时对安全和环境责任的严重忽视，成为全球环境法治史上的一大教训。

BP 公司在此次事件中的刑事责任不容置疑。其罪行包括 11 项过失杀人罪、环境犯罪以及妨碍国会调查罪。根据美国司法部的声明，BP 公司同意支付创纪录的 40 亿美元刑事罚款，这是美国历史上最大的刑事罚款之一。BP 的两位现场主管是卡鲁扎（Robert Kaluza）和维德林（Donald Vidrine），他们因未能在麦康多井涌入油气的情况下采取必要措施防止井喷，而面临多项过失杀人罪和违反《清洁水法》的指控。此外，BP 的高级主管雷尼（David Rainey）在事故发生后向国会隐瞒重要信息，低估了泄漏油量，妨碍了国会的调查，因此被指控妨碍国会调查和提供虚假陈述。

为了弥补对环境的破坏，BP 被判支付的罚款中有 24 亿美元将用于墨西哥湾沿岸的环境修复项目，包括海岸线保护、湿地恢复等措施，旨在恢复受损的生态系统。另有 3.5 亿美元将用于加强漏油预防和响应能力的研究和培训。BP 还被判支付 55 亿美元的民事罚款，这些资金根据 2012 年通过的《恢复法案》用于墨西哥湾五个州（阿拉巴马、佛罗里达、路易斯安那、密西西比和得克萨斯）的环境恢复、经济复苏项目及旅游和海鲜推广。此外，BP 还需支付 44 亿美元的刑事罚款，以惩罚其在钻井和安全操作中的重大过失，并为未来环境损害的应对提供资金保障。①

对于中国法律学者和跨国投资律师而言，此案具有重要的警示意义和研究价值。企业在追求商业利益的同时，必须重视环境保护和员工安全，避免因忽视责任而遭受巨额罚款和声誉损失。该案涉及企业合规、环境法以及跨国诉讼，深入研究有助于更全面地理解美国法律体系及其执行。

案例三：杜克能源公司煤灰泄漏案

2015 年 5 月 14 日，北卡罗来纳州的杜克能源公司（Duke Energy Corporation）因违反《清洁水法》而认罪，并被判支付 1.02 亿美元的罚款和赔偿。② 杜克能源商业服务公司、杜克能源卡罗来纳公司和杜克能源进步公司，这三家子公司因 2014 年 2 月丹河蒸汽站发生的大规模煤灰泄漏事故而受到处罚。此次事故的发生是由于一个 48 英寸的混凝土和波纹钢暴雨下水道破裂，导致约 5 万到 8.2 万吨煤灰和 2700 万加仑煤灰池废水涌入丹河，对当地生态系统和居民饮用水安全造成严重威胁。

杜克能源公司的三家子公司因九项违反《清洁水法》的罪名认罪。这些罪名包括未能维护丹河和开普费尔设施的设备，以及非法排放煤灰和煤灰废水到丹河、阿什维尔、李蒸汽电厂和河湾蒸汽站。根据认罪协议，杜克能源公司将支付 6800 万美元的刑事罚款和 3400 万美元用于环境项目和土地保护，其中 2400 万美元将用于北卡罗来纳州和弗吉尼亚州的河岸环境保护，1000 万美元用于购买湿地或河岸土地，以补偿煤灰池对环境的长期影响。杜克能源公司还被要求在其 18 个设施（包括北卡罗来纳州的 14 个设施）制定并实施全国性和全州性的环境合规计划。这些计划将由独立的法院指定监督员进行监控，并定期进行独立审计，审计结果将向公众公开，以确保遵守环境法律和程序。公司还需满足联邦和州法律规定的在阿什维尔、丹河、河湾和萨顿设施中挖掘和关闭煤灰池的义务。这一系列措施旨在防止未来类似事故的发生，并确保公司运营符合环境保护标准。

---

① 参见司法部网站，*Transocean Agrees to Plead Guilty to Environmental Crime and Enter Civil Settlement to Resolve U.S. Clean Water Act Liability in Deepwater Horizon Disaster*, https://www.justice.gov/opa/pr/bp-exploration-and-production-inc-agrees-plead-guilty-felony-manslaughter-environmental 和 https://www.justice.gov/opa/pr/bp-exploration-and-production-inc-agrees-plead-guilty-felony-manslaughter-environmental，访问时间：2024 年 6 月 10 日。

② 参见司法部网站，*Duke Energy Subsidiaries Plead Guilty and Sentenced to Pay $102 Million for Clean Water Act Crimes*, https://www.justice.gov/opa/pr/duke-energy-subsidiaries-plead-guilty-and-sentenced-pay-102-million-clean-water-act-crimes，访问时间：2024 年 6 月 12 日。

杜克能源煤灰泄漏事件对丹河流域的生态系统和当地居民的生活造成了巨大影响。丹河是两个濒危物种的栖息地，周围农田和畜牧业依赖这条河流，泄漏事件不仅污染了水体，还对当地农业灌溉和居民饮用水带来了潜在健康风险。

其实，早在2009年，杜克能源公司就因违反《清洁空气法》被罚款。根据与司法部和联邦环保署达成的和解协议，杜克能源公司同意支付175万美元的民事罚款，并投资约8500万美元用于显著减少印第安纳州一家电厂的有害空气污染排放量。该和解协议还要求杜克能源公司花费625万美元用于环境缓解项目，包括资助美国林务局解决下风处国家森林的酸雨问题、改用水力发电或混合动力车队的项目，以及向参与和解协议的各州提供100万美元用于环境缓解项目。①此次和解预计将使该电厂的二氧化硫排放量每年减少近35000吨，相当于2008年排放量的86%。这不仅将大大改善受影响社区的空气质量，还将对整个地区的环境健康产生积极影响。杜克能源公司的环保罚款案例提醒跨国公司在美投资时必须严格遵守环境法规，避免因忽视责任而遭受巨额罚款和声誉损失。

第三节　环境犯罪的法律渊源

一、一般原理

（一）法规分散：环境法的片段

在《美国法典》中，环境犯罪的法规并非集中于单一章节，而是零散分布于不同的法典部分。与第18编常见的刑事法规不同，环境犯罪法规往往伴随着特定的环境监管法律而存在。以《水污染控制法》（Clean Water Act, CWA）为例，其对污染罪的规定位于第33编，旨在惩治污染行为。环境问题的复杂性导致了相关法规的分散。例如，《联邦杀虫剂、杀真菌剂和杀鼠剂法案》（Federal Insecticide, Fungicide, and Rodenticide Act, FIFRA）在第7编，《有毒物质控制法》（Toxic Substances Control Act, TSCA）在第15编，《防止船舶污染法》（Act to Prevent Pollution from Ships, APPS）在第33编，《噪音控制法》（Noise Control Act）在第42编。野生动物犯罪被归类为司法部指定的第二类环境犯罪，通常在第16编中得到规范。此外，诸如《太平洋鲑鱼捕捞法》（Pacific Salmon Treaty Act）、《莱西法案》（Lacey Act）和《候鸟条约法》（Migratory Bird Treaty

---

① 参见联邦环保署网站，*Duke Energy Gallagher Plant Clean Air Act Settlement*, https://www.epa.gov/enforcement/duke-energy-gallagher-plant-clean-air-act-settlement，访问时间：2024年6月12日。

Act）等也属于相关法规。然而，野生动物犯罪并不仅限于第 16 编，在第 18 编中也规定了对野生动物保护区内不当行为的刑事处罚。其他类别的环境犯罪包括动物福利犯罪和工人安全犯罪，例如《禁止与动物搏斗执法法》（Animal Fighting Prohibition Enforcement Act）和《煤矿安全与健康法》（Mine Safety and Health Act）。

（二）一般性法则：法律制裁的基石

环境犯罪案件与许多白领犯罪一样，通常会运用超越具体立法的一般性法则进行定罪。检察官在处理白领犯罪案件时，常常借助这些简明的法则，使案件顺利进行，无需对复杂的细节进行解释。有时，这些一般刑事法则甚至成为起诉的唯一依据。例如，《美国法典》第 18 编第 371 条规定了对共谋的定罪，适用于多名罪犯合谋实施某一特定犯罪的情形。此外，环境犯罪的起诉还可能包括邮件或电讯欺诈的指控，如果存在欺诈计划并通过邮件或电讯通信实施，则会引用《美国法典》第 18 编第 1341 和 1343 条。除此之外，还可能涉及妨碍司法、虚假陈述或其他刑事犯罪的指控。例如，对政府机构提供虚假报告的行为可根据虚假陈述法规（《美国法典》第 18 编第 1001 条）进行起诉，从而避免在石油泄漏案件上进行冗长的审判。环境法规中明确规定了诸如虚假陈述的行为构成犯罪，例如，《清洁水法》规定向环境保护局作出实质性虚假陈述属于犯罪行为。这些法规的运用不仅丰富了环境犯罪的法律制裁手段，也增强了对环境犯罪行为的打击效果。

二、《垃圾法》

（一）概述

《1899 年河流与港口法案》（33 U.S.C. § 401 及以下），通常被称为《垃圾法》（Refuse Act），是检察官用来打击环境犯罪的重要工具之一。该法是对早期法规的编纂，其中第 13 条现已编入《美国法典》第 33 编第 407 条，禁止将各种"垃圾物质"排放到可航行的河流中，除了从街道和下水道流出并以液体状态通过的垃圾。第 407 条对向美国的可航行或支流水域非法排放的行为规定了刑事处罚。在美国诉美国氰化物公司一案中，法院认为，如果垃圾有可能到达可航行水域，政府不必证明它确实到达了。法院指出，第 13 条禁止将垃圾排放到"任何可航行水域的支流，而这些垃圾将漂浮或被冲入该可航行水域"。该法规允许陆军部长颁发许可证，作为该法规禁令的例外情况。被告有权提出证据，证明其因被误导而未申请许可证。政府可以将每一次排放或存放垃圾的行为单独作为一项罪名指控。指控的行为数量不能仅仅从排放的规模或时间长短推断，除非有证据显示特定行为必然是为了进一步排放或存放垃圾。

（二）法定术语

垃圾被定义为"所有外来物质和污染物，除了那些'从街道和下水道流出并以液体状态从那里进入水道'的物质。"在"美国诉标准石油公司案"①中，一家石油公司因违反《河流和港口法》而被起诉。最高法院需要解决的问题是，法定禁止排放"任何种类的垃圾"到可航行水域的禁令是否包括排放有商业价值的航空汽油。法院指出，这一案件发生在国家历史上对污染问题高度关注的时期，污染是对河流和湖泊的主要威胁之一。法院认为，无论按照工业标准是否可用，油类物质对水道都有同样的有害影响，因此，没有商业价值的汽油排放到可航行河流中可以被视为"垃圾"。法院回顾了该法的早期版本，指出有价值和无价值的物质之间没有区别。在"标准石油案"中，三位法官提出异议，认为刑事法规应严格解释。在"美国诉米尔斯案"②中，第九巡回法院使用宽大解释规则，将标准石油案的判决与一个涉及废物处理规定的案件区分开来。在"米尔斯案"中，被告米尔斯（Daniel Millis）在亚利桑那州布宜诺斯艾利斯国家野生动物保护区的小路上放置了大型塑料水瓶，以帮助非法移民防止因脱水而死亡。虽然被告承认了这一行为，但他辩称这一行为并没有违反规定。第九巡回法院认为，条例中"垃圾"一词足够模糊，因此适用宽大解释规则，最终判决被告无罪。法院认定，米尔斯的行为并没有违反美国的边境控制法律，因为他的行为属于合法的人道主义行为，旨在救助那些面临生命危险的无证移民。

（三）明知（故意）

《1899年河流与港口法案》被普遍视为一项严格责任法规，即使在没有明确意图或明知的情况下，侵害环境也将被追究责任。以"美国诉白色燃料公司案"③为例，该案揭示了法院对环境犯罪的严格态度。在这起案件中，白色燃料公司（White Fuel Corp.）因未能控制其财产下方积聚物的石油泄漏而被定罪。尽管公司声称他们在发现问题后立即采取了清理行动，但法院驳回了他们关于缺乏意图的辩护，强调了法律中的严格责任原则。法院进一步指出，即使没有普遍的"应尽的注意义务"辩护，被告仍有责任证明其他人可能存在责任。因此，白色燃料公司可能会试图证明石油泄漏是由其邻近土地所有者的储备造成

---

① United States v. Standard Oil Co., 384 U.S. 224 (1966).

② United States v. Mills, 817 F.2d 532 (9th Cir. 1987).

③ United States v. White Fuel Corp., 498 F.2d 619 (1st Cir. 1974).

的。类似的案例也出现在"美国诉美国钢铁公司案"[①] 中，法院裁定在可航行水域中倾倒垃圾是一种严格责任的行为，即使是无意的污染也会受到法律制裁。然而，不同法院对于是否需要明知要素存在的问题存在分歧。一些地区法院认为，《河流与港口法案》的刑事定罪需要确立违反法案的一般意图，而另一些地区法院则持不同观点。例如，在"美国诉 Interlake 钢铁公司案"[②] 中，伊利诺伊州的法院认为法规不需要明知要素。这种法律上的歧见使得环境犯罪案件的审理变得更加复杂，需要深入的法律分析和判断。

三、《清洁水法》

（一）概述

《联邦水污染控制法》(Federal Water Pollution Control Act)，通常称为《清洁水法》(Clean Water Act, 33 U.S.C. § 1251 et seq.)，其宗旨在于"恢复和保持国家水域的化学、物理和生物的完整性"。学者指出，"国会确信，国家水道的无节制污染不仅威胁到国家的健康和福利，也威胁到州际商业的发展"。该法于1948 年首次通过，禁止未经授权向可航行水域排放污染物。1972 年对该法进行了重大修订，并更名为《清洁水法》(Clean Water Act, CWA)。尽管尼克松总统否决了该法案，但立法机构推翻了否决并最终通过。1987 年，《清洁水法》再次修订，加大了对违法行为的处罚力度。

根据《清洁水法》的规定，从"点源"(Point Source) 向"可航行水域"(navigable waters) 排放污染物必须获得许可。环保局的国家污染物排放消除系统（NPDES）许可计划对此类排放进行严格控制。《清洁水法》还要求在"知晓石油或有害物质被不当排放"时，向相关政府机构进行通报，并设立了污水排放限制标准。即便没有针对具体被告制定排放标准，未获得许可证的被告仍可被追究刑事责任。缺乏排放限制并不意味着排放污染物的基本禁令无效，而只是将申请和获得许可证的责任转移到排放者身上。

《清洁水法》赋予环保局局长和陆军部长共同承担制定许可证发放指南的行政职责。在"美国诉曼戈案"[③] 中，第二巡回法院裁定陆军部长可以将其权力下放给地区工程师或其指定代表，以签发排放许可证。在获取许可证时，公司不仅需要遵守联邦标准，还需符合其经营所在州的适用标准。在"美国诉马拉松

---

① United States v. U.S. Steel Corp., 482 F.2d 439 (7th Cir. 1973).
② United States v. Interlake Steel Corp., 297 F. Supp. 912 (N.D. Ill. 1969).
③ United States v. Mango, 199 F.3d 85 (2d Cir. 1999).

发展公司案"^①中，该公司试图以其拥有全国性许可证为辩护，但法院认为此辩护无效，因为该许可证在马萨诸塞州不适用。

法院指出，各州通过拒绝对全国性许可证的认证来执行其更严格的水质标准，这一做法与《清洁水法》的立法目的和历史相一致，并不违反宪法规定的平等保护权利。对因疏忽而违反排放限制的行为，法案规定了刑事处罚；对明知故犯者则加重处罚，屡犯者亦会面临更为严厉的制裁。当这些行为将他人置于"迫在眉睫的死亡或严重身体伤害的危险"时，最高可判处十五年监禁及罚款；若知情危害行为由公司实施，罚款金额可进一步增加。

在"美国诉博罗夫斯基案"^②中，第一巡回法院审查了当迫在眉睫的危险"不是对公共拥有的处理厂、市政下水道或其他受非法排放影响的下游地点的人，而是对在非法排放源头的场所处理污染物的雇员"时，是否适用刑事制裁。法院裁定，知情危害的起诉不能基于污染物到达公共下水道或处理厂之前的危险。"博罗夫斯基案"提供了三个理由：首先，它指出，《清洁水法》不是旨在保护从事危险物质工作的工业雇员的法规；其次，国会在《资源保护和恢复法》（RCRA）中通过了与"危险物质的一般处理、处置和储存"有关的明确立法；最后，宽严相济的原则规定，当法律条文含糊不清时，应对被告有利。

（二）相关法定术语的界定

1. 点源

在《美国法典》第33编第1362条第14款［33 U.S.C. § 1362(14)］中，术语"点源"被定义为："任何可识别的、受限的和离散的运输工具，包括但不限于任何管道、沟渠、渠道、隧道、导管、井、离散裂缝、集装箱、车辆、集中的动物饲养作业，或船舶或其他浮式船，从这些工具中排放或可能排放污染物。"此术语排除了农业雨水排放和灌溉农业的回流。尽管该法规使用了非排他性的词汇，但其术语和例子似乎暗示了那些系统地将污染物从工业源输送到通航水道的有形结构和工具。有人认为，国会对"点源"的定义意图是宽泛的。

在"美国诉西印度群岛运输公司案"^③中，第三巡回法院确认"驳船"属于《清洁水法》中所指的"浮动船"。然而，在"美国诉广场卫生实验室案"^④中，第二巡回法院则认为个人并非"点源"。该案中，被告将血瓶藏在哈德逊河边

---

① United States v. Marathon Development Corp., 867 F.2d 96 (1st Cir. 1989).
② United States v. Borowski, 977 F.2d 27 (1st Cir. 1992).
③ United States v. West Indies Transport Co., 127 F.3d 299 (3d Cir. 1997).
④ United States v. Plaza Health Laboratories, Inc., 3 F.3d 643 (2d Cir. 1993).

的裂缝中，被八年级学生在实地考察中发现。第二巡回法院推翻了被告因违反《清洁水法》第 1311 和第 1319(c)(2) 条，故意将污染物排放到哈德逊河的定罪。法院指出，"从点源排放"是违反法规的"明知"和"明知危害"要素之一，但人类并不构成"点源"。法院进一步解释道：在法规本身或其立法历史中，并未显示国会有意将刑事责任施加于个人无数随机的废物处理行为，例如路人将糖果包装纸丢入河中，或在河中游泳时小便。1972 年修正案通过期间的讨论表明，国会有更为重要的环境治理目标。

2. 污染物

"污染物"（Pollutant）一词在法规中的定义如下："包括但不限于，挖掘废土、固体废物、焚烧炉残渣、污水、垃圾、污水污泥、弹药、化学废物、生物材料、放射性材料、热量、失事或废弃的设备、岩石、沙子、地窖污物以及排入水中的工业、城市和农业废物。"此定义明确排除了以下情形：（1）第 1322 条所指的"来自船只的污水或武装部队船只正常运行中附带的排放物"；（2）用于促进石油或天然气生产而注入井中的水、气体或其他物质，或与石油或天然气生产有关并在井中处置的水，如果井用于促进生产或处置，并且该井获得了所在州当局的批准，并且该州认定该注入或处置不会导致地下或地表水资源的退化。因此，该定义明确表明，船只排放的污水不包括在内，船只的引擎是否工作或是否需要拖曳并不重要。

两个案例，一个来自第三巡回法院，另一个来自第八巡回法院，提供了不同的事实，用于解释何为"来自船只的污水"，从而排除了其在《清洁水法》下的适用范围。在"美国诉坦普尔顿案"[①]中，第八巡回法院指出：在"美国诉西印度群岛运输公司案"中，被告因从驳船向海湾排放污水而被定罪。第三巡回法院维持了原判，认定用于安置工人的驳船并非船只，因为其永久停泊在岸边，无法用于运输，因为其一半被淹没在海湾底部，"船体的一部分靠在海湾底部"，甲板下有水，并且"无法从其停泊处移动"。相比之下，"坦普尔顿案"中的兰德号船没有永久停泊，漂浮在水面上，船体没有任何部分靠在河床上，并且可以轻松移动。由于在"坦普尔顿案"中认定污水来自船只，因此定罪被推翻，因为根据《清洁水法》，其被排除在刑事责任之外。

3. 可航行水域

"可航行水域"（navigable waters）在法规中的定义是："美国的水域，包括

---

① United States v. Templeton, 378 F.3d 845 (8th Cir. 2004).

领海。"在"美国诉菲利普斯案"[1]中，被告试图驳回案件，声称政府必须证明"水域实际上是可航行的"。第九巡回法院驳回了这一论点，指出陆军工程兵部队长期以来将"可航行水域"解释为"包括实际可航行的水域、其支流、州际水域及其支流，以及可能影响州际商业的非航行州内水域。"法院强调，这一解释已包括支流近三十年。

"可航行水域"是否涵盖湿地，在多个案件中存有争议。在"拉帕诺斯诉美国案"[2]中，最高法院审查了这一术语，并在多数意见中指出，"美国的水域"仅包括相对永久、常年持续流动的水体，如河流、海洋、湖泊等，而不包括间歇性或短暂流动的渠道。陆军工程兵部队对"美国水域"的广泛解释并非"基于法规允许的解释"。四位法官持有异议，肯尼迪法官的附议意见尤为重要。他认为《清洁水法》的适用范围应扩展至"与实际可航行水域存在或曾存在重要联系，或可合理地成为可航行水域"的湿地。他指出，当陆军工程兵部队试图监管相邻可航行水域的湿地时，可以依靠相邻性确立管辖权。但对于基于与非可航行支流的相邻性来监管湿地的情况，他选择逐案处理，认为这种证明对于避免法规不合理适用至关重要。证明排放物达到可航行水域可通过间接证据进行。例如，证明废物被泵入雨水闸门，证人称在相关日期看到了未经处理的污水，并经测试证实，这些都可被视为充分证据表明排放物已达到可航行水域。

（三）犯罪意图

在"美国诉汉努塞克案"[3]中，被告因疏忽向美国可航行水域排放大量石油而被控罪，并依据《清洁水法》被定罪。第九巡回法院驳回了被告主张应要求"重大过失"的论点，认为《美国法典》第33编第1319(c)(1)(A)条仅需证明一般过失即可。对此，托马斯和奥康纳法官对最高法院未受理该案表示异议。他们指出，事故由独立承包商意外撞击石油管道引发，导致大量石油溢入斯卡格威河。尽管被告在事故发生时已下班在家，仍被起诉并定罪。两位法官认为应考虑处罚的严重性，这应成为将《清洁水法》视为公共福利法规的障碍。

在"美国诉韦岑霍夫案"[4]中，第九巡回法院认为，《清洁水法》旨在保护公众免受水污染的潜在严重后果，属于公共福利立法。法院裁定，政府无需证明被告知晓其行为违反了许可证或《清洁水法》，但必须证明被告知情地将污水排

---

① United States v. Phillips, 367 F.3d 846 (9th Cir. 2004).

② Rapanos v. United States, 547 U.S. 715 (2006).

③ United States v. Hanousek, 176 F.3d 1116 (9th Cir. 1999).

④ United States v. Weitzenhoff, 35 F.3d 1275 (9th Cir. 1994).

入水中。这一区别在"美国诉辛斯基案"①中得到了进一步强调。第八巡回法院指出，辛斯基需要知晓的基本行为是许可证所禁止的行为，例如莫雷尔公司在1992年夏天排放的氨硝酸盐超标。政府不需证明辛斯基知晓其行为违反了《清洁水法》或NPDES许可证，只需证明其知晓导致违规的行为即可。法院回应称，间接证据可用于推断这种意图。此外，法院还认为，被告无需知道其排放的是"美国水域"，这一管辖要素只需证明其客观存在即可。在"美国诉D.J.库珀案"②中，第四巡回法院认为，小河作为"美国水域"的地位为管辖事实，政府必须证明其客观真实性，但无需证明被告的主观知晓。

这种对《清洁水法》犯罪意图（Mens Rea）的解释突显了该法作为公共福利立法的特点。法院处理相关案件时，通常不要求被告明确知道其行为违反具体法律或许可证规定，而是关注被告是否知晓其行为本身。这一司法解释旨在加大环境保护力度，确保公众健康和环境安全不受威胁。法院不仅关注违法行为本身，还注重通过间接证据推断被告的主观意图。

（四）负有责任的各方

1. 负责任的公司官员

在美国，《清洁水法》不仅对公司主体提出了严格的环境责任要求，同时也将公司管理层纳入了刑事责任的范围。该法明确规定，负责任的公司官员在法律上被视为"人"，因此可以被追究刑事责任。

在"美国诉艾弗森案"③中，第九巡回法院对《清洁水法》中负责任公司官员条款进行了详细解释。法院指出："如果某人有权对导致排放的公司活动行使控制，那么此人即为'负责任的公司官员'。"具体而言，艾弗森案中地方法院指示陪审团，如果他们确信以下几点，可以认定被告为"负责任的公司官员"：首先，被告知悉CH2O, Inc.的员工正在将污染物排入下水道系统；其次，被告有权力和能力防止这些污染物的排放；最后，被告未能阻止污染物继续排入下水道系统。第九巡回法院在审查这些指令后认为，"负责任的公司官员"这一指令仅免除了政府必须证明被告亲自排放或造成污染物排放的责任。

在"美国诉布里顿案"④中，第十巡回法院援引了"多特韦赫案"⑤和"帕克

---

① United States v. Sinskey, 119 F.3d 712 (8th Cir. 1997).

② United States v. D.J. Cooper, 482 F.3d 658 (4th Cir. 2007).

③ United States v. Iverson, 162 F.3d 1015 (9th Cir. 1998).

④ United States v. Brittain, 931 F.2d 1413 (10th Cir. 1991).

⑤ United States v. Dotterweich, 320 U.S. 277 (1943).

案"①两个经典案例,进一步探讨了负责任的公司官员学说。法院明确表示,"负责任公司官员"条款的引入是对责任范围的扩展,而非被告所主张的隐性限制。这意味着,无需正式指定为负责任的公司官员,个人也可能因环境违法行为被追究刑事责任。环境犯罪中对个人和公司双重责任的强调,为强化环境保护、遏制环境犯罪提供了强有力的法律保障。

2. 负责人

在美国《清洁水法》的实施过程中,关于谁是"负责人"(person in charge)的问题时常引发争议。根据该法规定,任何排放物必须由"任何负责人"进行报告。《清洁水法》明确将公司定义为"人",因此法院允许公司被视为"任何负责人"。在"Apex 石油公司诉美国案"②中,密苏里州的一家公司质疑公司是否可被视为法规意义上的"负责人",以及是否有足够证据支持对公司的定罪。法院裁定,《清洁水法》确立了公司作为责任主体的法律地位。在评估证据充分性时,法院认为"员工的知识即为公司的知识"。此判决不仅明确了公司在环境犯罪中的法律责任,也为后续案件提供了重要的司法参考。

在"美国诉艾弗森案"③中,第九巡回法院进一步阐明了"负责任的公司官员"的定义。法院指出,如果某人有权对导致排放的公司活动进行控制,那么此人即为"负责任的公司官员"。法院强调,无需证明该官员实际行使了该权力或公司明确赋予了其监督责任,只要其有权力和能力防止污染物的排放,即可认定其负有责任。这一判决对强化企业内部管理和环境合规提出了更高的要求。

四、《资源保护与回收法》

(一)概述

1976 年颁布的《资源保护和回收法》(Resource Conservation and Recovery Act, RCRA)被认为是针对有毒材料的"从摇篮到坟墓"的监管体系,旨在提供全国范围内防止危险废物不当处置的保护机制。国会通过 RCRA(42 U.S.C. § 6901),目的是为危险废物的安全管理建立一个全国性的系统,并促进节约宝贵材料和能源。福特总统在签署该法律时指出,危险废物处理是"国家面临的最优先的环境问题之一"。

该法案在四个领域提出了调查结果:(1)固体废物;(2)环境和健康;(3)

---

① United States v. Park, 421 U.S. 658 (1975).

② Apex Oil Co. v. United States, 579 F.3d 734 (7th Cir. 2009).

③ United States v. Iverson, 162 F.3d 1015 (9th Cir. 1998).

材料；（4）能源。1980 年的一项补充规定指出，废油回收的调查结果表明，"以不对公众健康和环境构成威胁并节约能源和材料的方式回收废油符合国家利益"。该法规授权联邦环保署制定法规，控制固体废物和危险废物。RCRA 可分为两部分，一部分涉及非危险固体废物管理，另一部分涉及危险废物管理。尽管 RCRA 法规条例复杂，但并未被视为模糊不清。

联邦刑事执法依据《美国法典》第 42 编第 6928 节，刑事处罚见于 (d) 和 (e) 分节。虽然 RCRA 最初仅授权对无证废物处置进行轻罪处罚，但后来的修正案将不合规行为的处罚提升至重罪，并扩展了覆盖范围，不仅包括废物处置，还包括不当处理和储存。环保署可以授权各州实施其危险废物管理项目，一旦获得环保署授权，州级系统将取代联邦系统。在"美国诉埃利亚斯案"①中，第九巡回法院指出，如果州政府的监管计划未获联邦政府授权，即使有州级对应措施，联邦政府仍保留刑事和民事执法权力。然而，在州级计划得到授权的情况下，联邦政府不得执行覆盖范围大于联邦法规的州级要求，但如果某州选择使其法规比联邦法规"更严格"，联邦政府的执法权力不受限制。

（二）犯意

1. 故意

《资源保护和回收法》第 6928(d) 条规定，当某人"故意"（knowingly）实施法定的特定行为时，将受到处罚。尽管不要求行为人知晓具体法规，政府必须证明被告知晓其所处理废物的基本危险性质。法院对是否需要知晓许可证作为定罪条件存在分歧。然而，许多法院一致认为，"故意"仅意味着被告明知其行为及其可能造成的危害，而不需要其知道存在相关规定。例如，在"美国诉海斯国际公司案"②中，第十一巡回法院指出，"在这种领域操作的人理应被要求知晓相关的监管规定。"该案中，被告公司经营飞机翻新厂，产生废物如油漆和溶剂，辩称其因误解法规而未取得必要许可。然而，法院认为，只要陪审团认定被告知晓废物的性质及其处理场所无证，即可定罪。

关于是否需要知晓许可证，法院裁决并不一致。有法院认为，尽管第 (2)(A) 小节省略了"故意"一词，但第 (2)(B) 小节的存在表明必须知晓许可证要求。在"美国诉约翰逊和塔尔斯公司案"③中，第三巡回法院认为，国会不可能意图对在无许可证情况下行动的人进行刑事起诉，而忽略其是否知情，但要求

---

① United States v. Elias, 269 F.3d 1003 (9th Cir. 2001).

② United States v. Hayes International Corp., 786 F.2d 1499 (11th Cir. 1986).

③ United States v. Johnson & Towers, Inc., 741 F.2d 662 (3d Cir. 1984).

在违反许可证条款时需要故意。该案中法院认为，"故意"一词要么被无意中从A小节中省略，要么适用于第(2)款的B小节。

然而，其他法院不认可上述观点，认为根据A小节进行定罪无需知晓无许可证的事实。第九巡回法院在"美国诉霍夫林案"①中指出，"法规明确区分非许可证持有人和许可证持有人，B小节要求后者在知情情况下违反许可证条件。将'故意'一词引入A小节，将抹杀这一区别"。第六巡回法院在"美国诉Dean案"②中也拒绝了"约翰逊和塔尔斯公司案"中的观点，指出"第6928(d)(2)开头的'故意'不能延伸至各小节，否则将使第6928(d)(2)(B)和(C)小节中的'知晓'一词失效"。

2. 明知危害

第6928条(e)款对涉及故意危害的《资源保护和回收法》（RCRA）违法行为加重了处罚。该法规定，任何人故意违反本节（1）至（7）项规定，包括运输、处理、储存、处置或出口本章规定的危险废物，或未被确定或列为危险废物的废油，且在行为时明知其将使他人处于死亡或严重身体伤害的紧迫危险中的，一经定罪，将面临高达25万美元的罚款或长达15年的监禁，或二者兼施。如果被告是组织，则一经定罪，最高可处以100万美元的罚款。

在"美国诉Protex工业公司案"③中，第十巡回法庭认为，适用于一家被控员工患有可能导致精神能力受损的"精神有机综合症"的公司被告的该法规中的"严重身体伤害"条款并不构成违宪模糊。而在"美国诉汉森案"④中，有证据显示员工因囚室地板上的废水而患有严重的皮肤和呼吸系统疾病，进一步确立了"严重身体伤害"的含义。案件中的专家证词提供了充足的证据，包括接触汞的情况。被危害人对风险的同意可作为一种肯定的辩护。

3. 责任主体

美国环境法案中的刑事规定适用于任何存储、处理或处置危险废物的个体或实体。根据42 U.S.C. § 6903(15)的规定，所谓的"任何人"包括了个人、信托、公司、合伙企业、政府机构等多种类型的组织和个人。法院在解释《资源保护与回收法》时，未将其局限于设施的所有者或经营者。例如，在"美国诉约翰逊与托尔斯公司案"⑤中，第三巡回法院明确表示：将潜在的被告范围限制

① United States v. Hoflin, 880 F.2d 1033 (9th Cir. 1989).
② United States v. Dean, 969 F.2d 1169 (6th Cir. 1992).
③ United States v. Protex Indus., Inc., 874 F.2d 740 (10th Cir. 1989).
④ United States v. Hansen, 262 F.3d 1217 (11th Cir. 2001).
⑤ United States v. Johnson & Towers, Inc., 741 F.2d 662 (3d Cir. 1984).

在设施的所有者和经营者之内，将削弱该立法的目的。

即使是在联邦设施工作的联邦雇员，也被视为受该法规限制的"人"。在"美国诉迪案"① 中，法院明确指出，联邦雇员在其工作范围内同样需要遵守《资源保护与回收法》的规定，主权豁免并不能成为他们逃避刑事责任的理由。在《资源保护与回收法》的解释中，一些法院拒绝采用负责公司高层管理人员的责任理论来确定是否构成知情。在"美国诉麦克唐纳与沃森废油公司案"② 中，法院认为，仅凭被告身份的高层管理人员地位并不足以表明其对《资源保护与回收法》的知情。法院指出，尽管负责公司高层管理人员可能具有某种程度的责任，但在确定知情时，必须根据具体情况进行综合考量，而不是简单地依赖于职位地位。

对于《资源保护与回收法》的适用范围，法院也不允许将其扩展到"仅仅接收危险废物的人"。这意味着，即使是作为废物的接收方，也需要对废物的处理负有相应的责任。通过相关案例的审查，我们可以清晰地看到法院对于环境犯罪的认定，并且对于知情、责任，以及适用范围等问题的判断，都在不断地演进和完善。

第四节　对环境犯罪的追诉

一、对环境犯罪的追诉

（一）概述

1982 年，联邦环保署与司法部相继设立了专门调查和起诉环境犯罪的部门，标志着美国政府对环境犯罪执法的重视和投入。1987 年，环境犯罪科（Environmental Crimes Section, ECS）正式成为环境与自然资源司（Environmental and Natural Resources Division, ENRD）的独立部门，专职处理污染和野生动物案件。此外，ECS 还为各地的美国检察官办公室在环境犯罪的起诉过程中提供专业支持。在美国，联邦政府并非唯一的环境保护执行者，许多州也制定了相关的环境犯罪法规，并将其纳入州法律体系。联邦检察官被要求熟悉州环境执法法律和州执法官员，以便更有效地开展工作。在实际操作中，建议联邦检察官考虑成立联合工作组，并认识到州执法机构可以提供关于涉嫌违反联邦环境法规的宝贵信息来源。在联邦环境执法领域，通常会同时进行民事和刑事调查。这是

---

① United States v. Dee, 912 F.2d 741 (4th Cir. 1990).

② United States v. MacDonald & Watson Waste Oil Co., 933 F.2d 35 (1st Cir. 1991).

因为违反联邦环境法规的行为既可能触发民事诉讼，也可能引发刑事起诉，甚至可能出现民事和刑事双重诉讼。因此，涉及环境犯罪的案件中，常常会有机构调查和平行诉讼同时进行，且这些程序可能涉及同一违法行为。为确保这些平行程序的有效协调，政府建议处理环境案件的美国检察官办公室与 ECS 联系，获得其协助和指导。

在美国的环境法体系中，《资源保护与回收法》（Resource Conservation and Recovery Act, RCRA）是一个重要的立法工具。该法旨在通过严格的规制体系，防止危险废物对环境和公共健康的威胁。《资源保护与回收法》不仅设定了严格的废物处理标准，还赋予了环保署广泛的执法权力，包括对违反者进行民事和刑事起诉的权力。通过《资源保护与回收法》的实施，联邦和州政府能够更有效地监督和控制危险废物的产生、运输、处理和处置，确保环境保护的目标得以实现。在具体案例中，如"美国诉约翰逊和塔尔斯公司案"，第三巡回法院明确指出，将潜在被告的范围限制在设施的所有者和经营者上，会削弱立法的初衷。这表明，在环境犯罪的追诉中，任何直接或间接参与危险废物处理的个人或组织，都可能成为被告。这种广泛的责任追究机制，确保了环境保护法规的严格执行。

在"美国诉迪案"中，第四巡回法院驳回了联邦雇员享有主权豁免权的主张，明确了联邦雇员在违反环境法规时，同样需要承担刑事责任。这一判决强化了对环境犯罪的追责力度，体现了法律面前人人平等的原则。在一些案例中，法院拒绝使用"负责任的公司官员"理论来确立《资源保护与回收法》下的知识要件。如在"美国诉麦克唐纳与沃森废油公司案"中，法院认为，仅凭被告是公司的高管，并不足以证明其具备犯罪所需的主观故意。这一判决强调了刑事责任认定中的主观要件，确保了对被告的公正审判。美国对环境犯罪的追诉机制，是通过联邦和州两级政府的协同合作，以及严格的法律法规和司法判例，逐步形成的一个全面而严密的体系，这一体系对违法行为人形成了有力的威慑。

（二）被指控方

对环境犯罪的追诉不仅限于个人，大量起诉集中在公司实体。公司刑事责任原则以及公司内部个人刑事责任原则在环境领域发挥着重要作用。一个人是否为负责任的公司管理人员，并因此承担刑事责任，不仅取决于其在公司内的活动，还取决于是否存在允许这种形式的刑事责任的指定法规。例如，《清洁水法》和《清洁空气法》均将"负责任的公司官员"原则纳入法规。此外，法规还可以明确谁为"负责人"，因此谁需对报告危险泄漏事件负责。

2023 年共有 280 起新的环境诉讼案件，比前一年增加了 5.6%。环境野生动物保护案件仍然占主导地位，占环境诉讼总量的 60%。空气污染案件占 15 起，有害有毒污染物案件占 8 起。[①]尽管公司实体在环境犯罪起诉中占据重要位置，但具体责任的认定仍需结合个人在公司中的角色以及相关法规的明确规定。美国的《清洁水法》和《清洁空气法》不仅对公司实体的环境责任作出规定，还通过"负责任的公司官员"原则对公司内部的个人责任进行了规范。这一法律机制确保了环境保护法规的严格执行，同时也为环境犯罪的追诉提供了法律依据。

在一些案例中，法院拒绝使用负责任的公司官员理论来确立《资源保护与回收法》下的认知要件。例如，在"美国诉麦克唐纳与沃森废油公司案"中，法院认为，仅凭被告是公司的高管，并不足以证明其具备犯罪所需的主观故意。这一判决强调了刑事责任认定中的主观要件，确保了对被告的公正审判。通过对环境犯罪的追诉，联邦和州两级政府协同合作，形成了一个全面而严密的体系，对违法行为人形成了有力的威慑。

（三）认罪协议与和解

在 2023 财政年度，约有 95% 的涉及环境犯罪的案件达成了认罪协议，然而，这一比例是否包括实体通常与政府达成的延期起诉协议和不起诉协议尚不确定。[②]《美国检察手册》（USAM）对环境案件的和解提供了明确的指导，指出未经环境和自然资源司助理检察长的明确批准，在任何依据 USAM 5-11.101 中规定的法规引发的刑事案件中，不得就认罪协议进行谈判，从而损害美国依据这些法规获得任何民事或行政补救措施的权利。被告试图在所谓的"全球和解"提议中实现这一结果的努力可能会出现问题。

2010 年"深水地平线"灾难的解决即为一例。该灾难导致 11 人不幸遇难，并因石油泄漏到墨西哥湾而造成巨大的环境破坏。英国石油公司（BP）同意支付 40 亿美元，作为对 14 项违法行为的认罪协议的一部分。协议中指出，"这不仅是历史上最大的一笔罚款，而且所支付的大部分资金并非进入联邦财政，而是用于减轻和修复漏油事件造成的损害"。这一案例凸显了政府在处理环境犯罪案件中的灵活性和严肃性，通过认罪协议和和解措施，不仅追究了企业的法律

责任，还促进了对环境损害的修复和补偿。通过这些机制，确保了环境法律的严格执行，并对潜在的违法者形成了强有力的威慑。

二、犯意

在白领犯罪案件中，关于被告是否具备特定的犯罪意图（Mens Rea），常见的辩护理由往往涉及其主观心态。在环境法规领域，由于不同法规对犯罪意图的要求各不相同，这一问题尤为复杂。法院在确定被告所需的意图程度上也面临困境。在某些情况下，被告可能声称其并未意识到行为的非法性，因而不认为自己的行为构成犯罪；或者声称其根本不知晓该行为的发生，认为自己不应承担责任。后一种辩护通常会引发被告是否存在故意视而不见的问题。即使针对同一法规，法院在意图问题上的裁决也并不总是一致，有时这是由于法律条文的模糊所致。

例如，在"美国诉伍尔夫案"[①]中，第六巡回法院认定，《迁徙鸟类条约法》（MBTA）的一项重罪条款因未要求证明犯罪意图，违反了正当程序。法院认为，这类"普通法中不为人知的罪行"会带来严重的处罚，政府需要证明被告具有某种程度的犯罪意图。相反，在"美国诉恩格勒案"[②]中，第三巡回法院则认为，MBTA 重罪的严格责任条款中不要求犯罪意图，并未违反正当程序的要求。对此，国会作出了回应，澄清了 MBTA 中对犯罪意图的要求。在《美国法典》第16 卷第 707(a) 条中，将轻罪条款规定为严格责任犯罪；在第 707(b) 条中，将重罪条款规定为需要明知的犯罪意图。因此，在"美国诉盖哈特案"[③]中，肯塔基州东区地区法院拒绝驳回被告关于 MBTA 因缺乏犯罪意图而违宪的辩护，认为该法规的明确语言已经告知被告，指控的是一种不需要犯罪意图的轻罪。

在"美国诉皮特罗恩案"[④]中，被告辩称 MBTA 要求政府证明其行为是故意的。该论点基于最高法院在"拉茨拉夫诉美国案"[⑤]中的裁决，该案认为"知道自己行为的非法性"是具有故意的结构性犯罪。然而，MBTA 源于美国与加拿大之间的条约，并未包含"故意"一词。皮特罗恩案中的法院指出，被告的论点忽略了故意意图和犯罪意图是完全不同的两个概念：前者要求知道自己行为的非法性，而后者则无此要求。法院最终认为 MBTA 中没有故意的要素，驳回

---

① United States v. Wulff, 758 F.2d 1121 (6th Cir. 1985).

② United States v. Engler, 806 F.2d 425 (3rd Cir. 1986).

③ United States v. Gayhart, No. 5:10-CR-37-KKC, 2010 WL 5014516 (E.D. Ky. Dec. 3, 2010).

④ United States v. Pitrone, 115 F.3d 1 (1st Cir. 1997).

⑤ Ratzlaf v. United States, 510 U.S. 135 (1994).

了皮特罗恩的论点。这种法律条款和司法解释的矛盾，反映了环境犯罪领域中犯罪意图认定的复杂性和重要性。在审理相关案件时，法院需慎重考虑法定语言、立法意图以及具体案情，以确保公正审判。

（一）知情行为的认定

在环境犯罪案件中，大多数情况下需要证明被告在知情的情况下实施了犯罪行为。法院通常允许从周围环境推断被告的知情程度。例如，在"美国诉国际矿物和化学公司案"① 中，美国最高法院认为，在涉及危险或有害的装置、产品或废料时，由于监管的可能性极高，任何知道自己拥有或处理这些物品的人都应被推定为知晓相关法规的存在。

在某些情况下，即使被告故意避免了解全部事实，也可以被认定为知情。在这些情况下，法院可能会适用故意视而不见的指示。在"美国诉菲勒斯案"② 中，田纳西州东区地区法院承认了最高法院在"环球科技电器公司诉 SEB 案"③ 中确立的故意视而不见的标准。尽管"菲勒斯案"中，法院认定本案存在包括违反《清洁空气法》在内的充足证据，但指出政府在适用故意视而不见的标准时，需要证明"被告主观上认为某事实极有可能存在，并采取了故意的行动以避免了解该事实"。在一个与石棉有关的案件中，第九巡回法院指出，"'故意视而不见'与实际知情不一致，因此，只有在'陪审团可以合理地认定故意视而不见，即使其已否定了政府提供的实际知情的证据'的情况下，故意视而不见的指示才是适当的。"

（二）知情与法律具体条款的关系

大多数法院在解释环境法规中的"知情"一词时认为，被告不需要知道具体被违反的法律。例如，在审查《综合环境反应、赔偿与责任法》(CERCLA)中的"知情"时，第六巡回法院认为，"在此类监管法规中使用的'知情'是指了解自己正在进行法定行为，而非知晓法律或潜在健康危害的存在"。尽管许多环境案件涉及犯罪意图的争论，但有些案件区分了这些争论与法规所要求的行为。

在"美国诉 CITGO 石油公司案"④ 中，第五巡回上诉法院推翻了对该公司的一项指控，该公司被控在露天储罐中造成候鸟死亡。法院认为，法令中"捕

① United States v. International Minerals & Chemical Corp., 402 U.S. 558 (1971)
② United States v. Fillers, No. 1:14-cr-00088, 2017 WL 1405165 (E.D. Tenn. Apr. 19, 2017).
③ Global-Tech Appliances, Inc. v. SEB S.A., 563 U.S. 754 (2011).
④ United States v. CITGO Petroleum Corp., 801 F.3d 477 (5th Cir. 2015).

获"的部分缺失。第五巡回法院指出，"如果 MBTA 禁止所有'直接'导致鸟类死亡的行为或不作为，且鸟类的死亡是'可预见的'，那么所有拥有大窗户、通信塔、风力涡轮机、太阳能农场、汽车、猫，甚至教堂尖塔的所有者都可能被判违反 MBTA"。

上述案例和判决反映了环境犯罪领域中犯罪意图认定的复杂性。在应对环境犯罪时，法院必须综合考虑立法意图、法律条文的明确性以及案件具体情况，以确保裁判的公正性和合理性。

三、国际环境犯罪

与许多现代犯罪一样，环境犯罪也可能超越美国的边界。其义务通常取决于犯罪的性质、涉及的国家以及这些国家与美国的关系。例如，战争背景下的国际环境犯罪与商业活动中的国际环境犯罪可能会带来不同的问题。国家主权、治外法权和程序性问题往往决定了犯罪的性质和起诉的能力。

《莱西法》是专注于保护鱼类和野生动物的法规之一，也是可能产生国际问题的法规的典型例子。该法规将"违反任何国家的法律或法规或违反任何外国法律"的某些进口和出口鱼类、野生动物或植物的活动定为犯罪。在"美国诉麦克纳布案"[①]中，几名被告因"与进口、销售和购买来自洪都拉斯的加勒比刺龙虾有关的共谋、走私、洗钱和违反《莱西法》"而被定罪。定罪的依据是这些龙虾的进口违反了洪都拉斯法律。在上诉中，被告提出了洪都拉斯的法规是否构成《莱西法》中的"任何外国法律"的问题。第十一巡回法院在一个 2-1 的裁决中认为，洪都拉斯的法规属于《莱西法》的范围，因为法规的明确语言和立法意图是将这些类型的外国法规纳入法规的"任何外国法律"的范围。

"麦克纳布案"有一个独特的转折，即在上诉中，洪都拉斯政府声称被指控的行为没有违反洪都拉斯的法律。法院的大多数人认为，他们受到了洪都拉斯政府最初立场的约束，不愿意因为洪都拉斯政府的立场发生"转变"而推翻定罪。然而，反对意见指出，洪都拉斯政府明确表达了其立场，即这项决议在现在和被指控的行为发生时都是无效的。异议者认为，根据洪都拉斯法律确认这一定罪是"令人不安的"，因为"被告不能在洪都拉斯因违反第 030-95 号决议而被审判和定罪"。这一案件充分展示了《莱西法》的国际适用性以及在跨国法律适用中的复杂性。尽管被告辩称其行为未违反洪都拉斯法律，但法院基于初

---

① United States v. McNab, 331 F.3d 1228 (11th Cir. 2003).

审期间洪都拉斯政府的立场维持了定罪。

2016 年 2 月 1 日，位于弗吉尼亚州的硬木地板零售商 Lumber Liquidators Inc. 因非法进口硬木地板，被联邦法院判处支付超过 1300 万美元的刑事罚款、社区服务款及没收资产。这些硬木地板大多在中国制造，而所用木材则是从俄罗斯远东地区非法砍伐的。这些地区是世界上仅存的西伯利亚虎和远东豹的栖息地。Lumber Liquidators 因未能提供合法来源的木材证明，违反了《莱西法》，导致非法采伐和环境破坏。

Lumber Liquidators 在 2015 年 10 月被指控在美国弗吉尼亚东区联邦法院认罪，包括一项通过虚假声明进口商品的重罪指控和四项违反《莱西法》的轻罪指控。[①]《莱西法》禁止进口违反他国法律获取的木材，并禁止通过国际边界运输虚假标签的木材。指控详细描述了 Lumber Liquidators 使用非法砍伐的俄罗斯远东木材，并在莱西法声明上做出虚假陈述，隐瞒了木材的真实种类和来源。这是首个与非法木材进口或使用相关的重罪定罪，也是《莱西法》有史以来最大的刑事罚款。[②]Lumber Liquidators 因未能遵循其内部程序，对自我识别的"红旗"风险未采取行动，包括高风险国家的进口和高风险物种的进口。

Lumber Liquidators 的员工明知来自俄罗斯远东地区的木材在地板行业内被认为有很高的非法来源风险，原因是该地区的腐败和非法采伐。尽管存在这种非法性的风险，Lumber Liquidators 还是增加了从使用俄罗斯远东木材的中国制造商那里购买木材的数量。2013 年，该公司进口了一批已多次使用的特许证的俄罗斯木材，该证书的使用次数远远超过了蒙古橡木的合法采伐配额，超出部分超过 800%。此外，Lumber Liquidators 还虚报了木材的种类或采伐国家，如将来自俄罗斯远东的蒙古橡木申报为威尔士橡木，将来自缅甸的默泡木申报为来自印度尼西亚的红木。

根据认罪协议，Lumber Liquidators 将支付 1315 万美元的罚款，包括 780 万美元的刑事罚款、97 万美元的刑事没收款和超过 123 万美元的社区服务付款。公司还同意接受五年的组织缓刑，并必须实施政府批准的环境合规计划和独立审计。此外，公司还将通过相关的民事没收支付超过 315 万美元的现金。这一罚款是《莱西法》实施以来最大的木材走私经济处罚之一。123 万美元社区服

① 参见美国司法部网站，https://www.justice.gov/opa/pr/lumber-liquidators-inc-sentenced-illegal-importation-hardwood-and-related-environmental，访问时间：2024 年 6 月 19 日。

② 参见美国司法部网站，https://www.justice.gov/opa/pr/lumber-liquidators-inc-pleads-guilty-environmental-crimes-and-agrees-pay-more-13-million，访问时间：2024 年 6 月 19 日。

务款将分配给国家鱼类和野生动物基金会（NFWF）和美国鱼类与野生动物服务局的犀牛和老虎保护基金，资金将用于开发木材识别设备、保护和研究西伯利亚虎、远东豹及其栖息地。

　　这一案件可以为计划在美国投资或运营的中国企业提供重要的参考：美国的环境法律监管极为严格，企业必须严格遵守相关法规，否则将面临巨额罚款和法律诉讼。企业在处理环境问题时需具备高度的社会责任感。Lumber Liquidators 因未能有效管理其木材供应链而付出了惨重代价，这提醒中国企业在美国经营时，必须加强环境管理，确保合规，以避免类似的法律风险和负面影响。

第十一章 反垄断犯罪

我们可以在这个国家拥有民主，或者让巨额财富集中在少数人手中，但不能两者兼得。

——路易斯·布兰代斯

虽然反垄断案件本质上不属于典型的"白领犯罪"，而是涉及企业或公司的市场行为和竞争行为，这类指控通常是公司层面的，而不是个人层面的白领犯罪。但在这些案件中，个人高管或企业决策者可能会被指控或调查，例如知名的"美国诉美国电话电报公司案"[①]，主要针对公司层面的垄断行为，而非个人犯罪。最后，美国电话电报公司（AT&T）被法庭裁决拆分为多个公司，打破了其在电信行业的垄断地位。另一起知名案件是"美国诉新泽西标准石油公司案"[②]，其性质也是针对公司层面的垄断和反竞争行为，最后该公司也被拆分成多个公司，以打破其在石油市场的垄断地位。而最著名的科技巨头成为反垄断被告的案件是"美国诉微软公司案"[③]，其性质是针对公司层面的市场主导地位和不公平竞争行为，并非针对微软联合创始人或者董事会成员的刑事指控，即"微软在操作系统市场的行为被认为是垄断性的，但案件主要针对公司的行为，而非个人犯罪。"这些案件主要是反垄断法的应用，目的是维护市场竞争，而不是针对个人的白领犯罪。提起刑事反垄断诉讼的案件在美国较为少见，但并非不存在。刑事反垄断诉讼通常由美国司法部反垄断司负责，针对严重的反竞争行为，例如价格操纵、市场分割、串谋招标，以及高管在反垄断调查中的虚假陈述或妨碍司法行为，都可能会导致个人高管面临刑事指控。

---

① United States v. AT&T Co., 552 F. Supp. 131 (D.D.C. 1982).

② United States v. Standard Oil Co. of New Jersey, 221 U.S. 1 (1911).

③ United States v. Microsoft Corp., 253 F.3d 34 (D.C. Cir. 2001).

第一节　反垄断和反垄断犯罪的历史

反垄断犯罪的历史可以追溯到 19 世纪末期的美国工业化时代。在那个年代，美国经济迅速增长，企业兼并和垄断行为日益增多，导致市场竞争受限、价格操纵以及消费者利益受损。为了解决这些问题，美国政府于 1890 年通过了《谢尔曼反托拉斯法》（Sherman Antitrust Act），这是美国历史上第一部反垄断法。该法案被誉为"经济自由的全面宪章"，旨在维护自由和无拘无束的竞争作为贸易的规则。该法案明确禁止任何形式的商业垄断和不公平竞争行为，其核心条款包括禁止垄断、限制贸易和限制竞争。根据该法，企业之间的任何共谋行为，如价格固定、市场分割或串通投标，均被视为违法行为。法案的第一条和第二条分别对限制贸易和垄断行为进行处罚，违法者可能面临刑事和民事责任。[①] 这一法案的出台标志着美国反垄断法律框架的正式建立，并成为后续立法的重要基础。

在《谢尔曼法》颁布后的几十年间，美国反垄断执法逐渐加强，并不断完善相关立法。1914 年，美国国会通过了《克莱顿法》（Clayton Act）和《联邦贸易委员会法》（Federal Trade Commission Act）。《克莱顿法》进一步细化了《谢尔曼法》的规定，明确禁止价格歧视、排他性交易、兼并和收购等不公平竞争行为，并针对公司的董事会成员设立了反竞争行为的规定，例如禁止同一人同时担任竞争公司董事，以防止市场垄断。[②] 《联邦贸易委员会法》则设立了联邦贸易委员会（Federal Trade Commission, FTC），负责调查和制止不公平竞争和欺诈行为。联邦贸易委员会不仅具有调查权，还可以向法院提起诉讼或要求企业签署停止不当行为的协议。[③] 这些立法措施增强了反垄断法律的操作性和针对性，提高了执法的专业性和效率。

20 世纪中期，美国反垄断执法进入一个新阶段。1950 年，通过了《赛勒—凯佛尔法》（Celler-Kefauver Act），进一步加强了对企业兼并和收购的限制，以防止市场集中度过高，确保市场竞争的健康发展。[④] 此后，反垄断法的执行力度

---

① 参见美国众议院网站，https://uscode.house.gov/view.xhtml?path=/prelim@title15/chapter1&edition=prelim，访问时间：2024 年 6 月 27 日。

② 参见美国众议院网站，https://history.house.gov/HistoricalHighlight/Detail/15032424979，访问时间：2024 年 6 月 27 日。

③ William J. Baer, *Origins of the Species: The 100 Year Evolution of the Clayton Act*，参见司法部网站，https://www.justice.gov/atr/file/517721/dl，访问时间：2024 年 7 月 1 日。

④ 参见美国圣路易斯联邦储备银行网站，https://fraser.stlouisfed.org/title/celler-kefauver-anti-merger-act-5841/fulltext，访问时间：2024 年 7 月 1 日。

不断加大，一系列重要的反垄断案件相继涌现，对大型企业的垄断行为进行了有效遏制。例如，在 1969 年的 IBM 案中，政府指控 IBM 利用其市场主导地位，通过捆绑销售和价格歧视等行为排挤竞争对手。虽然该案在 1982 年被撤销，但它标志着反垄断执法开始深入探讨高科技市场的竞争问题。[①] 类似的案例还有 20 世纪 50 年代的美国"Alcoa 案"，该案涉及了冶金行业中的垄断和价格操纵问题，对未来的反垄断执法起到了重要的指导作用。[②]

进入 21 世纪，随着全球化和信息技术的飞速发展，反垄断法面临新的挑战。特别是科技巨头的崛起，使得反垄断执法的复杂性和重要性大幅提升。在这种背景下，美国政府和立法机构不断调整和完善反垄断法律，积极应对新兴市场中的垄断问题。例如，近年来对大型科技公司的反垄断调查和诉讼，凸显了反垄断执法在数字经济时代的重要性。反垄断机构如联邦贸易委员会和司法部反垄断局在调查和起诉科技公司垄断行为方面发挥了关键作用。"谷歌案"就是一个典型例子，联邦贸易委员会和司法部对谷歌的广告业务和搜索引擎市场地位进行了深入调查，指控其滥用市场主导地位，采取排除竞争对手的策略，最终达成了一些和解协议和行为修正方案。[③] 此外，对 Facebook 和苹果等公司的调查也显示出美国在应对科技巨头垄断问题上的决心。

在反垄断案件的实际执行中，个人高管或企业决策者也可能会被指控或调查。虽然反垄断案件主要针对公司层面的垄断行为，但一些严重的反竞争行为，如价格操纵、市场分割和串谋招标等，可能会导致个人高管面临刑事指控。例如，在 20 世纪 90 年代的赖氨酸价格垄断案件中，多个跨国公司高管因涉嫌通过秘密会议和通信操纵市场价格而被起诉并判刑。此案展示了反垄断法在打击跨国价格操纵行为方面的有效性。同样的，2010 年的维生素 C 案中，一家中国维生素 C 制造商被指控与其他公司串谋固定价格，最终被罚款数亿美元。[④] 这些案件不仅凸显了反垄断法在保护市场竞争中的重要性，也提醒企业高管需高度重视遵守反垄断法规，以免面临法律制裁。

近年来，随着市场的变化，反垄断法也不断适应，从马车和马匹时代一直

---

① 参见斯坦福大学网站，https://cs.stanford.edu/people/eroberts/cs181/projects/corporate-monopolies/government_ibm.html，访问时间：2024 年 7 月 1 日。
② United States v. Aluminum Co. of America, 148 F.2d 416 (2d Cir. 1945).
③ 参见美国司法部网站，https://www.justice.gov/opa/pr/justice-department-sues-google-monopolizing-digital-advertising-technologies，访问时间：2024 年 7 月 1 日。
④ Animal Sci. Prods., Inc. v. Hebei Welcome Pharm. Co. (In re Vitamin C Antitrust Litig.), 837 F.3d 175 (2d Cir. 2016)

到数字时代，法院始终在解释和执行这些法律。在过去的 125 年中，反垄断法的核心目标始终未变，即通过保护市场竞争过程，确保企业能够有效运作，从而激励它们提高效率、降低价格和提升质量，以最大化消费者利益。

第二节　反垄断犯罪案例

案例一：赖氨酸价格垄断案

"赖氨酸价格垄断案"是反垄断执法史上的重要案件之一。赖氨酸是一种用于动物饲料的氨基酸，其市场长期由少数几家公司垄断。1996 年，美国司法部反垄断部门发起了一项针对全球赖氨酸市场的重大调查，揭示了包括 ADM（Archer Daniels Midland）公司在内的多家公司在全球范围内进行价格操纵和市场分配的复杂阴谋。这起案件以 ADM 及其高管安德烈亚斯（Michael Andreas）及其他高管为中心，他们与味之素公司、协和发酵工业株式会社和世元美国公司等共谋，通过一系列秘密会议和电话交谈，达成了详细的价格操纵和市场分配协议。从 1992 年 6 月到 1995 年 6 月，相关企业在全球多个地点召开会议，包括墨西哥城、巴黎、芝加哥、迪凯特、温哥华、欧文、东京、马卡哈和亚特兰大，讨论并决定了赖氨酸的全球销售价格和分配方案。通过限制产量、协调价格上涨和分配市场份额，这些公司控制了赖氨酸市场，严重违反了反垄断法律。[①]

特别大陪审团在 1996 年开始对这一涉嫌合谋进行深入调查，揭示了 ADM 及其共谋者的具体违法行为。调查过程中，司法部调取了大量内部文件、电子邮件和会议记录，这些证据显示了被告通过限制产量和协调价格上涨来操纵市场的详细过程。例如，1992 年 6 月 23 日的墨西哥城会议上，各公司代表讨论并决定了赖氨酸的全球销售价格和分配方案，在随后的电话交谈中，他们进一步协调价格上涨，并监控各自的市场份额。被告的行为显示出其在全球范围内通过秘密会议和电话交谈，决定赖氨酸的销售价格和分配方案，以实现价格操纵和市场分配的目的。[②]

1996 年 12 月 3 日，特别大陪审团正式对安德烈亚斯（Michael D.

---

① 参见美国司法部网站，https://www.justice.gov/atr/case-document/file/486266/dl，访问时间：2024 年 7 月 1 日。

② 参见美国司法部网站，https://www.justice.gov/atr/case-document/file/486296/dl，访问时间：2024 年 7 月 1 日。

Andreas）、惠特克（Mark E. Whitacre）、威尔逊（Terrence S. Wilson）和山田和俊（Kazutoshi Yamada）提起刑事诉讼，指控他们违反《谢尔曼法》第 1 条。[①]起诉书详细列举了他们在 1992 年至 1995 年间的违法行为，包括固定价格、分配市场份额和监控协议执行情况。在审判过程中，检方展示了大量证据，包括内部电子邮件、会议记录和证人证词。这些证据表明，被告在全球范围内操纵赖氨酸市场，严重违反了反垄断法律。例如，一名前 ADM 高管在法庭上作证，揭露了公司内部如何通过秘密会议和电话交谈，决定赖氨酸的销售价格和分配方案。被告的辩护律师试图将责任推卸给个别员工，并辩称这些行为是为了应对市场压力和竞争。然而，检方通过确凿的证据和详尽的证人证词，成功证明了被告的合谋行为。

在面对铁证如山的证据后，ADM 公司最终认罪，并同意支付 5 亿美元的刑事罚款，这是当时反垄断历史上最高的罚款金额。此外，另一家主要被告公司味之素也承认其参与了价格操纵，并同意支付 2.25 亿美元的刑事罚款。总罚款金额超过 7.25 亿美元，创下了反垄断案件的历史纪录。经过长时间的审理，陪审团最终认定 4 名被告违反了《谢尔曼法》第 1 条成立。法院判处他们支付巨额罚款，并要求 ADM 立即停止所有违法行为。多名涉案高管也被判处有期徒刑。

这一案件的成功审判传递了一个明确的信息：任何试图操纵市场价格和分配客户的行为，都将面临严厉的法律制裁。其他公司纷纷加强内部合规审查，避免卷入类似的反垄断调查。同时，赖氨酸的市场价格逐渐回归正常水平。ADM 在判决后进行了内部改革，建立了更为严格的合规体系，并与司法部合作，揭露其他共谋者的违法行为，争取减轻处罚。

案例二：电容器价格操纵案

"电容器价格操纵案"是美国司法部在 21 世纪早期针对全球电子元件市场进行的一系列反垄断调查中的重要案例之一。此案件涉及多个国际知名电子元件制造商之间的价格操纵行为，最终导致刑事指控和高额罚款。

日本化学电容器公司（Nippon Chemi-Con Corporation, NCC）是全球最大的铝电解电容器制造商之一。铝电解电容器是广泛应用于各种电子设备中的关键元件，其市场需求量巨大。

2015 年，司法部正式对 NCC 提起刑事诉讼，指控其违反《谢尔曼反垄断法》第 1 条。检方在案件中展示了大量证据，包括公司内部的电子邮件、会议

---

① U.S. v. Michael D. Andreas, et al., Criminal No. 96-CR-00762 (N.D. Ill. 1996).

记录和证人证词，证明价格操纵行为的存在和实施过程。最终，NCC 在 2018 年承认参与价格操纵，并同意支付 6000 万美元的刑事罚款。此外，NCC 的几名高管也被起诉并接受了不同程度的刑事处罚。根据认罪协议，NCC 不仅承认其在 1997 年到 2014 年间参与了价格操纵的阴谋，还同意支付高额罚款和接受长达五年的缓刑。

在认罪协议中，NCC 详细描述了其参与价格操纵的具体过程。司法部指出，被告通过高层人员和员工，与其他电解电容器制造商的代表多次会晤，讨论并同意固定价格和串通投标，以维持高价。NCC 及其共谋者制造的电解电容器在美国销售，或用于组装在美国销售的产品，对美国市场产生了重大影响。除了巨额罚款外，认罪协议还要求 NCC 开发并实施公司合规计划，包括定期的反垄断法律培训和高级管理层的定期传达，确保公司对合规的承诺。NCC 还必须每年向美国司法部反垄断司和美国缓刑办公室提交书面报告，说明合规计划的实施情况，以确保公司不会再次卷入类似的法律风险。①

NCC 的案例为在美国市场上有重要份额或计划进入美国市场的中国公司提供了宝贵的教训和警示，只要其产品销售到美国并对市场竞争产生影响，就可能面临美国的反垄断调查和制裁。此外，公司的高管也可能因公司的违法行为面临刑事责任。因此，中资公司在美国市场运营时，需要关注企业合规程序，加强企业内部审计和合规培训，以避免卷入类似的法律风险。

案例三：维他命价格垄断案

1999 年，美国司法部反垄断部门启动了一项针对瑞士制药巨头罗氏公司（F. Hoffmann-La Roche Ltd.）的重大调查。这起反垄断案件揭示了一场长达近十年的复杂价格操纵和市场分配阴谋。从 1990 年到 1999 年，罗氏公司联合德国的巴斯夫公司和日本的武田药品工业株式会社，通过一系列秘密会议，共同制定了抑制竞争、操纵市场价格的策略。这些秘密会议在全球多个地点举行，商讨内容包括固定维生素 A、E、B2、B5、C 及 β - 胡萝卜素的价格，分配市场份额以及分配客户名单。这一阴谋使得全球维生素市场的价格在近十年内被人为操纵，消费者和相关产业蒙受了巨大的经济损失。

调查过程中，美国司法部调取了大量的内部文件、电子邮件和会议记录，这些证据揭示了罗氏公司及其共谋者如何通过限制产量和协调价格上涨来操纵

---

① 参见美国司法部网站，《NCC 认罪协议》，https://www.justice.gov/atr/case-document/file/1099751/dl?inline，访问时间：2024 年 6 月 29 日。

市场。他们不仅在秘密会议上达成价格协议，还通过共享销售数据来监控协议的执行情况。多名知情员工和行业专家在法庭上作证，揭露了罗氏公司与其他共谋者之间的秘密交易。一名前高级管理人员透露，他曾多次参与这些秘密会议，并亲眼见证了各公司如何协调价格和分配市场。另一名行业专家则详细分析了维生素市场的价格变化，证明这些价格波动与市场供需关系明显不符。通过这些证词，司法部的指控得到了有力支持。

1999 年 5 月 20 日，美国司法部正式对罗氏公司提起刑事诉讼，指控其违反《谢尔曼法》第 1 条，参与价格操纵和市场分配阴谋。案件在得克萨斯州北区地方法院开庭审理。① 审判过程中，司法部律师出示了大量证据，包括会议记录、内部电子邮件和证人证词。罗氏公司的高管在法庭上对这些指控进行了辩护，试图将责任推卸给个别员工，并辩称这些行为是为了应对市场压力和竞争。辩护律师强调，公司从未有意操纵市场，所有价格调整都是基于市场需求和生产成本的变化。他们还试图通过质疑证据的合法性和证人证词的可信度来减轻公司的责任。然而，面对铁证如山的证据，罗氏公司最终于 1999 年认罪，并同意支付 5 亿美元的刑事罚款，这是当时反垄断历史上最高的罚款金额。此外，另一家主要被告公司巴斯夫（BASF）也承认其参与了价格操纵，并同意支付 2.25 亿美元的刑事罚款。总罚款金额超过 7.25 亿美元，创下了反垄断案件的历史纪录。②

罗氏公司支付巨额罚款，多名涉案高管也被判处有期徒刑，这一判决结果警示在美经营的公司应加强内部合规审查，避免卷入类似的反垄断调查。

第三节　反垄断犯罪的法律渊源

美国反垄断法律体系源远流长，形成了复杂而有力的法律框架，以保障市场公平竞争，保护消费者权益。核心法条包括《谢尔曼法》（Sherman Act）、《克莱顿法》（Clayton Act）和《联邦贸易委员会法》（Federal Trade Commission Act），这些法律为打击垄断行为和不正当竞争行为提供了坚实的法律基础。首先通过于 1890 年的《谢尔曼法》确立了反垄断执法的基本框架，明确禁止限制

---

① 参见美国司法部网站，https://www.justice.gov/atr/case-document/file/495536/dl，访问时间：2024 年 6 月 29 日。

② 参见美国司法部网站，《罗氏公司认罪协议》，https://www.justice.gov/sites/default/files/atr/legacy/2006/04/10/hoffman.pdf，访问时间：2024 年 6 月 29 日。

贸易的合同、联合行动或合谋行为，并打击通过不正当手段试图或成功垄断市场的行为。随后，1914 年通过的《克莱顿法》在《谢尔曼法》基础上进一步细化了对价格歧视、排他性交易和通过收购减少竞争等行为的禁止，丰富了反垄断法律的具体条款。同时，《联邦贸易委员会法》设立了联邦贸易委员会，并赋予其广泛的调查权和执行权，以监控和打击不公平竞争行为，补充了反垄断执法体系。这些法条不仅在立法文本上构建了强有力的反垄断法律框架，也通过大量的司法解释和判例法丰富了法律的实际应用，使得美国反垄断法律体系在维护市场公平竞争和消费者权益方面发挥了重要作用。此外，联邦与州反垄断法律的互动和差异也进一步复杂了这一体系，使其能够灵活应对不同层级和领域的垄断行为。

一、《谢尔曼法》

《谢尔曼法》是美国反垄断立法的奠基石，自 1890 年通过以来，它一直是打击垄断行为和促进市场竞争的核心法律工具。这部法律的主要条款分为两部分：第一条规定任何合同、信托或共谋行为，凡是对贸易或商业进行限制的，均为非法；第二条禁止任何个人或企业通过垄断、企图垄断或联合其他企业垄断的方式，控制任何部分的贸易或商业。这两条条款构成了反垄断法律的基本框架。第一条的规定旨在防止市场参与者通过合作或共谋等行为限制市场竞争。这包括价格固定、市场分割、产量限制等行为。经典案例之一是 1911 年的"标准石油案"①，这是《谢尔曼法》实施初期的标志性案件。标准石油公司通过一系列复杂的契约和协定，成功垄断了美国的石油市场。最高法院在判决中认定，标准石油公司的行为违反了《谢尔曼法》的第一条，裁定其必须拆分为 34 家独立的公司。

第二条则集中于直接禁止垄断行为。典型案例包括 2001 年的"美国诉微软公司案"②，该案是美国司法部对微软公司提起的一场民事反垄断诉讼，指控其利用其在操作系统市场的垄断地位，排挤竞争对手，特别是在浏览器市场上。司法部认为，微软公司的行为构成了企图垄断和实际垄断的行为，违反了《谢尔曼法》的第二条。经过长时间的法律斗争，法院最终裁定微软公司必须进行业务重组，以防止其继续通过不正当手段巩固和扩展其市场支配地位。

《谢尔曼法》的实施和解读过程中，司法体系发挥了关键作用。1920 年的

---

① Standard Oil Co. of New Jersey v. United States, 221 U.S. 1 (1911).

② United States v. Microsoft Corporation, 253 F.3d 34 (D.C. Cir. 2001).

"美国诉美国钢铁公司案"① 进一步澄清了《谢尔曼法》的适用范围。在此案中，尽管美国钢铁公司控制了美国钢铁市场的很大一部分，法院最终裁定其并未违反《谢尔曼法》的第 2 条，因为其行为并未被证明是反竞争的。此案的判决明确指出，仅仅拥有市场支配地位并不构成违法，关键在于企业是否通过不正当手段维持和扩大这种支配地位。通过这一判例，司法体系进一步明确了反垄断法的应用边界，为企业在合法竞争与垄断行为之间划定了清晰的界限，也为未来的反垄断诉讼提供了重要的参考。

《谢尔曼法》赋予了美国司法部（DOJ）和联邦贸易委员会（FTC）广泛的执法权力，确保其有效执行。例如，司法部可以对涉嫌违反《谢尔曼法》的企业和个人提起刑事诉讼，罪名成立者可能面临巨额罚款和监禁。1974 年，美国国会修订《谢尔曼法》，将公司和个人的刑事罚款上限分别提高到 100 万美元和 10 万美元，并将最高监禁期提高到三年。这些修订显著增强了《谢尔曼法》的威慑力，促使企业更加自觉地遵守反垄断法规。在实际操作中，《谢尔曼法》的执行也面临挑战。例如，市场界定和市场力量的认定往往需要复杂的经济分析和证据支持，司法系统需要平衡市场竞争和企业创新的关系。在"美国诉杜邦公司案"② 中，法院花费大量时间和资源，分析了杜邦公司在相关市场中的份额和市场行为，最终认定其未构成垄断行为。

除了政府执法，《谢尔曼法》还允许私人诉讼，受害者可以根据该法条提起民事诉讼并获得三倍赔偿。这一规定极大地增强了《谢尔曼法》的执行力度，鼓励企业和个人积极维护市场竞争秩序。《谢尔曼法》作为美国反垄断法律体系的核心，通过明确禁止限制贸易和垄断行为，保护市场竞争和消费者利益，还通过一系列重要的司法判例和修订，不断适应市场和经济环境的变化。

二、《克莱顿法》

《克莱顿法》是 1914 年通过的一部重要反垄断法律，旨在弥补《谢尔曼法》的不足，进一步规范和防止各种可能损害市场竞争的不正当行为。其主要条款包括禁止价格歧视、限制性交易、公司合并和董事交叉任职等。

《克莱顿法》第 2 条禁止价格歧视行为，即卖方不能以不公平的价格销售相同产品给不同买家，从而导致竞争受损。这条规定的目的是防止大型企业利用价格优势排挤小型竞争对手。典型案例是"联邦贸易委员会诉加利福尼亚标准

---

① United States v. United States Steel Corporation, 251 U.S. 417 (1920).
② United States v. E. I. du Pont de Nemours and Co., 351 U.S. 377 (1956).

石油公司案"①，在此案中，联邦贸易委员会指控标准石油公司通过向部分客户提供更低价格的燃油，削弱了其他燃油供应商的市场竞争力。法院认定，标准石油公司的行为构成了价格歧视，违反了《克莱顿法》第2条。

《克莱顿法》第3条禁止具有排他性或限制竞争性质的交易行为，包括要求买家在购买一种商品时，必须同时购买另一种商品，或禁止买家购买竞争对手的商品等。经典案例之一是"美国诉国际商用机器公司案"②，美国政府指控IBM公司通过捆绑销售其打字机和其他办公设备，限制了其他办公设备供应商的市场进入。法院最终裁定IBM的捆绑销售行为违反了《克莱顿法》第3条，要求IBM停止此类不正当竞争行为。

《克莱顿法》第7条规定限制公司之间的合并和收购行为，以防止通过兼并形成市场垄断或实质性减少市场竞争。实施案例包括"联邦贸易委员会诉史泰博公司与史泰博办公用品公司案"③，联邦贸易委员会认为史泰博和欧迪两家公司合并将导致办公用品市场的竞争显著减少，对消费者造成不利影响。法院在判决中认定，这两家公司的合并可能会导致市场竞争受损，因此阻止了合并交易的进行。

《克莱顿法》第8条禁止了竞争企业之间的董事交叉任职，即同一人不能同时担任两个或多个竞争企业的董事或高管。此规定旨在防止通过人员交叉任职进行的暗中操纵和利益输送，确保企业决策的独立性和市场竞争的公平性。相关案例包括"联邦贸易委员会诉博伊西凯斯凯德公司案"④，联邦贸易委员会指控博伊西凯斯凯德公司的一名董事同时担任其主要竞争对手的董事，可能导致敏感商业信息的共享和市场竞争的削弱。法院支持了联邦贸易委员会的立场，要求博伊西凯斯凯德公司调整其董事会成员构成，以符合《克莱顿法》第8条的规定。《克莱顿法》的执行和解释过程中，联邦贸易委员会和司法部扮演了重要角色。联邦贸易委员会和司法部不仅负责调查和起诉违反《克莱顿法》的行为，还通过发布指导意见和进行市场研究，确保法律的有效实施。例如，联邦贸易委员会发布的《合并指南》详细说明了如何评估合并和收购对市场竞争的影响，这些指南为企业和律师在规划和执行合并交易时提供了明确的法律框架和标准。

---

① FTC v. Standard Oil Co. of California, 449 U.S. 232 (1980).

② United States v. International Business Machines Corp., 517 US 843 (1996).

③ FTC v. Staples, Inc. and Office Depot, Inc., 970 F. Supp. 1066 (D.D.C. 1997).

④ Boise Cascade Corp. v. FTC, 498 F. Supp. 772 (D. Del. 1980).

在实践中，《克莱顿法》不仅通过具体案例的判决来规范市场行为，还通过不断更新和解释法律条款，适应市场环境的变化。随着科技的发展和市场结构的演变，联邦贸易委员会和司法部在评估高科技企业的合并和市场行为时，考虑了更多的动态竞争因素，如创新能力和市场进入壁垒。企业在面对《克莱顿法》指控时，往往会质疑政府的指控并要求对法律条款进行重新解释。例如，在"美国诉杜邦公司案"①中，杜邦公司质疑政府对其合并行为的市场影响评估，试图证明其行为并未显著减少市场竞争，但最终法院还是裁定杜邦公司的行为违反了《克莱顿法》。

三、《联邦贸易委员会法》

《联邦贸易委员会法》于1914年通过，是美国反垄断法律体系的重要组成部分。其主要目的是通过设立联邦贸易委员会来防止不公平竞争和不正当商业行为。《联邦贸易委员会法》的核心在于赋予联邦贸易委员会广泛的权力，以监督和规范企业的商业行为。

《联邦贸易委员会法》第5条是其中最重要的条款之一，禁止"任何不公平的或欺诈性的竞争行为"以及"影响商业的欺骗行为"。这一条款的广泛定义赋予了联邦贸易委员会极大的灵活性，使其能够应对各种形式的反竞争行为。例如，在"联邦贸易委员会诉印第安纳牙医协会案"②中，联邦贸易委员会指控印第安纳牙医协会限制牙医向保险公司提供病人的牙齿 X 光片，这一行为被认为是限制了竞争，损害了消费者利益。联邦最高法院支持了联邦贸易委员会的决定，认定这一行为违反了《联邦贸易委员会法》第5条，强调了这一条款在维护市场竞争中的重要作用。

除了第5条，《联邦贸易委员会法》还包括其他一些关键条款，例如第6条和第9条。第6条赋予联邦贸易委员会调查、报告和推荐法律措施的权力，使其能够深入了解和分析市场竞争状况，并提出相应的法律建议。第9条则赋予联邦贸易委员会执行法庭命令和判决的权力，确保其决定能够得到有效实施。例如，在"联邦贸易委员会诉西尔斯控股管理公司案"③中，联邦贸易委员会利用第6条进行调查，发现西尔斯公司通过其子公司实施不正当的市场限制行为，

---

① United States v. E. I. du Pont de Nemours and Co., 353 U.S. 586 (1957).

② Federal Trade Commission v. Indiana Federation of Dentists, 476 U.S. 447 (1986).

③ Federal Trade Commission v. Sears Holdings Management Corporation, 2009 WL 2979770 (2009).

最终通过第 9 条的执行权力，迫使西尔斯公司终止这些行为，并支付罚款以补偿受影响的消费者。

《联邦贸易委员会法》的一个显著特点是其对"欺骗行为"的广泛解释。欺骗行为不仅包括明显的欺诈行为，还涵盖了那些可能误导消费者的商业行为。在"联邦贸易委员会诉艾米旅行服务公司案"[1] 中，联邦贸易委员会指控艾米旅行服务公司通过虚假广告误导消费者购买其旅游服务。法院支持了联邦贸易委员会的观点，认定这种行为构成了欺骗，违反了《联邦贸易委员会法》第 5 条。

《联邦贸易委员会法》的实施不仅依赖于其广泛的条款，还通过司法解释和实际案例的判决不断发展。例如，在"联邦贸易委员会诉迈兰实验室公司案"[2] 中，联邦贸易委员会指控迈兰公司通过操纵药品市场价格，违反了《联邦贸易委员会法》第 5 条的规定。法院在这一案件中认定，迈兰公司的行为不仅损害了市场竞争，还导致了药品价格的显著上涨，最终判决迈兰公司支付巨额罚款以赔偿消费者。

另外，《联邦贸易委员会法》还强调保护消费者权益，防止企业利用市场优势进行不正当竞争。在"联邦贸易委员会诉脸书（Facebook）公司案"[3] 中，联邦贸易委员会指控脸书（Facebook）公司通过收购潜在竞争对手来维护其社交网络市场的垄断地位。法院认定，脸书（Facebook）公司的这一系列收购行为构成了不正当竞争，违反了《联邦贸易委员会法》。最终，法院命令脸书（Facebook）公司出售其收购的公司，并对其商业行为进行严格监管。

《联邦贸易委员会法》的影响不仅限于美国国内市场，还涉及国际贸易和跨国公司的商业行为。联邦贸易委员会与其他国家的反垄断机构合作，打击跨国公司的不正当竞争行为。例如，在"联邦贸易委员会诉英特尔公司案"[4] 中，联邦贸易委员会指控英特尔公司通过排他性合同和价格操纵，限制了其他半导体制造商的市场进入。法院支持了联邦贸易委员会的指控，认定英特尔公司的行为违反了《联邦贸易委员会法》，并要求其改变商业行为以恢复市场竞争。

四、联邦与州反垄断法律的差异

在美国，反垄断法律体系由联邦和州法律共同构成，这两者在法律条款、

---

[1]　Federal Trade Commission v. Amy Travel Service, Inc., 875 F.2d 564 (7th Cir. 1989).

[2]　Federal Trade Commission v. Mylan Laboratories, Inc., 62 F. Supp. 2d 25 (D.D.C. 1999).

[3]　Federal Trade Commission v. Facebook, Inc., TBD

[4]　Federal Trade Commission v. Intel Corporation, TBD

执行机构和司法程序上存在一定差异。联邦反垄断法律主要由《谢尔曼法》《克莱顿法》和《联邦贸易委员会法》构成，而州反垄断法律则各有不同，根据各州的具体需求和立法传统制定。尽管二者在目标和基本原则上大致相同，均旨在维护市场竞争、打击垄断和不正当竞争行为，但在具体实施过程中，存在显著的差异。

联邦反垄断法的触角延伸至跨州和跨国商业活动，而州反垄断法则更关注本州的商业生态。《谢尔曼法》适用于任何跨州的商业活动，联邦法院可以审理涉及多个州的企业之间的垄断案件。相比之下，州法主要管辖州内的反竞争行为，例如加利福尼亚州的《卡特赖特法》重点关注影响本州市场和消费者的行为。[①] 典型的案例如"美国诉标准石油公司"[②]，标准石油通过兼并和控制多个竞争对手，形成垄断市场的行为被最高法院裁定违法，最终被拆分。州一级的案例如"加利福尼亚州诉德士古公司案"[③]，加州法院认定德士古公司的价格操纵行为违反了《卡特赖特法》，并处以巨额罚款。

联邦和州反垄断法律在执行机构和执法力度上也存在显著差异。联邦反垄断法主要由美国司法部反垄断司和联邦贸易委员会负责执行，这两个机构拥有强大的执法资源和调查权力，能够独立或合作进行反垄断调查、提起诉讼并施加罚款和其他制裁措施。例如，在"美国诉微软案"[④]中，司法部与多个州合作，对微软公司的市场垄断行为进行了深入调查，并最终达成和解协议。相比之下，州反垄断法由各州的总检察长办公室负责执行，这些办公室虽然有权提起反垄断诉讼，但在资源和执行力度上往往不及联邦机构。在"纽约州诉英特尔公司案"[⑤]中，纽约州总检察长办公室指控英特尔公司存在不正当竞争行为，最终达成和解。

联邦和州反垄断法律在赔偿和救济措施上也有差异。联邦反垄断法允许私人原告在遭受垄断行为损害时提起诉讼，并在胜诉后获得三倍赔偿，这一规定极大地鼓励了私人反垄断诉讼，增加了对反竞争行为的威慑力。"布伦瑞克公司诉普韦布洛保龄球娱乐中心案"[⑥]中，私人原告成功获得三倍赔偿。而在州反垄

① 《卡特赖特法》（Cartwright Act）是加利福尼亚州的主要反垄断法律，旨在禁止各种反竞争行为，例如价格固定、市场分割、排他性交易和价格歧视等。与联邦《谢尔曼法》和《克莱顿法》类似，《Cartwright 法》详细列出了许多禁止的行为，以确保市场竞争的公平性。

② Standard Oil Co. of New Jersey v. United States, 221 U.S. 1 (1911).

③ State of California v. Texaco Inc., 46 Cal. 3d 1147 (1988).

④ United States v. Microsoft Corp., 253 F.3d 34 (D.C. Cir. 2001).

⑤ State of New York v. Intel Corp., 827 F. Supp. 2d 369 (D. Del. 2011).

⑥ Brunswick Corp. v. Pueblo Bowl-O-Mat, Inc., 429 U.S. 477 (1977).

断法下，尽管一些州也允许类似的赔偿机制，但具体规定和实施细节可能有所不同。例如，佛罗里达州的反垄断法允许三倍赔偿，但在实际操作中对原告的举证要求更高。

联邦和州反垄断法在政策导向和执法优先级上也存在差异。联邦反垄断机构通常关注具有全国性影响的重大垄断案件，尤其是涉及科技、能源、金融等关键行业的大型企业。而州反垄断执法更多关注地方市场和中小企业，强调保护本州消费者和本地市场的公平竞争。例如，在"加利福尼亚州诉赛富威公司案"[①]中，加州总检察长重点关注了赛富威公司在本州市场的价格操纵行为，强调了其对本地消费者的直接影响。

第四节　起诉反垄断犯罪

在深入探讨反垄断犯罪的法律渊源之后，了解执法机构在起诉反垄断犯罪中的具体角色和职能变得尤为重要。联邦贸易委员会竞争局和司法部反垄断司共同承担在法律框架内发挥了各自独特且互补的作用。在第四节中，我们将详细探讨这两个机构的角色与职能，深入了解反垄断案件的调查程序，并探讨在起诉反垄断犯罪时面临的策略和法律挑战。通过对执法机构具体运作方式的分析，我们将更清晰地理解美国反垄断法律体系的实际操作和执行效果。

一、联邦贸易委员会的角色与职能

联邦贸易委员会竞争局被认为是美国市场监管体系的基石。根据《联邦贸易委员会法》，竞争局的主要职责是预防和制止反竞争行为，以确保市场竞争的公平和效率。竞争局通过调查和起诉涉嫌违反反垄断法的行为，保护消费者免受垄断和不公平商业行为的侵害。竞争局的职能涵盖多个方面，包括审查并购、调查垄断行为、起诉反竞争行为、制定和执行相关法规等。尤其在并购审查中，竞争局依据《克莱顿法》第 7 条，评估拟议交易是否可能显著减少市场竞争或导致垄断。竞争局不仅在预防性措施上发挥作用，还会在必要时采取法律行动，阻止或拆除已经实施的反竞争并购。例如，在史泰博（Staples）与欧迪办公（Office Depot）的并购案中，竞争局通过详细的市场分析和调查，成功阻止了这一可能导致文具市场垄断的交易。

---

① State of California v. Safeway Inc., 651 F.3d 1118 (9th Cir. 2011).

在调查垄断行为方面，竞争局依据《谢尔曼法》和《克莱顿法》展开广泛的调查和执法行动。其职责不仅限于审查具体的商业交易，还包括对市场动态和企业行为的整体评估。竞争局通过广泛收集证据、召开听证会、发布调查报告等方式，揭示和应对各种形式的反竞争行为。在这一过程中，竞争局不仅依靠其专业团队，还常与其他联邦和州执法机构合作，以确保调查的全面性和公正性。典型案例之一是联邦贸易委员会对英特尔（Intel）的反垄断诉讼。英特尔被指控通过排他性合同和滥用市场支配地位，限制竞争对手进入市场。竞争局通过广泛的市场调查和数据分析，证明了英特尔的行为对市场竞争的破坏，并最终达成和解协议，要求英特尔停止其反竞争行为并支付巨额罚款。此外，竞争局还负责制定和执行一系列与反垄断相关的法规和指南，以指导企业合规。通过发布《合并指南》和其他政策文件，竞争局为企业提供了明确的操作框架，帮助其理解并遵守反垄断法律。这些指南不仅明确了竞争局的执法标准和程序，也为企业在日常运营中规避法律风险提供了重要参考。

二、司法部反垄断司的角色与职能

美国司法部反垄断司在反垄断执法领域中扮演着至关重要的角色，其主要职能包括调查和起诉涉嫌违反反垄断法的行为，特别是涉及白领犯罪的案件。反垄断司的职责由多个法律条款明确规定，这些条款赋予其广泛的执法权力。反垄断司依据《谢尔曼法》（Sherman Act）、《克莱顿法》（Clayton Act）以及《联邦贸易委员会法》（Federal Trade Commission Act）等主要反垄断法律展开工作。《谢尔曼法》第1条禁止一切形式的限制贸易的合同、合谋和共谋行为，而第2条则禁止任何垄断行为或企图垄断的行为。《克莱顿法》则进一步规定了对合并和收购的限制，防止这些行为导致市场竞争的实质性减少。反垄断司在执行这些法律时，常常会涉及对企业高级管理人员的调查和起诉，这些案件通常涉及复杂的商业交易和市场操纵行为，是典型的白领犯罪案件。

一个典型的案例是2016年的"金枪鱼罐头公司价格垄断案"（Bumble Bee Foods案）。在该案件中，公司的高管被指控参与了一项长达数年的价格垄断阴谋，违反了《谢尔曼法》。[①] 司法部反垄断司详细调查了该公司的内部文件和高管之间的通讯记录，发现这些高管通过秘密会议和电话会议，达成了固定价格的协议，损害了市场竞争和消费者利益。最终，反垄断司成功起诉并罚款数百

---

① 参见美国司法部网站，https://www.justice.gov/opa/pr/bumble-bee-agrees-plead-guilty-price-fixing，访问时间：2024年7月9日。

万美元，涉案高管也面临刑事指控和监禁。

反垄断司的另一个重要职责是审查并购交易，以确保这些交易不会导致市场垄断或实质性减少竞争。根据《克莱顿法》第 7 条，反垄断司有权阻止任何可能显著减少市场竞争或造成垄断的合并和收购。2019 年的美国电话电报公司（AT&T）与时代华纳（Time Warner）合并案就是一个典型的例子。在该案中，反垄断司对这一价值 850 亿美元的合并交易进行了详细审查，认为该交易可能会导致市场垄断，尤其是在视频内容和分发市场。最终，法院裁定允许该合并案通过。反垄断司的深入调查和法律论证介入，充分展示了律师在审查大型并购交易中的关键作用。

反垄断司还通过与其他执法机构和监管机构的合作，扩大其执法范围和影响力。例如，与联邦贸易委员会的合作，可以共享调查资源和信息，提高反垄断执法的效率。在许多跨国反垄断案件中，反垄断司还与外国执法机构合作，共同打击跨国企业的垄断行为。一个典型的案例是 2012 年的汽车零部件价格操纵案。在该案中，反垄断司与欧洲竞争委员会（European Competition Commission）和日本公平贸易委员会（Japan Fair Trade Commission）密切合作，成功揭露并起诉了一系列跨国企业的价格操纵行为，涉案企业被处以巨额罚款，涉案高管也面临刑事指控。[①]

在反垄断执法过程中，反垄断司不仅依靠传统的调查手段，还积极利用现代科技手段。通过大数据分析和电子邮件筛查，反垄断司能够迅速发现和追踪涉嫌反垄断行为的线索。这些技术手段不仅提高了执法效率，也使反垄断司能够更加精准地打击复杂的白领犯罪行为。除了具体的案件执法，反垄断司还负责制定和更新反垄断政策和指导方针，以适应不断变化的市场环境。通过发布《合并指南》和其他政策文件，反垄断司为企业提供了明确的法律框架和操作指引，帮助企业理解并遵守反垄断法律。这些指导方针不仅明确了反垄断司的执法标准和程序，也为企业在日常运营中规避法律风险提供了重要参考。

反垄断司的执法工作不仅限于国内市场，还涉及国际合作和跨国案件的处理。在全球化经济环境下，跨国企业的反竞争行为对市场竞争的影响更加复杂和广泛。反垄断司通过与其他国家的反垄断执法机构合作，共享信息和调查资源，共同打击跨国垄断行为。例如，在 2015 年的航空公司价格操纵案中，反垄断司与欧盟和澳大利亚的反垄断机构合作，揭露了一项涉及多家国际航空公司

---

① 参见美国司法部网站，https://www.justice.gov/opa/pr/nine-automobile-parts-manufacturers-and-two-executives-agree-plead-guilty-fixing-prices，访问时间：2024 年 7 月 9 日。

的价格操纵阴谋，涉案企业被处以巨额罚款，涉案高管也面临刑事指控。①

三、反垄断案件的调查程序

反垄断案件的调查程序在反垄断执法中占据核心位置，尤其是在追诉白领犯罪时，这一程序显得尤为复杂和关键。调查程序通常由联邦贸易委员会和司法部反垄断司共同承担，具体步骤包括初步调查、正式调查、起诉和审判。以下将详细描述这一过程，并结合实际案例来说明其操作细节。

初步调查阶段通常始于投诉或线索，这些线索可能来自消费者举报、竞争对手投诉、内部告密者的信息，或其他执法机构的共享数据。反垄断执法机构首先会进行初步评估，判断是否存在足够的证据支持进一步调查。例如，在本章案例部分介绍过的"赖氨酸价格垄断案"中，反垄断司接到举报，怀疑多家化工公司通过共谋操纵赖氨酸的价格。初步调查显示，这些公司确实存在价格操纵的嫌疑，反垄断司随即展开深入调查。

正式调查阶段是反垄断案件调查的核心。执法机构将发出民事调查要求（CID），要求相关企业提供文件、电子邮件、财务记录和其他相关资料。调查人员会进行详细的文件审查和数据分析，以查找可能的违法证据。在电容器价格操纵案件中，反垄断司对多家电子元件制造商发出了民事调查要求，要求提供其内部的定价决策文件和销售记录。通过对数百万份文件的分析，调查人员发现了明确的价格操纵证据。

在这一阶段，反垄断执法机构还可能进行现场检查或突击搜查，以获取更多直接证据。例如，在维他命价格垄断案件中，反垄断司联合联邦调查局对涉案公司的办公室进行了突击搜查，获取了大量内部邮件和会议记录，进一步证明了这些公司之间存在的价格共谋行为。这些直接证据在后续的诉讼中起到了关键作用。

调查过程中，执法机构还会对相关人员进行讯问和录取证词。高管和其他关键人员通常会被传唤，以获取他们对案件的直接陈述。例如在之前提到的 Bumble Bee Foods 案中，多名公司高管被传唤并在审讯中承认了其参与价格垄断的事实。这些口供不仅有助于锁定嫌疑人，还为后续的起诉提供了坚实的证据基础。

一旦收集到足够的证据，执法机构将进入起诉阶段。此时，反垄断司将决

---

① 参见欧盟委员会网站，https://ec.europa.eu/commission/presscorner/detail/en/IP_10_1487，访问时间：2024 年 7 月 9 日。

定是否向联邦法院提起诉讼，并具体制定起诉策略。在起诉书中，反垄断司会详细列出被告的违法行为及其违反的具体法律条款，例如《谢尔曼法》第1条和第2条。在AT&T与Time Warner合并案中，反垄断司提交了详细的起诉书，指控这两家公司合并后可能会对市场竞争造成严重影响，并违反了《谢尔曼法》和《克莱顿法》。

起诉书提交后，案件进入审判阶段。此时，检方需要在法庭上详细展示调查过程中收集到的所有证据，包括文件、录音、证人证词等。反垄断案件通常涉及复杂的经济学和市场分析，检方会聘请经济学家和市场专家作为证人，解释被告行为对市场竞争的具体影响。在美国诉微软案中，检方通过专家证人详细阐述了微软的市场主导地位及其反竞争行为对操作系统市场的扭曲作用。专家证人的证词和经济分析成为说服法庭的重要依据。

在审判过程中，被告有权进行辩护，他们通常会挑战检方证据的合法性和可靠性，并提供反证。例如，被告可能会聘请自己的经济学家，提出不同的市场分析，试图证明其行为并未对市场竞争造成实质性损害。例如在AT&T与Time Warner合并案中，被告方提出了大量证据，试图证明合并后的市场竞争依然充分，最终成功说服法庭批准了合并。

判决阶段是整个调查和起诉程序的高潮。法庭根据检方和辩方提供的所有证据和论据，做出最终裁决。如果被告被判有罪，法庭将依据相关法律条款进行量刑。在反垄断案件中，罚金通常是主要的惩罚措施，但在严重的白领犯罪案件中，个人被告还可能面临监禁。例如，在"耐氨酸价格垄断案"中，多名高管被判处监禁，并被处以巨额罚款。

四、起诉与企业应对策略

起诉首先涉及证据的收集和展示，检方必须证明被告的行为违反了反垄断法，如《谢尔曼法》或《克莱顿法》。例如，在"赖氨酸价格垄断案"中，检方通过大量的书面和电子证据，包括公司内部邮件和录音，成功证明了被告企业之间的价格共谋。这些证据显示，被告企业秘密开会，商讨如何操控市场价格，以获取非法利润。检方通过详细的市场分析，证明了这种共谋行为对市场竞争造成了严重损害，最终使被告企业受到重罚。专家证人的作用在此过程中不可忽视。反垄断案件往往涉及复杂的经济理论和市场分析，检方会聘请经济学家和市场专家作为证人，帮助法庭理解案件的经济背景和市场影响。例如，在"电容器价格操纵案"中，经济学家通过详细的市场数据分析和经济模型，证明了被告企业的价格操纵行为对市场竞争的破坏性影响。这些专家证词对于法庭做出公正裁决具有重要意义。

诉讼方式的选择也是起诉策略中的关键环节。检方需要决定是采取刑事起诉还是民事诉讼，或两者结合。刑事起诉通常用于严重的反垄断犯罪，可能导致高额罚款和监禁，而民事诉讼则可能导致禁令和赔偿金。在"维他命价格垄断案"中，检方选择了刑事起诉，最终导致被告公司支付了巨额罚款，并有公司高管被判处监禁。在某些情况下，检方可能选择与被告达成和解协议，以避免长时间的诉讼。这通常包括被告同意支付罚款、改变商业行为或采取其他补救措施。例如，在谷歌的反垄断案中，谷歌同意支付巨额罚款并改变其商业行为，以避免进一步的诉讼。这种和解协议既节省了司法资源，又达到了法律制裁的目的。

在应对反垄断调查和指控时，被告通常会提出多种法律辩解。首先，被告可能质疑证据的合法性和可靠性。在某些情况下，被告会声称证据是通过非法手段获取的，或者在收集过程中存在程序性错误。例如，在某些价格操纵案件中，被告企业质疑检方收集的电子邮件和录音是否合法，试图以此排除关键证据。被告可能对反垄断法条款提出不同的解释，试图说服法庭其行为符合法律规定。反垄断法的某些条款可能存在解释上的模糊空间，被告会利用这一点进行辩护。例如，在《谢尔曼法》第 1 条的解释上，被告企业可能主张其行为是正常的商业行为，并不构成非法共谋。这时，法庭需要仔细审查证据和听取专家证词，以做出公正的裁决。

援引宪法也是被告常用的辩护手段之一。在某些情况下，被告可能会提出"宪法挑战"，主张反垄断法条款违反宪法规定，例如侵犯了被告的言论自由或正当程序权利。例如，在某些涉及市场主导地位的案件中，被告企业可能主张其市场行为是正当的商业竞争，不应受到反垄断法的限制。诉讼策略的运用也是被告进行法律挑战的手段之一。被告可能采取各种诉讼策略来拖延案件进程或增加检方的诉讼难度，例如提出程序性动议、申请更换法庭或法官、要求大量文件披露等。这些策略虽然不一定能改变最终裁决，但可以增加案件的复杂性和诉讼成本，给检方带来一定压力。

参考文献

［1］Ellen S. Podgor, Peter J. Henning, Jerold H. Israel, Nancy J. King, *White Collar Crime*, 2nd Edition, Carolina Academic Press, 2018.

［2］Edwin H. Sutherland, *White Collar Crime*, Yale University Press, 1983.

［3］David Friedrichs, *Trusted Criminals: White Collar Crime in Contemporary Society*, 5th Edition, Cengage Learning, 2015.

［4］David Weisburd, Elin Waring, *White-Collar Crime and Criminal Careers*, Cambridge University Press, 2001.

［5］Gary Slapper, Steve Tombs, Corporate Crime, Routledge, 1999.

［6］Gilbert Geis, *White-Collar and Corporate Crime: A Documentary and Reference Guide*, Praeger, 2011.

［7］Gilbert Geis, Robert F. Meier, *White-Collar Crime: The Abuse of Corporate and Government Power*, Free Press, 1977.

［8］Henry N. Pontell, Gilbert Geis, *International Handbook of White-Collar and Corporate Crime*, Springer, 2007.

［9］James William Coleman, *The Criminal Elite: Understanding White-Collar Crime*, 7th Edition, Worth Publishers, 2018.

［10］John Braithwaite, *Corporate Crime in the Pharmaceutical Industry*, Routledge, 1984.

［11］John E. Conklin, *Illegal but Not Criminal: Business Crime in America*, Prentice Hall, 1977.

［12］J. C. Noble, *White-Collar and Financial Crimes*, Praeger, 2018.

［13］Kitty Calavita, Henry N. Pontell, Robert Tillman, *Big Money Crime: Fraud and Politics in the Savings and Loan Crisis*, University of California Press,

1999.

　　［14］Lynne S. Bernabei, Thomas D. Barton, *Corporate Whistleblowing in the Sarbanes-Oxley Era*, BNA Books, 2005.

　　［15］Marcia P. Miceli, Janet P. Near, Terry M. Dworkin, *Whistle-Blowing in Organizations*, Routledge, 2008.

　　［16］Mark S. Cohen, Gerald E. Madigan, *Corporate Crime Investigation*, LexisNexis, 1997.

　　［17］Michael Levi, *Regulating Fraud: White-Collar Crime and the Criminal Process*, Routledge, 1987.

　　［18］Michael L. Benson, Sally S. Simpson, *Understanding White-Collar Crime: An Opportunity Perspective*, Routledge, 2009.

　　［19］Mokhiber, Russell, *Corporate Crime and Violence: Big Business Power and the Abuse of the Public Trust*, Moyer Bell, 1988.

　　［20］Mokhiber, Russell, *Corporate Predators: The Hunt for Mega-Profits and the Attack on Democracy*, Common Courage Press, 1999.

　　［21］Peter Cleary Yeager, *Corporate Crime*, Transaction Publishers, 1990.

　　［22］Ronald R. Sims, *Corporate Scandals: The Many Faces of Greed*, Routledge, 2009.

　　［23］Robert Hartley, *Corporate Crime*, ABC-CLIO, 2008.

　　［24］Susan P. Shapiro, *Wayward Capitalists: Targets of the Securities and Exchange Commission*, Yale University Press, 1984.

　　［25］Stinson L. Hunter Hansen, *White Collar and Corporate Crime: A Case Study Approach*, Routledge, 2021.

　　［26］Stuart P. Green, *Lying, Cheating, and Stealing: A Moral Theory of White-Collar Crime*, Oxford University Press, 2006.

后　记

2022 年，我在美国爱荷华大学法学院做访问学者。某日，我在走廊上偶然瞥见迪亚曼提斯（Mihailis Diamantis）教授关于白领犯罪的专题讲座广告，随后在他办公室门前看到了媒体对他的报道，贴满了一个大的广告牌。他时常接受采访，对白领犯罪案件发表独到见解。这引起了我的兴趣，一位美国法学院教授竟能以研究白领犯罪为生。尽管留学基金委资助的项目是环境法研究，但我仍然萌发了写作关于美国白领犯罪专著的念头。于是我参与了迪亚曼提斯（Mihailis E. Diamantis）教授讲授的白领犯罪课程。这门课程使用的是 *White Collar Crime: Cases, Materials, and Problems* 这本教材，全面而深入地探讨了白领犯罪的各个方面。教材不仅涵盖了内幕交易、邮件和电信欺诈、证券欺诈等主要领域，还通过真实案例展示了法律理论如何应用于实际操作中。这本教材的跨学科视角尤为引人注目，结合了经济学、政治学和社会学的观点，帮助读者更全面地理解白领犯罪对社会和全球治理的深远影响。在迪亚曼提斯教授强调的国际视野下，我对《反海外腐败法》和国际洗钱问题有了更加深刻的认识，这些问题在全球化背景下愈发显得重要和复杂。通过在爱荷华大学法学院的学习和与迪亚曼提斯教授的交流，我深信本书将为法学院的学生和专业人士提供一部有价值的参考资料，帮助他们在白领犯罪领域获得更深入、更系统的法律教育和实践指导。

正如本书引言中所述，白领犯罪课程在美国法学院中已然普及。政府监管的减少，似乎推动了经济的自由繁荣；然则，这一监管的空隙，恰为某些人提供了可乘之机，白领犯罪在经济活动中随之滋生。因此，白领犯罪的法律服务需求应运而生，相关课程也在以律师职业为导向的美国法学院中相继设立。然而，相较于合同法、侵权法、刑法与刑事诉讼法、民事诉讼法、财产法与宪法等传统课程，美国白领犯罪主题的教科书却仍显稀缺。即便是在藏书量名列全美前三的爱荷华大学法学院图书馆，所能找到的相关教材大多采用社会学的写作手法，主要供美国大学本科犯罪学或社会学课程使用。为此，本书结合了中国读者的阅读与理解习惯，采用了法学类教材的写作方式，同时借鉴了部分社会学教科书的写作手法。本书的"环境犯罪"部分内容为2025年湖北水事研究中心研究计划项目"比较法视域下（流域）环境犯罪治理研究"成果。

我的导师徐亚文教授引领我进入法学殿堂，虽然如今拜访老师的次数已不如读博时那般频繁，但我心中始终怀有深深的感激之情。由于学识浅薄，成果寥寥，常觉辜负恩师的教诲。

涂罡

于美国俄亥俄州奥克伍德

2025 年 5 月 21 日